Das Buch

Keßler und Streletz waren 1961 aktiv Beteiligte. Sie sind die höchstrangigen Militärs, die heute noch darüber Auskunft geben können, was damals geschah. Vor allem aber: warum. Seit nunmehr einem halben Jahrhundert wird versucht, die Ursachen für die Maßnahmen am 13. August zu verschleiern. Natürlich, wo Menschen ihr Leben verloren und Blut vergossen wurde, herrscht Mitleid vor. Bei der »Trauer« werden jene Grenzsoldaten der DDR, die bei ihrem Dienst ermordet wurden, ausgeblendet. Allein dieser Umstand offenbart, dass es bei der »Erinnerung« nicht um die »Toten« und um die »Mauer« geht, sondern um politisches Kalkül, um die Verdrängung von Mitschuld und Mitverantwortung des Westens. Nicht die Führung im Osten hat aus Willkür gehandelt, sondern es blieb ihr, vom Westen genötigt, keine andere Chance zur Friedenssicherung.
Die Autoren beweisen es.

Armeegeneral a. D. Heinz Keßler, Jahrgang 1920, gelernter Maschinenschlosser aus Chemnitz, trat drei Wochen nach dem Überfall als Wehrmachtsoldat zur Roten Armee über. 1945 Rückkehr nach Berlin. Seit 1950 bei den bewaffneten Organen der DDR. Von 1956 bis 1985 Stellvertretender Verteidigungsminister, danach Verteidigungsminister bis 1989.

Generaloberst a. D. Fritz Streletz, Jahrgang 1926, von 1941 bis 1943 Besuch einer Unteroffiziersvorschule, Kriegseinsatz und -gefangenschaft 1945 bis 1948. Danach Kasernierte Volkspolizei (KVP), zweimal Studium in der Sowjetunion. Von 1979 bis 1989 Stellvertreter des Oberkommandierenden der Streitkräfte des Warschauer Vertrages, Stellvertretender Minister für Nationale Verteidigung und Chef des Hauptstabes der NVA sowie 19 Jahre lang Sekretär des Nationalen Verteidigungsrates der DDR bis 1989.

Heinz Keßler
Fritz Streletz

Ohne die Mauer hätte es Krieg gegeben

Zwei Zeitzeugen erinnern sich

edition ost

Armeegeneral a. D. Heinz Keßler und Generaloberst a. D. Fritz Streletz auf der Feier zum 55. Jahrestag der Gründung der NVA im Berliner Tierpark, 5. März 2011

50 Jahre danach

Quer durch die Mitte Berlins zieht sich ein Band von Pflastersteinen, gelegentlich unterbrochen vom in Metall gegossenen Hinweis, dass sich hier bis 1989 »die Mauer« befunden hätte. Und alljährlich am 13. August formieren sich die Stadtoberen, Vertreter von Parteien und sogenannter Opferverbände in der Bernauer Straße zu einer Trauergemeinde. Die Nachrichtenagenturen vermelden wie etwa *dpa* an jenem Tag 2010: »Mit Kränzen, Kerzen und Schweigeminuten erinnert Berlin heute an den Mauerbau vor 49 Jahren. An der Gedenkstätte in der Bernauer Straße legt Berlins Regierender Bürgermeister Klaus Wowereit einen Kranz für die Opfer des DDR-Grenzregimes nieder.« Zuvor hatte man »bei einer Andacht auf dem früheren Todesstreifen Kerzen entzündet«.

Solche Bilder gehen um die Welt und ans Gemüt. Wo »Trauer« herrscht, hat die Vernunft zu schweigen. Und alle, die den Finger heben und sich kritisch äußern, gelten augenblicklich als Zyniker. Sie würden »die Opfer« verhöhnen.

Zynisch hingegen sind tatsächlich jene, die einer falschen, einer ahistorischen Darstellung das Wort reden und ihr in solchen Aufmärschen und Erklärungen symbolhaft Gestalt geben. Man könnte es besser wissen, wenn man es denn wissen wollte. Aber die Lesart ist vorgegeben und wird seit einem halben Jahrhundert ins öffentliche Bewusstsein getrommelt: Ulbricht, der Lügner, hat die Mauer gebaut und damit das Land gespalten.

Und zum Beweis sendet man in Endlosschleifen jene Sequenz, wo eben jener Geschmähte erklärt, niemand habe die Absicht, eine Mauer zu errichten. Ohne natürlich, was die journalistische Sorgfaltspflicht verlangte, die

Erklärung hinzuzusetzen, dass der DDR-Staatsratsvorsitzende dies am 15. Juni 1961 und auf einer internationalen Pressekonferenz in Berlin nach dem Gipfeltreffen von Chruschtschow und Kennedy in Wien gesagt hatte. Und zwar auf die Frage der Korrespondentin der *Frankfurter Rundschau* Annamarie Doherr: »Bedeutet die Bildung einer Freien Stadt Ihrer Meinung nach, dass die Staatsgrenze am Brandenburger Tor errichtet wird? Und sind Sie entschlossen, dieser Tatsache mit allen Konsequenzen Rechnung zu tragen?«

Und Ulbricht reagierte darauf in der bekannten Weise: »Ich verstehe Ihre Frage so, dass es in Westdeutschland Menschen gibt, die wünschen, dass wir die Bauarbeiter der Hauptstadt der DDR dazu mobilisieren, eine Mauer aufzurichten. Mir ist nicht bekannt, dass eine solche Absicht besteht. Die Bauarbeiter unserer Hauptstadt beschäftigen sich hauptsächlich mit Wohnungsbau, und ihre Arbeitskraft wird dafür voll eingesetzt. Niemand hat die Absicht, eine Mauer zu errichten!«

Das genügt als Beweis für die Behauptung, das erstens Ulbricht log – schließlich errichteten zwei Monate später die Berliner Bauarbeiter eben jene »Mauer« –, und dass er dafür Order erteilt haben musste, denn schließlich hatte Ulbricht selbst diesen Begriff benutzt: Mauer.

Die tatsächliche Lüge ist die inzwischen offizielle Lesart, Walter Ulbricht sei sowohl Erfinder als auch Bauherr »der Mauer« gewesen. Die Wahrheit hingegen ist: Ulbricht hatte in Moskau wirksame Maßnahmen zur Friedenssicherung und gegen den Exodus von Wirtschaftsflüchtlingen aus der DDR gefordert – nicht aber das, was zwischen dem 13. August 1961 und dem 9. November 1989 an der Grenze geschah.

Wer was wo und warum entschied, werden wir auf den nachfolgenden Seiten dokumentieren. Als Militärs richten wir naturgemäß unser Augenmerk auf militärpolitische Aspekte, auf militärstrategischen Fragen zwischen den beiden damals bestehenden Bündnissen, also zwischen Warschauer Vertrag und Nordatlantikpakt. Diese standen, was zu beweisen ist, im Zentrum der Überlegungen in Moskau und in Washington. Alle anderen Aspekte, die seither in der politischen und propagandistischen Auseinandersetzung um den 13. August und die Grenzsicherungsmaßnahmen in den Vordergrund gedrängt und behandelt werden, die »menschliche Seite« und die damit verbundenen Emotionen, spielten damals keine, allenfalls eine nachrangige Rolle. Westliche Militärs würden das Kollateralschaden nennen.

Um nicht missverstanden zu werden: Die Führung der DDR, wir beide eingeschlossen, hat jeden einzelnen Todesfall an der Staatsgrenze bedauert. Kein einziger war gewollt. Und nicht nur, weil dadurch der Sozialismus Schaden nahm. Der Sozialismus war und ist von seinem Anspruch her humanistisch, der Klassenauftrag der NVA und der Grenztruppen lautete, den Frieden zu sichern und zu bewahren, nicht in den Krieg zu ziehen. Weder gegen Völker noch gegen einzelne Gesetzes- und Grenzverletzer.

Aber die DDR war in militärischer Hinsicht nicht souverän, wie dies weltweit kein Staat und keine Armee ist, die einem Bündnis angehört. Darauf werden wir auch noch zu sprechen kommen. Und zum Zweiten handelte es sich bei jener Demarkationslinie nicht um eine einfache Staatsgrenze, schon gar nicht – wie es fälschlich und beschönigend heißt – um eine »innerdeutsche Grenze«. Es war die Frontlinie zwischen den stärksten Militärpakten jener Zeit. Das war (und ist) weder vergleichbar mit dem 17. Breitengrad auf der koreanischen Halbinsel noch mit der befestigten Grenze zwischen den USA und Mexiko, mit der Grünen Linie zwischen Nord- und Südzypern (dem eigentlichen Zypern) oder zwischen Israel und Palästina.

Die Maßnahmen am 13. August 1961, auch das ist zu belegen, waren militärisch notwendig und politisch erforderlich. Das muss man nicht relativieren oder gar korrigieren. Worüber geredet werden kann: Weshalb gelang es nicht, diese Grenzsicherungsanlagen in der Folgezeit abzubauen? (Wie Erich Honecker bei seinem Staatsbesuch in der BRD meinte: dass diese Grenze so würde wie jene zwischen der DDR und Polen.) Aber auch daran waren – wie schon 1961 – *zwei* Seiten beteiligt. Nur von der einen Seite Selbstkritik einzufordern, wird dem komplexen Vorgang nicht gerecht. Die DDR hat jedoch, worüber ebenfalls berichtet werden wird, das ihr Mögliche zur Entspannung und zur Deeskalation des Konfliktes getan.

Man kann auch nicht behaupten, dass diese Grenze *undurchlässig* gewesen sei. In den 80er Jahren beispielsweise reisten im Jahresdurchschnitt über zwei Millionen DDR-Bürger in den Westen und besuchten rund drei Millionen Bundesbürger die DDR. Dazu kamen noch fast zwei Millionen Westberliner.

Allein zwischen dem 1. Januar und dem 30. Juni 1988 verzogen mit Genehmigung der zuständigen Behörden der DDR insgesamt 10.255 Bürger »für ständig« in die BRD und nach Westberlin. Unter den Ausgereisten befanden sich 6.643 Personen im arbeitsfähigen Alter und 1.744 Kinder. Im ersten Halbjahr 1989 gingen gar 38.917 für immer, darunter 27.507 Personen im arbeitsfähigen Alter und 8.977 Kinder.

Es ist aus verschiedenen Gründen ungehörig, auf die fünf Meter hohe und zehn Meter dicke Betonmauer zu verweisen, die über mehrere Hundert Kilometer die beiden Koreas teilt, wir mischen uns nicht in die inneren Angelegenheiten anderer Staaten ein. Doch wir versagen uns den Hinweis an dieser Stelle nicht, dass – nachdem sich im Jahre 2000 Entspannungserfolge zwischen Nord- und Südkorea abzeichneten – erstmals seit Beginn des Krieges vor 60 Jahren Verwandtenbesuche dort möglich waren. Daran sollen dem Vernehmen nach etwa 400 Koreaner beteiligt gewesen sein.

Wir wollen dies in keiner Form bewerten. Aber vielleicht helfen solche Zahlen und Hinweise, den Blick auf den 13. August 1961 und die Zeit danach ein wenig zu schärfen und in der Diskussion zu einer Versachlichung und Differenzierung zu kommen.

»Wo Emotionen den Verstand regieren, ist die objektive Analyse verabschiedet«,[1] schreibt der international renommierte Historiker Prof. Dr. Kurt Pätzold. Da ist ihm zuzustimmen.

Einstimmung: Die Lage in der DDR 1961

»Können Sie mich mitnehmen?« Walter Ulbricht ist autolos. Die Staatsratssitzung war kürzer ausgefallen als geplant, Ulbrichts Fahrer noch nicht da. Gerald Götting will in den CDU-Hauptvorstand, nicht nach Pankow, doch er sagt »Ja«. Von einem Christdemokraten erwarten auch Atheisten in der DDR christliche Nächstenliebe.

Vor wenigen Stunden erst ist der CDU-Generalsekretär aus Afrika zurückgekehrt. Zum zweiten Male hatte er Albert Schweitzer in Lambaréné in Gabun besucht. Diesmal, um dem Friedensnobelpreisträger Schweitzer für sein Engagement die Ehrendoktorwürde der Humboldt-Universität zu Berlin zu überreichen. Der Urwaldarzt hatte überschwänglich reagiert, neben anderen Schriftstücken übergab er Götting auch einen persönlichen Brief an Walter Ulbricht. Die Maschine nach Europa war jedoch ohne den DDR-Politiker abgeflogen, da sie überbucht war. Die Nacht zum 13. August 1961 verbrachte Götting in Libreville auf einer harten Bank auf dem Flughafen, ehe er via Brazzaville doch noch einen Flug nach Paris bekam. Heute morgen, am Dienstag, dem 15. August, hatte Götting Orly erreicht.

Bei seiner Ankunft in der französischen Hauptstadt war der stellvertretende DDR-Staatsratsvorsitzende bereits auf dem Flugfeld von einem aufgeregten Deutschen angesprochen worden. In Berlin tobe wahrscheinlich der Bürgerkrieg, haspelte er, das Ostberliner Regime habe versucht, Westberlin dichtzumachen. Er rate Götting dringend, in Paris zu bleiben und die weitere Entwicklung abzuwarten, er könne ihm aber auch bei der Weiterreise in die Bundesrepublik behilflich sein.

Götting erkundigte sich, ob Berlin weiterhin von den internationalen Luftfahrtgesellschaften angeflogen werde. Das wurde bestätigt. Der gebuchte Flug mit der LOT nach Berlin-Schönefeld werde planmäßig erfolgen, hieß es. »Na sehen Sie«, beruhigte Götting den westdeutschen Diplomaten. Er wolle erst einmal in Berlin nach dem Rechten schauen. Und wenn dort wirklich das Chaos herrsche, wie er meine, dann könne er ja noch immer auf sein freundliches Angebot zurückkommen.

In Schönefeld war Götting von Vizeaußenminister Sepp Schwab begrüßt und über die aktuelle Entwicklung unterrichtet worden. Dann fuhr er zur Sitzung des Staatsrates. Der aktuellen Zeitung entnahm Götting, dass auch er im Namen der CDU den Maßnahmen am 13. August zugestimmt habe.

Die Sitzung endete, wie gesagt, vor der Zeit. Die Anwesenden nahmen die Informationen des Vorsitzenden zur Kenntnis. Diskutiert wurde nicht. Beim Verlassen des Sitzungssaales stießen Ulbricht und Götting zusammen. Götting sprach ihn höflich wegen seiner angeblichen Unterschrift an. »Hören Sie, Herr Ulbricht, ich war doch gar nicht im Lande und habe auch nicht an der Sitzung mit den Vorsitzenden der Blockparteien teilgenommen. Wie konnte ich da zustimmen?«

Ulbricht blinzelte ihn durch die Brille an. »Hätten Sie etwa nicht zugestimmt?«

Götting nickte. Ja, doch, selbstverständlich.

»Na sehen Sie, dann ist doch alles in Ordnung, ja.« Ulbrichts Mundwinkel gingen nach oben ...

Und nun sitzen sie beide nebeneinander in einem schweren sowjetischen Auto.

»Ach«, beginnt Ulbricht. »Da hat mir Chruschtschow ganz schön was eingebrockt.«[2]

Zu Beginn des Jahres 1961 befand sich die DDR in einer wirtschaftlichen Krise. Bonn hatte im September zum 31. Dezember 1960, also mehr als kurzfristig, das Handelsabkommen mit Berlin aufgekündigt. Alle Lieferungen an wichtigen Rohstoffen und Halbfabrikaten aus der Bundesrepublik sollten eingestellt werden. Damit, so sprach der *Rheinische Merkur* es am 9. Dezember 1960 aus, war die DDR an ihrer »empfindlichsten Stelle getroffen worden: der Wirtschaftsplanung«. Bonn spekulierte darauf, dass der Ausfall der westdeutschen Exporte »nicht kurzfristig durch Lieferungen aus anderen Ländern zu ersetzen war«, so das Blatt. Und genau so war es.

Am 30. November 1960 traf sich in dieser Sache Ulbricht mit Chruschtschow in Moskau, um die Konsequenzen zu erörtern und vor allem darüber zu reden, wie mit Hilfe der Sowjetunion die Lücken geschlossen werden könnten.

Der Sieg in diesem Gefecht des Kalten Krieges ging eindeutig an den Westen. Zwar wurde das Handelsabkommen mit der DDR in letzter Minute wieder in Kraft gesetzt – das absichtsvoll provozierte Chaos aber war dennoch eingetreten. Am 19. Januar 1961 schickte Ulbricht an den ersten Mann in Moskau einen mehrseitigen Hilferuf. Der stützte sich auf eine Analyse, die der Erste Sekretär am Tag zuvor im Politbüro vorgetragen hatte.

»Die Lage ist bei uns in diesem Jahr so kompliziert, dass wir ohne die Verwirklichung der in den November-Beratungen gegebenen [sowjetischen] Zusagen auf Lieferung der wichtigsten industriellen Rohstoffe [...] überhaupt keine Grundlage für die Durchführung unserer wirtschaftlichen Aufgaben im Jahre 1961 haben. Es konnten aber nicht alle Fragen geklärt werden. So konnte bisher noch keine konkrete Vereinbarung über die Realisierung der bei den Verhandlungen gegebenen Lieferzusagen getroffen werden. Vor allen Dingen aber wurde noch keine Vereinbarung über die in der Beratung aufgeworfene Frage der Kreditgewährung erzielt.«[3]

Moskau hatte zwar einiges versprochen, aber den Worten bislang nur wenig Taten folgen lassen. Nicht nur der erste Mann der DDR wusste, was das in der Systemauseinandersetzung und unter den Bedingungen der offenen Grenze bedeutete. »Damit bleiben wir 1961 weit unter dem zur Zeit in Westdeutschland erreichten Tempo der Produktionssteigerung. Der Abstand zum Lebensstandard Westdeutschlands wird weiterhin groß sein. Das heißt, dass wir die ökonomische Hauptaufgabe nicht lösen. Dabei müssen wir der Tatsache Rechnung tragen, dass das Schwierigkeiten im Innern schafft. Westdeutschland erhöhte die Löhne im Jahre 1960 um ca. 9 Prozent und führt die 5-Tage- bzw. 40-Stunden-Woche ein. Wir haben keine Voraussetzungen für Lohnerhöhungen und Arbeitszeitverkürzungen.«[4]

Das hieß: Noch mehr Wirtschaftsflüchtlinge, die das Land Richtung Westen verlassen würden.

Das aktuelle Außenhandelsdefizit der DDR betrug 1,35 Milliarden Valuta-Mark. Angesichts heutiger Verbindlichkeiten ein geradezu lächerlicher Betrag. Für die DDR anno 1961 war er von existenzieller Bedeutung. Von diesen Verbindlichkeiten entfielen etwa 500 Millionen auf den Westen, rund 800 Millionen auf die UdSSR. Ulbricht wollte, dass die letztere Summe in einen brüderlichen Kredit umgewandelt würde, der erst ab 1966 getilgt werden sollte.

»Wir haben im Politbüro außerordentlich ernsthaft und gründlich nochmals alle Ausgangsbedingungen und Zusammenhänge geprüft. Wenn es nicht möglich ist, uns eine solche Kredithilfe zu geben, so werden wir das Lebensniveau der Bevölkerung des Jahres 1960 nicht halten können. Es würde in der Versorgung und in der Produktion eine so ernste Lage eintreten, dass wir vor ernsten Krisenerscheinungen stehen würden, denn dann müssten wir Importe von Stahl, Buntmetallen, Textilrohstoffen und Lebensmitteln senken und Waren, die für die Versorgung der Bevölkerung und für die Durchführung wichtiger Investitionen unbedingt benötigt werden, zusätzlich importieren.«[5]

Ulbricht nannte im Weiteren die Ursachen für die wirtschaftliche Lage. Sie offenbaren die ganze Verlogenheit, die bis heute üblich ist, wenn man sich über die Mangelwirtschaft in der DDR und die Unzulänglichkeit des sozialistischen Wirtschaftssystems mokiert.

»Unsere wirtschaftliche Basis war von Anfang an sehr viel schwächer als die Westdeutschlands. In den ersten zehn Nachkriegsjahren leisteten wir Wiedergutmachung für ganz Deutschland durch Entnahme aus den bestehenden Anlagen und aus der laufenden Produktion. Westdeutschland hingegen leistete keine Wiedergutmachung aus der laufenden Produktion, sondern erhielt in der gleichen Zeit größere Kredite. Während wir in den ersten zehn Jahren nach Ende des Krieges Reparationen durch Entnahmen aus Produktionsanlagen und der laufenden Produktion aufbrachten und große Mittel aufwendeten, um die Produktion der Wismut[6] in Gang zu setzen und zu unterhalten, erhielt Westdeutschland schon wenige Jahre nach Kriegsschluss finanzielle Zuschüsse der USA in Höhe von vielen Milliarden DM. Wir haben aber alle Leistungen der Wiedergutmachung durch die DDR für politisch richtig und notwendig gehalten, um die durch den faschistischen Aggressionskrieg der Sowjetunion zugefügten Schäden mindern zu helfen und damit die Sowjetunion als das Zentrum des sozialistischen Lagers zu stärken.«[7]

Ulbrichts Aussage macht den dialektischen Kontext sichtbar, in dem die deutschen Kommunisten der Nachkriegszeit aus Überzeugung agierten. Auf der einen Seite erwiesen sie sich als deutsche Patrioten – sie hatten nicht Hitlers Krieg inszeniert, sie hatten ihn nachweisbar entschieden bekämpft. Insofern konnten sie auch nicht für die von Hitlerdeutschland verursachten Kriegsschäden haftbar gemacht werden. Gleichwohl handelten sie in Verantwortung für die *gesamte* deutsche Nation. Sie nahmen die Konsequenzen an, die aus deutscher Schuld resultierten.

Zum anderen handelten diese deutschen Kommunisten auch als Internationalisten. Sie glaubten, die Sowjetunion wirtschaftlich und politisch als »Zentrum des sozialistischen Lagers« stärken zu müssen, weil alle Verbündeten und letztlich die Welt davon profitieren würden.

Das taten sie auch, obgleich sie sich der Folgen für die DDR durchaus bewusst waren, wie Ulbricht ausführte. »Die Entnahme aus unserer Produktionskapazität, aus der laufenden Produktion musste aber zu einer Schwächung unserer wirtschaftlichen Kraft führen, die lange Zeit unsere Lage gegenüber Westdeutschland erschwert und unsere ökonomische Entwicklung außerordentlich stark beeinträchtigt.

Westdeutschland konnte aber aufgrund der geleisteten Hilfe zu einem sehr frühen Zeitpunkt bereits große Investitionen durchführen und eine außerordentliche Modernisierung des Produktionsapparates erreichen. Bis zum Erlass der Reparationen 1954 waren die Investitionen in Westdeutschland pro Kopf der Bevölkerung doppelt so hoch wie bei uns. In den Jahren 1950-1959 zusammengenommen wurden pro Kopf der Bevölkerung Investitionen in Westdeutschland für 7.400 DM durchgeführt, während die ökonomische Kraft der DDR nur Investitionen pro Kopf der Bevölkerung in Höhe von 4.650 DM ermöglichte. Dabei setzte bei uns eine starke Investitionstätigkeit erst vom Jahre 1956 ein, d. h., dass wir einen wesentlich späteren Starttermin für die Modernisierung unserer Produktionskapazitäten hatten als Westdeutschland. Entsprechend unserer Bevölkerungszahl hätten wir im Vergleich zu Westdeutschland für 50 Milliarden Mark mehr investieren müssen.

Das ist der Hauptgrund dafür, dass wir in der Arbeitsproduktivität und im Lebensstandard so weit hinter Westdeutschland zurückgeblieben sind. Dadurch konnte ein ständiger politischer Druck auf uns von Westdeutschland ausgeübt werden.

Die Entwicklung in Westdeutschland, die für jeden Einwohner der DDR sichtbar war, ist der Hauptgrund, dass im Verlaufe von zehn Jahren rund zwei Millionen Menschen unsere Republik verlassen haben.«[8]

Alexander Schalck-Golodkowski bezifferte 1970 in seiner Dissertation die Reparationslasten Ostdeutschlands auf etwa 4,3 Milliarden Dollar, während Westdeutschland lediglich auf etwa eine halbe Milliarde kam.

Je besser es den »Brüdern und Schwestern« im Westen ging, desto verlockender schien eine persönliche Perspektive dort. Allein 1960 hatten etwa 200.000 DDR-Bürger die DDR verlassen, drei Viertel davon gingen über Westberlin. Die sogenannte Abstimmung mit Füßen war insofern kein politisches Votum, als in den meisten Fällen der Abgang eine Entscheidung für ein vermeintlich besseres Leben in Wohlstand und Zufriedenheit darstellte. (Bis heute sind seit dem Ende der DDR 1990 drei Millionen Ostdeutsche aus dem gleichen Grunde weggegangen. Lag das auch am System?)

Die Konsequenz dieser Republikflucht für die DDR sprach Walter Ulbricht ungeschminkt aus: »In dieser Lage waren und sind wir gezwungen, um den beträchtlichen Abstand im Lebensniveau wenigstens schrittweise zu mildern, ständig mehr für den individuellen Konsum zu verbrauchen, als unsere eigene Wirtschaft hergab und z. Zt. hergibt. Das ging ständig zu Lasten der Erneuerung unseres Produktionsapparates. Das kann man auf die Dauer nicht fortsetzen.«[9] Um den Import von Lebensmitteln und von Rohstoffen bezahlen zu können, exportierte die DDR zwangsweise auch Ausrüstungen, die sie selber dringend benötigte. »Um unsere Volkswirtschaft in Gang zu halten, mussten wir 1960 den Import aus kapitalistischen Ländern um fast 30 Prozent steigern. Diese Importe reichten noch nicht aus und führten zu ernsten Schwierigkeiten in der Versorgung der Industrie mit Rohstoffen im Jahre 1960.«[10]

Der Import aus der UdSSR hingegen war gerade mal um zwei Prozent gewachsen. Aber nicht, weil die DDR nicht mehr gewollt, sondern weil die Sowjetunion nicht mehr gekonnt hatte.

Ohne Hilfe der Sowjetunion würde die DDR das Jahr 1961 nicht überleben. Also musste eindringlich mit der sowjetischen Führung gesprochen werden. »Wie bereits vereinbart, wird Genosse Leuschner in diesen Tagen in Moskau zu Beratungen sein. Damit wir den Volkswirtschaftsplan endgültig im ZK beschließen können, bitten wir, dass in diesen Beratungen mit Genossen Leuschner die notwendigen Fragen für 1961 geklärt werden, damit es zu keinen Stockungen in der Produktion und in der Versorgung in unserer Republik kommt.«

Soweit Walter Ulbricht am 18. Januar 1961 im Politbüro. Das ging, wie schon festgestellt, auch an die sowjetische Führung.

Bruno Leuschner, der Chef der Staatlichen Plankommission, reiste dem Hilferuf an Chruschtschow hinterher und meldete sich am 27. Januar erstmals mit Kurierpost bei Ulbricht. Er berichtete vertraulich über sein Gespräch am 24. Januar mit Anastas Mikojan, dem sowjetischen Vizepremier.

Der Armenier habe ihm erklärt, dass die zwischenzeitliche Wiederherstellung des Handels mit Westdeutschland nichts an der prinzipiellen Erklärung des Genossen Chruschtschow ändere, »dass die Unabhängigkeit der

DDR von imperialistischen Störmanövern hergestellt werden muss«.

Doch außer der Forderung, dass die DDR ihr Produktionsprogramm so ändern müsse, dass sie »mehr Waren für den Bedarf der UdSSR« produzieren könne, äußerte Mikojan sich in der Sache kaum. »Das Defizit der Zahlungsbilanz bezeichnete er als eine betrübliche Erscheinung, aber offensichtlich ein Faktum. In diesem Jahr wird die UdSSR entgegenkommen. Wie und in welcher Höhe, das muss noch eingehend geprüft werden. Aber in Zukunft ginge das nicht so«, notierte erkennbar verärgert der Planungschef aus Berlin. »Daraufhin erläuterte ich, dass wir schon bei der Beratung des Siebenjahrplanes in Moskau 1958 das Defizit in der Außenhandelsbilanz vorgelegt hatten und dass ein Defizit auch in den Jahren 1962-1964 vorhanden ist. Er erwiderte, das sei sehr betrüblich, aber man muss die Frage gründlich studieren und entscheiden, wie man sie lösen kann.«[11]

Am Nachmittag war Leuschner bei Patolitschew, dem Außenhandelsminister. »Dort war folgende Linie: So viel Metall und andere Rohstoffe in Westdeutschland kaufen wie nur möglich und die Sowjetunion entlasten. Unsere Schulden (*im Westen – d. Verf.*) nicht vermindern, sondern gleichlassen bzw. erhöhen.«

Das stand klar im Widerspruch zu Mikojan, der gefordert hatte, die DDR solle sich »von imperialistischen Störmanövern« unabhängig machen, aber die Antwort schuldig blieb, *wie* das geschehen sollte.

Am 30. Januar schrieb Bruno Leuschner auf vier Seiten an Walter Ulbricht über den Stand seiner Sondierungen: »Praktisch ist es so, dass der Abschluss von Verträgen über einen großen Teil der im November zugesagten Materialien, insbesondere solcher Materialien, die die Sowjetunion für uns in kapitalistischen Ländern kaufen wollte, ruht.«[12] Der stellvertretende Vorsitzende des Ministerrates und Vorsitzende der Staatlichen Plankommission Bruno Leuschner trat merklich auf der Stelle, obgleich er fortgesetzt zwischen Berlin und Moskau pendelte. »Ich mache mir Gedanken darüber, wie es nun mit der praktischen Arbeit weitergehen soll«, schrieb er besorgt am 20. März an Ulbricht, die Hauptaufgaben seien nicht gelöst, »die sowjetischen Genossen wollen sehr viel Unterlagen und Berechnungen sehen«, aber nichts sei wirklich geklärt.[13]

Am 22. April 1961 war Bruno Leuschner wieder in Moskau, um sich mit dem stellvertretenden Ministerpräsidenten Sassjadko zu treffen. Das elfseitige Papier, das er anschließend füllte, trägt den Stempel: »Geheim«. Leuschner versuchte dem russischen Amtskollegen, der ebenfalls von Produktionsumstellung und dergleichen redete, den dramatischen Ernst der Lage zu schildern, wenn die versprochenen Lieferungen aus der UdSSR ausblieben. »Wir müssen immer davon ausgehen – das verlangt das Politbüro von uns –, dass wir unter den Bedingungen der DDR bei offenen Grenzen keinerlei Experimente machen können. Die Republikflucht ist in diesem Jahr wieder angestiegen. Es ist für uns völlig untragbar, dass diese Entwicklung dadurch noch forciert wird, dass die Betriebe nicht ordentlich arbeiten können und keine stabile Perspektive sehen.«[14]

In dem ebenfalls als »Geheim« klassifizierten Bericht, den Leuschner über sein anschließendes Gespräch mit dem 1. Stellvertretenden Vorsitzenden des Staatlichen Ökonomischen Rates der Sowjetunion, Tichomirow, notierte, wurde erkennbar, dass Moskau den Spieß umzudrehen versuchte. Man forderte offen Strukturänderungen im Maschinenbau der DDR. »Es bestehe die Gefahr, dass die Bedürfnisse der UdSSR ungenügend berücksichtigt werden und dadurch große Schwierigkeiten entstünden«, orakelte Tichomirow sibyllinisch, um dann Leuschner zu erpressen: »Wenn die DDR nicht die von der UdSSR benötigten Maschinen liefert, dann könne man auch nicht die Zusage über die Lieferungen von Metallen aufrecht erhalten.«[15]

Die Spannungen zwischen Berlin und Moskau wurden im Frühjahr 1961 selbst in vergleichsweise kleinen Begebenheiten sichtbar. Am 5. Mai 1960 verletzte eine westliche Militärmaschine bei Boizenburg den Luftraum der DDR. Generaloberst Iwan I. Jakubowski, Oberkommandierender der Gruppe der sowjetischen Streitkräfte in Deutschland (GSSD), protestierte bei den Westmächten.

Aber wie!

Peter Florin (Leiter der Abteilung für Internationale Beziehungen des ZK der SED) machte Ulbricht in einer Hausmitteilung darauf aufmerksam, dass die sowjetische Note »Formulierungen enthält, die meiner Meinung nach nicht mit der Souveränität der DDR übereinstimmen und vermieden werden sollten. Im ganzen Dokument wird nicht ein einziges Mal davon gesprochen, dass alles in Übereinstimmung oder gar auf Veranlassung der DDR geschieht.«[16]

Das machte klar, wer in diesem Land das tatsächliche Sagen hatte.

Ganz in diesem Geiste war auch ein Brief Jakubowskis an Ulbricht formuliert, den der Militär am 15. Juli 1961 im Zentralkomitee der SED abliefern ließ. Der Oberkommandierende mahnte den Staatsratsvorsitzenden: »Für Bau- und Reparaturarbeiten in einigen Garnisonen, in denen Truppenteile der Gruppe der sowjetischen Streitkräfte in Deutschland stationiert sind, hatten wir gebeten, für 1961 Kabellieferungen im Wert von 1,098 Millionen DM einzuplanen. Die Staatliche Plankommission der DDR hat Kabel nur im Wert von 849.000 DM bereitgestellt, d. h. für 249.000 weniger als geplant. […] Ich sehe mich genötigt, mich an Sie um Hilfe zu wenden und Sie zu bitten, die Staatliche Plankommission anzuweisen, Möglichkeiten für die Bereitstellung folgender benötigter Kabel zu finden.«

Nach einer präzisen Auflistung schloss Jakubowski mit der ultimativen Aufforderung, die wie ein Befehl klang: »Ich bitte, mir Ihre Entscheidung mitzuteilen.«[17]

Ulbricht vermerkte handschriftlich: »Gen. Apel und Neumann zur Stellungnahme und Maßnahmen W. U.«

Forderungen sowjetischer Militärs waren durchaus üblich. Zwei Monate später verlangte Marschall Konew, der seit Anfang August neben Jakubowski die sowjetischen Interessen in der DDR wahrnahm, von Walter Ulbricht gleichfalls Unterstützung. Zwischenzeitlich war die Grenze geschlossen worden, worauf Konew am 18. September schrieb: »Zur Durchführung der Maßnahmen, die der Erhöhung der Gefechtsbereitschaft der GSSD im Interesse der Verteidigungsfähigkeit der DDR dienen, werden kurzfristig über den Plan hinaus bestimmte Materialien und Einrichtungsgegenstände für Kasernen benötigt. Ich bitte zu veranlassen, dass die GSSD im IV. Quartal 1961 von der Industrie der DDR zusätzlich mit folgenden Materialien beliefert wird.«

Dann folgte eine Liste mit 18 Positionen.[18]

Die zähen Wirtschaftsgespräche in Moskau zogen sich über das ganze Frühjahr 1961 hin. Am 3. Mai trafen sich in Berlin Walter Ulbricht, Bruno Leuschner und Günter Mittag. Das Papier, in welchem die Runde dokumentiert ist, trägt den Stempel »Streng vertraulich!«. Die drei kamen überein, dass »ungefähr im Juli« eine offizielle Delegation nach Moskau reisen solle, um die Sache zum Abschluss zu bringen. Ulbricht, ganz Internationalist und Stratege, wollte einerseits nicht, dass die Sowjetunion bloßgestellt und verärgert werden könnte, und dass andererseits die Lage der DDR im Westen offenbar wurde. Deshalb wies er an: »Das Material über die Verhandlungen in Moskau ist so zu behandeln, dass dem Gegner der Inhalt nicht zugänglich ist. Die verantwortlichen Leiter erhalten nur das Material (Auszüge), was sie unmittelbar für ihre Arbeit benötigen. Es muss verhindert werden, dass eine Vielzahl von leitenden Funktionären einen zusammenhängenden Überblick über die gesamte Lage erhält.«

Und deshalb schlug er auch schon den nichtssagenden Text vor, der als Kommuniqué veröffentlicht werden sollte: »Im Ergebnis der Beratungen wurde die beschleunigte Entwicklung bestimmter Zweige der chemischen Industrie, der Energiewirtschaft und der Metallurgie vereinbart. Die Verhandlungen verliefen im Sinne einer engeren wirtschaftlichen Zusammenarbeit und es wurde vereinbart ...«[19]

Wenige Tage zuvor, am 28./29. März 1961, hatte in Moskau der Politisch Beratende Ausschuss der Warschauer Vertrags-Staaten getagt. Aus der DDR nahmen an der Sitzung Walter Ulbricht, Außenminister Lothar Bolz, ZK-Sekretär Erich Honecker und Verteidigungsminister Heinz Hoffmann teil. Thema war das bevorstehende Gipfeltreffen in Wien. Am 3./4. Juni wollten erstmals der sowjetische Ministerpräsident Nikita S. Chruschtschow und US-Präsident John F. Kennedy zusammentreffen. Drei Themen standen auf der Agenda: Einstellung der Kernwaffenversuche, Abschluss eines Friedensvertrages mit Deutschland und die Regelung der Westberlin-Frage.

Moskau regte bereits im Vorfeld in einem Memorandum über die deutsche Frage die West-Alliierten an, die vier Großmächte sollten – in voller Anerkennung des Selbstbestimmungsrechtes des deutschen Volkes – gemeinsam an die beiden deutschen Staaten appellieren, »sich in jeder für sie annehmbaren Form über die Fragen zu einigen, die eine Friedensregelung mit Deutschland und die Wiedervereinigung betreffen. Die vier Mächte werden von vornherein erklären, dass sie jede Vereinbarung anerkennen, die von den Deutschen getroffen wird.«[20]

Ulbricht hoffte auf einen Erfolg in Wien und einen Friedensvertrag, in dessen Folge die volle völkerrechtliche Anerkennung der DDR stünde – mit allen Konsequenzen. Auf diese Weise hätte sich beispielsweise der Alleinvertretungsanspruch erledigt, durch den überall in der Welt jeder DDR-Wirtschaftsflüchtling erfolgreich um Aufnahme in die Bundesrepublik nachsuchen konnte.

In diesem Sinne erklärte Walter Ulbricht am 29. März 1961 in Moskau, nachdem die internationale Lage erörtert worden war: »Angesichts dessen ist uns klar, dass die Sicherung des Friedens in Deutschland und in Europa den baldigen Abschluss eines Friedensvertrages mit Deutschland erfordert, der auch die friedliche Lösung des Westberlin-Problems einschließt.« Und um diesen Kontext zu erläutern, führte er weiter aus: »In diesem ökonomischen und politischen Kampf gegen unsere Republik spielt Westberlin die Rolle eines Kanals, mit dessen Hilfe dieser Menschenhandel praktiziert wird, durch den aber auch Lebensmittel und andere Materialien aus unserer Republik abfließen. Westberlin stellt also ein großes Loch inmitten unserer Republik dar, das uns jährlich mehr als eine Milliarde Mark kostet. Diese Kräfte und Mittel, die aus unserer Republik abgezogen werden, kommen, wie das anders gar nicht sein kann, auch der forcierten westdeutschen Aufrüstung zugute.«[21]

Nicht unmittelbar, aber mindestens mittelbar. Und Ulbricht verwies zugleich auf das legitime Recht der Bundesrepublik wie der DDR auf vernünftige Außenbeziehungen. »Jeder Staat hat nach einem Krieg das Recht auf einen Friedensvertrag, und selbstverständlich sahen die Vereinbarungen, die nach der Kapitulation Hitlerdeutschlands zwischen den vier Hauptmächten der Antihitlerkoalition getroffen wurden, den Abschluss eines Friedensvertrages mit Deutschland vor. Diesen Viermächtevereinbarungen entspricht es, zum Zwecke der Beseitigung des Militarismus und Faschismus [...] und zur Schaffung eines friedlichen Deutschland einen Friedensvertrag mit beiden deutschen Staaten abzuschließen. Das muss jetzt, 16 Jahre nach Kriegsende, endlich geschehen!«[22] Ulbrichts Forderung ging sowohl an die Adresse der Westmächte als auch an Moskau.

Walter Ulbricht sprach im nationalen deutschen Interesse und nicht nur für die DDR, als er erklärte: »Mit der Vorbereitung eines Friedensvertrages ist die Beseitigung der Anomalität der Lage in Westberlin unmittelbar verbunden. Dabei gehen wir aus von der Souveränität der DDR, deren Hauptstadt das demokratische Berlin ist. Der Abschluss eines Friedensvertrages mit der DDR setzt auch das von den Westmächten über Westberlin verhängte Besatzungsstatut außer Kraft.«[23]

Der Westteil Berlins sollte, zumindest in einer Übergangsphase, eine entmilitarisierte freie Stadt werden. Und um den Ängsten im Westen zu begegnen, die seit Monaten propagandistisch geschürt wurden, erklärte Ulbricht ausdrücklich: »Uns schwebt also keine schroffe Änderung aller Verhältnisse, sondern ein Übergangsstadium vor, das für alle Beteiligten tragbare und zumutbare Lösungen bringt, die im Interesse der Sicherung des Friedens und der Verwirklichung der Prinzipien der friedlichen Koexistenz auch in Deutschland, auch in den Beziehungen zwischen der DDR und Westberlin liegen. […] Wir erstreben eine friedliche Lösung durch Abschluss eines Friedensvertrages und Herbeiführung der allgemeinen und vollständigen Abrüstung in Deutschland.

Die militärische Neutralisierung Deutschlands entspricht den nationalen Interessen des deutschen Volkes und den friedlichen Interessen der Völker Europas.«[24]

Bundeskanzler Konrad Adenauer dagegen lehnte die Erörterung eines Friedensvertrages mit den beiden deutschen Staaten strikt ab. Zur Begründung sagte er, dass dies die völkerrechtliche Anerkennung der Teilung Deutschlands bedeuten würde.

Dass Wiener Gipfeltreffen Anfang Juni brachte nicht den in Berlin erhofften Durchbruch. Neutrale Beobachter meinten, dass daran auch Nikita Chruschtschow und seine nur schwach ausgeprägten diplomatischen Fähigkeiten daran nicht ganz unschuldig gewesen seien. Er sei zu selbstbewusst aufgetreten – mit dem Faktum des ersten Weltraumfluges eines Menschen im Gepäck (Gagarin hatte am 12. April 1961 mit Wostok 1 die Erde umrundet), mit der Tatsache, dass im gleichen Monat eine Invasion von Exilkubanern und ihrer Helfershelfer aus den USA in der Schweinebucht auf Kuba erfolgreich abgewehrt worden war, dass die Sowjetunion am 1. Mai 1960 ein US-Spionageflugzeug in 21.000 Metern Höhe mit einer Rakete vom Himmel geholt hatte,[25] und wegen des Umstandes, dass die sowjetischen Nuklearforscher den bis dahin größten Atombombentest vorbereiteten.[26]

Ulbricht informierte am 14. Juni im Plenarsaal des ZK das Politbüro, den Staats- und den Ministerrat sowie das Präsidium des Nationalrates der Nationalen Front über das Resultat des Gipfeltreffens. Auch wenn er es zu Recht als Fortschritt herausstellte, dass beide Seiten konstatiert hätten, es sei nunmehr Zeit, »alle Meinungsverschiedenheiten und Streitfragen auf dem Wege von Verhandlungen« zu lösen,[27] war man in der Deutschland- und Berlin-Frage nicht weitergekommen.

Ulbricht erläuterte die eigene Position und mögliche eigene Schritte: »Was die Frage der Verbindungswege betrifft, so habe ich bereits in anderen Erklärungen gesagt, dass wir nicht die Absicht haben, Westberlin zu blockieren, dass die Verbindungswege offen bleiben und dass die DDR – wie es bereits in 95 Prozent der Verbindungen geschieht – die Kontrolle ausübt. Nachher wird sie in 100 Prozent der Fälle die Kontrolle ausüben.«[28]

Im Klartext: Ulbricht wollte mit Chruschtschows Hilfe die vier Mächte dazu bewegen, den Luftverkehr von und nach Berlin ausschließlich über Berlin-Schönefeld abzuwickeln. Der Hebel dazu war ein Friedensvertrag mit Deutschland oder eben mit der DDR. Dadurch würden sich alle Besatzungsrechte für Westberlin erledigen.

Ulbricht unterstrich erneut: »Der kürzeste Weg zur Wiedervereinigung ist der Abschluss eines Friedensvertrages mit beiden deutschen Staaten, die Herbeiführung der friedlichen Koexistenz, der Weg der Konföderation.«[29]

Am 25. Juli 1961 entgegnete BRD-Verteidigungsminister Franz-Josef Strauß demonstrativ in Washington auf diese Entspannungs-Bemühungen: »Der Zweite Weltkrieg ist noch nicht zu Ende.« Und er forderte, nicht zum ersten Male, die Bundeswehreinheiten unmittelbar an der Grenze mit taktischen Atomwaffen auszurüsten. Wer das ablehne, gehe den ersten Schritt zur Neutralität.

In jener Zeit schickte Walter Ulbricht ein Schreiben an Chruschtschow mit der Rede, die er auf dem Treffen der Ersten Sekretäre in Moskau Anfang August halten wollte. Zu diesem Spitzentreffen der östlichen Staaten gab es eine Anregung Ulbrichts. Thema: »Erörterung der mit der friedlichen Regelung des Deutschlandproblems zusammenhängenden Fragen.« Den Vorschlag dazu hatte Ulbricht bereits im Juni nach Moskau geliefert. Er fragte Chruschtschow mit Verweis auf die Grenzgänger: »Erstens: welche ökonomischen Maßnahmen sind die zweckmäßigsten? Und zweitens: Welches ist der günstigste Zeitpunkt?«[30] Abschließend hieß es in Ulbrichts Begleitschreiben zum Redenentwurf: »Ich bitte Sie vor der Beratung um eine Besprechung über die taktischen Hauptfragen und Ihre Änderungsvorschläge zu meiner Rede.«[31]

In seinem Referatsentwurf für die bevorstehende Sitzung des Politisch Beratenden Ausschusses ging Ulbricht von der dramatischen Situation in der DDR aus: »Die Fortdauer der Konjunktur in Westdeutschland sowie die ökonomische Entwicklung im sozialistischen Lager lassen es nicht zu, dass die DDR in absehbarer Zeit Westdeutschland im Lebensstandard einholt. Im Interesse der Existenz und der Entwicklung der DDR sind deshalb wirksame Maßnahmen zur Unterbindung der Abwerbung notwendig.«[32]

Zu gegebener Zeit müsse darum dafür gesorgt werden, dass »die Staatsgrenze der DDR (die mitten durch Berlin geht) für Bürger der DDR nur mit besonderer Ausreisegenehmigung« passierbar sein dürfe, »oder, soweit das einen Besuch von Bürgern der Hauptstadt der DDR in Westberlin betrifft, mit besonderer Bescheinigung erlaubt wird. Der Besuch der Westberliner Bevölkerung in der Hauptstadt der DDR ist möglich auf Grund des Westberliner Personalausweises (aber nicht auf Grund des westdeutschen Bundespasses).«[33]

Am 31. Juli appellierte Walter Ulbricht zudem angesichts der beschleunigten wirtschaftlichen Talfahrt wegen der Lieferprobleme der UdSSR an den »teuren Genossen Chruschtschow«, dass die »bisherigen Methoden der Zusammenarbeit« verändert werden müssten. »Von den seit September vergangenen Jahres beantragten 140 Themen der technischen Hilfeleistung wurden 30 abgelehnt, 35 sind noch ohne jede Stellungnahme, und erst 15 Themen sind erledigt.«[34]

Das von ihm geforderte Gespräch mit Chruschtschow fand am 1. August statt. Ulbricht schilderte ihm offen die aktuelle Lage in der DDR. Bei der weiteren Entwicklung würden 1962 im Vergleich zu 1960 mindestens 175.000 qualifizierte Facharbeiter fehlen. Der dadurch 1961 eingetretene Produktionsausfall betrage im Vergleich zu 1960 etwa 2,5 bis 3 Milliarden DM.

Auf die Lage an der Grenze zwischen dem demokratischen Sektor Berlins und den Westsektoren eingehend und darauf, wie der Politisch Beratende Ausschuss damit umgehen solle, sagte Chruschtschow: »Wir müssen ein gemeinsames Kommuniqué veröffentlichen, wo die DDR im Interesse der sozialistischen Länder gebeten wird, die Grenze zu schließen. Dann machen Sie das auf unsere Bitte. Das ist keine innere, keine wirtschaftliche, sondern eine große allgemein politische Angelegenheit.« Die Warschauer Vertragsstaaten sollten übereinkommen, »solche

Kontrolle an den Grenzen der DDR einschließlich der Grenze in Berlin« zu organisieren, »wie sie auch an den Grenzen der Staaten der Westmächte besteht«.[35]

Darauf Ulbricht: »Wir sind einverstanden mit der Begründung dieser Sache vom Standpunkt der großen Politik. Aber wir müssen uns auf wirtschaftliche Schritte vorbereiten. Vor Durchführung dieser Maßnahme muss ich erläutern, wie unsere Wirtschaftspolitik aussehen wird, damit das alle wissen. Zur politischen Seite haben wir den Friedensplan beschlossen, der großen Erfolg hat.

Chruschtschow: Dazu habe ich eine andere Meinung. Vor Einführung des neuen Grenzregimes sollten Sie überhaupt nichts erläutern, denn das würde die Fluchtbewegung nur verstärken und könnte zu Staus führen. Das muss so gemacht werden, wie wir den Geldumtausch realisiert haben. Wir lassen euch jetzt ein, zwei Wochen Zeit, damit ihr euch wirtschaftlich vorbereiten könnt.

Dann beruft ihr das Parlament ein und verkündet folgendes Kommuniqué: ›Ab morgen werden Posten errichtet und die Durchfahrt verboten. Wer passieren will, kann das nur mit Erlaubnis bestimmter Behörden der DDR tun.‹« Und weiter sagte Chruschtschow: »Wenn die Grenze geschlossen wird, werden Amerikaner und Westdeutsche zufrieden sein. Botschafter Thompson (*Llewellyn E. Thompson, von 1957 bis 1962 Vertreter der USA in Moskau – d. Verf.*) hat mir gesagt, dass diese Flucht den Westdeutschen Ungelegenheiten bereitet. Wenn Sie also diese Kontrollen errichten, werden alle zufrieden sein. Außerdem bekommen die Ihre Macht zu spüren.«

Wir erinnern uns: Am 15. Juni hatte Walter Ulbricht auf der Pressekonferenz in Berlin erklärt, dass niemand die Absicht habe, eine Mauer zu errichten. An welcher Grenze westlicher Staaten existierte »eine Mauer«? Ulbricht hat Ende Juli 1961 also ganz klar auch intern gesagt, dass er genau solche Verhältnisse »an den Grenzen der DDR einschließlich der Grenze in Berlin« haben wolle,

»wie sie auch an den Grenzen der Staaten der Westmächte« bestünden. Aus dem Protokoll des Telefonats – vollständig in den Anlagen dieses Buches veröffentlicht – zwischen ihm und Chruschtschow geht klar hervor, wer die treibende Kraft war.

Chruschtschow ging auch auf die Arbeitskräftesituation ein. »Unser Botschafter hat mir berichtet, dass es euch an Arbeitskräften fehlt. Die können wir euch geben.

Ulbricht: Wir haben im Politbüro beschlossen, um Arbeiter aus Bulgarien und Polen zu bitten.

Chruschtschow: Auch wir können sie euch geben – junge Leute, Komsomolzen. Wir haben überflüssige Arbeitskräfte. Hören Sie nicht auf die Stimme Amerikas, die behauptet, uns fehle es an Arbeitern.

Ulbricht: Ich habe mich einfach nicht entschließen können, Ihnen diese Frage zu stellen.

Chruschtschow: Lassen Sie uns darüber nachdenken, wie wir das dem Volk am besten erklären.

Ulbricht: Als sozialistische Hilfe für die DDR!

Chruschtschow: Vielleicht sollten wir es besser Jugendaustausch nennen, wie Fidel Castro vorgeschlagen hat. Bei dem Austausch gebt ihr uns einen und wir euch hundert.«[36]

In dem von Werner Eberlein gedolmetschten Gespräch, bei dem sich Ulbricht Notizen machte (auch diese Zettel liegen im Bundesarchiv in der Berliner Finckensteinallee), forderte Chruschtschow »administrative Maßnahmen. Grenze schließen«, worauf es Ulbricht entfuhr, man könne nicht eine Mauer rings um Westberlin ziehen.

Auf 80 Kilometer solle man Draht ziehen, die Hälfte der Grenze ohne Draht. »2. Einwohner DDR verbieten, ohne Genehmigung Westberlin aufzusuchen«, notierte Ulbricht. »Alle Fußgänger, alle Passagen, alle Bahnen am Übergangskontrollpunkt kontrollieren. S-Bahn an Grenzstationen Kontrolle aller Reisenden. Alle müssen aus Zug nach Westberlin aussteigen, außer den Westberlinern.«[37]

Auch Eberlein erinnerte sich später an diese Verabredung der Parteiführer. In einem Gespräch am 12. Dezember 2001 reflektierte er die Moskauer Konsultationen: »Niemand dachte daran, dass eine Mauer gebaut wird. Es sollte mit ein paar Rollen Stacheldraht abgesperrt werden, ein paar Durchlässe würden gemacht und jeder anständige Deutsche würde zur Volkspolizei gehen, sich ein Visum ausstellen lassen und damit die Grenze passieren. Wenn Ulbricht kurz vor dem Mauerbau in einem Pressegespräch gesagt hat: Wir haben keine Absicht, eine Mauer zu bauen, unsere Bauarbeiter sind für andere Dinge da, unterstellt man ihm heute, dass er das gesagt hat, um abzulenken. Ich glaube, er war überzeugt von dem, was er da gesagt hat, das war seine ehrliche Meinung, denn das war in Moskau verhandelt worden.«[38]

Bis zu jenem Gipfeltreffen Anfang August 1961 im Kreml, zu welchem auch die Führungen Albaniens, Chinas, Koreas, der Mongolei und Vietnams eingeladen wurden (und bis auf Albanien waren alle vertreten, selbst Ho Chi Minh reiste aus Hanoi an), war in Moskau nicht klar, *wie* mit der offenen Grenze umgegangen werden sollte.

Noch am 15. Juli hatte ein Genosse Karpin, im ZK der KPdSU für Deutschlandfragen zuständig, den Berliner SED-Chef Paul Verner – worüber dieser Ulbricht anschließend in einer Hausmitteilung informierte – beiläufig wissen lassen, »dass sie noch nicht wissen, wie man all diese Fragen praktisch lösen soll, weil sie noch keine bestimmte Vorstellung zu einzelnen Problemen haben«.[39]

Dann lief der 13. August 1961 mit all den bekannten Maßnahmen. Und Ulbricht saß zwei Tage später mit Götting im Auto und berichtete von seinem Erstaunen, als Chruschtschow in Moskau in großer Runde plötzlich erklärt habe, der Genosse Ulbricht hätte ihm soeben vorgeschlagen, um Westberlin eine Mauer zu ziehen. Er sei, sagte Ulbricht, wie vom Donner gerührt gewesen. Einen solchen Vorschlag hatte er nie gemacht. Er habe allerdings schlecht in dieser Runde aufstehen und Chruschtschow widersprechen oder gar dementieren können. Und auch außerhalb des Kreml hätte er das wohl kaum öffentlich machen können.

Götting sah, dass Ulbrichts Betroffenheit echt und keineswegs gespielt war. Dieser war aber Parteisoldat, und der hatte zu gehorchen.

Auch in Moskau gibt es Protokolle, so eines über das Gespräch zwischen Chruschtschow und Ulbricht an jenem 1. August 1961. Das 19-seitige russische Dokument über jenes Gespräch von 15.40 bis 18.00 Uhr notierte Valentin Koptelzew. Es befindet sich heute im schwer zugänglichen Präsidentenarchiv in Moskau und wurde von dem Historiker Matthias Uhl im Sommer 2009 publik gemacht. Obgleich etwa die *B.Z.* am 1. Juni 2009 titelte: »Akten-Fund: Chruschtschow befahl Mauer-Bau«, und im Text fragte: »Muss die deutsch-deutsche Geschichte jetzt neu geschrieben werden?«, war diese Sorge unbegründet. Die offizielle Lesart wurde in der Bundesrepublik Deutschland unverändert beibehalten: Ulbricht hat die Mauer gebaut. Basta.

Ausgerechnet in einer Boulevard-Zeitung des Springer-Verlages war zu lesen: »Bislang gingen die Forscher davon aus, dass SED-Chef Ulbricht und Erich Honecker fast im Alleingang über den Bau der Berliner Mauer entschieden. Das Protokoll eines persönlichen Gesprächs zwischen Chruschtschow und Ulbricht am 1. August 1961 im Kreml stellt die Geschichte aber in einem neuen Licht dar.

Der Historiker Matthias Uhl (39, forscht seit 2005 in Moskau) fand das Protokoll im Archiv in Moskau. ›Mir war sofort klar‹, sagte er der *B.Z.*, ›dass das Dokument von historischer Tragweite ist. Bislang hatten wir angenommen, dass die DDR die treibende Kraft beim Bau der Mauer war.‹«[40]

Selbst das Nachrichtenmagazin *Der Spiegel* kam nicht umhin, die Existenz dieses Dokuments und dessen Aussage zu vermelden. »Die Initiative [für den Mauerbau] war von Chruschtschow ausgegangen.« Dieser habe vor einiger Zeit, »so zitiert ihn das Protokoll, den sowjetischen Botschafter in Ostberlin zu Ulbricht geschickt, um: ›Ihnen meine Gedanken darzulegen, dass man die derzeitigen Spannungen mit dem Westen nutzen und einen eisernen Ring um Berlin legen sollte‹.«

Doch für den *Spiegel* war das kein Grund für eine Korrektur der einzig gültigen Lesart. Denn: »Der SED-Mann setzte vielmehr seinerseits auf ein Einmauern der Ostdeutschen, weil es ›eine Reihe Fragen gibt, die bei offener Grenze nicht zu lösen sind‹.«[41]

Das Hamburger Nachrichtenmagazin weiß nicht nur alles, es weiß es vor allem besser: »Chruschtschow hatte freilich keine Mühe, seinen Besucher (*? – d. Verf.*) zu überzeugen.«

Auch *Die Welt* rückte die Stühle wieder gerade. »Ulbricht sicherte sich, erfahren durch sein erfolgreiches Lavieren während des stalinistischen Terrors, ab: ›Fürchten Sie keine Auswirkungen auf die westdeutschen Wahlen, dass das Adenauer und Brandt hilft?‹ Chruschtschow antwortete hemdsärmlig: ›Ich denke, Adenauer wird gewinnen. Wir machen hier keine politischen Spiele. Sie sind beide Halunken. Brandt ist schlimmer als Adenauer.‹«[42]

Die Hamburger *Zeit* federte im Feuilleton die harte Ablehnung der mit dem Papier gewonnenen Einsicht ab, spülte sie ein wenig weich für den westdeutschen Bildungsbürger, und beließ es bei der bislang üblichen Diktion. »Jetzt steht fest: Der endgültige Beschluss zum Bau der Berliner Mauer fiel am 1. August 1961 bei einem Gespräch von Walter Ulbricht (SED) mit Nikita Chruschtschow (KPdSU) kurz vor der gemeinsamen Tagung des Warschauer Paktes. Die beiden Generalsekretäre vereinbarten in Moskau, wie es in einem gerade entdeckten Protokoll des Gesprächs heißt, die Zugänge nach West-Berlin zu ›vermauern‹.«[43]

Das Protokoll, so die *Zeit*, erstaune wegen des »lockeren Tonfalls«. Dann aber sei man zur Sache gekommen. »Bereits zu Anfang des Gesprächs legt Chruschtschow seinem Gegenüber dar, dass es zur Sperrung der Grenze keine Zeit und Alternative mehr gebe: ›Ich habe unseren Botschafter gebeten, Ihnen meinen Gedanken darzulegen, dass man die derzeitigen Spannungen mit dem Westen nutzen und einen eisernen Ring um Berlin legen sollte. Das ist leicht zu erklären: Man droht uns mit Krieg, und wir wollen nicht, dass man uns Spione schickt. Diese Begründung werden die Deutschen verstehen.‹

Für die DDR sah Chruschtschow vor allem eine Polizeifunktion vor: ›Ich bin der Meinung, den Ring sollten unsere Truppen legen, aber kontrollieren sollten Ihre Truppen.‹ *(Gemeint sind die Grenztruppen, nicht die NVA – d. Verf.)* Gleichzeitig machte der sowjetische Partei- und Staatschef klar, dass er bereit war, ein hohes Risiko einzugehen: ›Wenn man uns Krieg aufzwingt, dann wird es Krieg geben.‹ Außerdem, so Chruschtschow zu Ulbricht, ›hilft das Ihnen, denn es reduziert die Fluchtbewegung‹.«[44]

Chruschtschow äußerte sich weiter zu militärpolitischen Fragen: »Wir müssen auch zu einem gemeinsamen Entschluss über demonstrative militärische Verstärkungsmaßnahmen kommen. Ich habe einen Bericht unseres Generalstabes entgegengenommen, und wir werden alles tun, was nötig ist.«

Und an anderer Stelle erklärte er: »Dem Berater Kennedys habe ich gesagt: Gegen jede Ihrer Divisionen bieten wir zwei auf; und wenn Sie die Mobilmachung erklären, dann tun wir das ebenfalls.«

Was im Westen als Willkür und militärischer Hasard interpretiert wurde, nämlich die Verstärkung der sowjetischen Truppen, hatte einen realen Grund: die Truppenbewegungen auf der NATO-Seite. Darauf ging *Die Zeit* aber nicht ein. Stattdessen hieß es bedrohlich: »Militärisch sei von der Sowjetunion bereits alles vorbereitet, führte der

KPdSU-Chef weiter aus, sein Generalstab habe bereits alle entsprechenden Pläne ausgearbeitet: ›An der Grenze zur BRD werden sich unsere Panzer hinter den Stellungen eurer Soldaten eingraben. Das tun wir so geheim, dass es der Westen nicht mitbekommt.‹ *(s. Anlage S. 183: im Originalprotokoll steht »geheim« in Anführungszeichen und »nicht« fehlt – d. Verf.)* Zugleich stellte er die Verlegung weiterer sowjetischer Truppen in die DDR in Aussicht.

Tatsächlich verstärkte die Sowjetunion bis August 1961 ihre Truppen in der DDR um gut 37.500 Mann sowie um mehr als 700 Panzer. Diese Zuführungen entsprachen in etwa zwei bis drei Panzerdivisionen. Zugleich wurden an der polnischen Westgrenze weitere 70.000 Soldaten stationiert. Die Südgruppe der Roten Armee in Ungarn erhielt ebenfalls 10.000 Mann zusätzlich. Damit war die Mannschaftsstärke der sowjetischen Truppen in Mitteleuropa im Vorfeld des Mauerbaus um etwa 25 Prozent erhöht worden – auf mehr als 545.000 Mann. Die Sowjetarmee hatte damit fast ein Drittel ihrer Landstreitkräfte für die militärische Absicherung der Grenzschließung in Berlin in der DDR, Polen und Ungarn konzentriert.«[45]

Chruschtschows Vorstoß hingegen, auch die DDR möge ihre Streitkräfte verstärken, blieb allgemein. »Unsere Genossen vom Militär meinten, vielleicht müsste bei den Deutschen auch etwas geschehen. Möglicherweise wäre es gut, eine Aufstockung eurer Divisionen vorzunehmen. Aber ich habe gesagt, dass man Genossen Ulbricht fragen muss, wie die Deutschen darauf reagieren. Das könnte unter Umständen negative Reaktionen auslösen, und als Demonstration hat diese Maßnahme keine entscheidende Bedeutung.«

Darauf ging Ulbricht nicht ein.

Nach Auffassung des Berliner Historikers Siegfried Prokop hingegen ist die Entscheidung für die Maßnahmen am 13. August vermutlich am 27. Juli 1961 gefallen. In einem Vortrag auf dem traditionellen Grenzertreffen am

30. Oktober 2010 in Berlin führte er aus: »Darüber, dass Chruschtschow diese Entscheidung fällte, besteht kein Zweifel mehr. Er, der die Mauer für eine hässliche Sache hielt und der die Gefühle des deutschen Volkes verstand, hatte dazu gegenüber Botschafter Hans Kroll[46] geäußert[47]: ›Es gab nur zwei Arten von Gegenmaßnahmen: die Lufttransportsperre oder die Mauer. Die erstgenannte hätte uns in einen ernsten Konflikt mit den Vereinigten Staaten gebracht, der möglicherweise zum Krieg geführt hätte. Das konnte und wollte ich nicht riskieren.‹ (*Das widerspricht der Darstellung von Uhl, dass Chruschtschow einen Krieg durchaus für eine denkbare Option hielt – d. Verf.*) Also blieb nur die Mauer übrig. Ich möchte Ihnen auch nicht verhehlen, dass ich es gewesen bin, der letzten Endes den Befehl dazu gegeben hat. […] Die Mauer wird, wie ich schon gesagt habe, eines Tages wieder verschwinden, aber erst dann, wenn die Gründe für ihre Errichtung fortgefallen sind.«[48]

So Chruschtschow angeblich gegenüber dem BRD-Botschafter Kroll am 9. November 1961.

Die Rezeption heute

Der Umgang mit den 13. August 1961 ist heute ritualisiert, die Haltung zur Mauer fixiert. Hier wird sichtbar, was Napoleon in den Satz gekleidet hat, dass die Geschichte die Summe der Lügen sei, auf die sich die Herrschenden nach dreißig Jahren geeinigt hätten. Das trifft zu. Keine im Bundestag vertretene Partei sieht es heute anders, als in den Medien und in den Schulbüchern seit Jahr und Tag mitgeteilt wird.

Die Linkspartei wirft sich an jenem Datum pflichtschuldig ihr Büßergewand über, trägt ihren Kranz in die Bernauer Straße und lässt sich dafür beschimpfen. Beschämt erklärte sie selbstanklagend beispielsweise 2001:

»Die Berliner Mauer war ein Ergebnis der Blockkonfrontation im Kalten Krieg. Die Opfer dieses Grenzregimes sind jedoch mit dem Verweis auf internationale Rahmenbedingungen und Sicherheitskonzepte keinesfalls zu rechtfertigen. Menschliches Leid verlangt Respekt und Nachdenklichkeit. [...]

Mit den Maßnahmen zum 13. August wollte die Partei- und Staatsführung in einer Art Befreiungsschlag mit nicht mehr beherrschbaren Schwierigkeiten fertig werden. Was als Sieg gefeiert wurde, war in Wahrheit eine schwere Niederlage in der Systemauseinandersetzung auf deutschem Boden. [...] Nicht zum Schutz gegen einen angeblich drohenden Einmarsch der Bundeswehr, sondern gegen den Exodus der eigenen Bürger wurde ein Wall gebraucht. Chruschtschow gegenüber leistete Ulbricht den Offenbarungseid: Bei weiterhin offener Grenze ist der ›Zusammenbruch unvermeidlich‹. Doch stand eine Selbstaufgabe der DDR nicht zur Debatte – und schon gar nicht zur Disposition deutscher Politiker, denn die DDR war ›der westliche Vorposten des sozialistischen Lagers‹, wie Anastas Mikojan, der Vorsitzende des Obersten Sowjets der UdSSR, feststellte.«[49]

Diese Grenze wurde gesichert, damit Frieden blieb. Der Frieden hielt 28 Jahre, so lange sie stand. 1993 beteiligten sich erstmals deutsche Soldaten im Rahmen der »Operation Deny Flight« an der Überwachung des Flugverbotes über Ex-Jugoslawien, im Sommer mussten 1.800 Bundeswehrsoldaten nach Bosnien-Herzegowina, 1999 bombardierte die NATO mit deutscher Beteiligung Jugoslawien ... Von Kambodscha über Somalia und Ruanda, von Bosnien über den Kosovo-Krieg bis Ost-Timor, vor der Küste des Libanon und in den Bergen Afghanistans – überall waren oder sind Soldaten aus der Bundesrepublik dabei. »Deutschland beteiligt sich derzeit mit rund 7.100 Soldaten an einer Reihe von Einsätzen im Ausland«, meldete am 1. Oktober 2010 die Bundeswehr und schlüsselt minutiös auf. Entschuldigend heißt es: »Die Zahlen sind gerundet und eine ›Momentaufnahme‹, da die Tagesstärken geringfügig schwanken können.«[50]

Anmerkungen

1 Kurt Pätzold, Die Mär vom Antisemitismus, spotless, Berlin 2010
2 Vgl. Siegwart-Horst Günther/Gerald Götting, Was heißt Ehrfurcht vor dem Leben? Begegnung mit Albert Schweitzer, Verlag Neues Leben, Berlin 2005
3 Die nachfolgend zitierten Akten (SAPMO-BArch) befinden sich in der Stiftung Archiv der Parteien und Massenorganisationen der DDR, die unter dem Dach des Bundesarchives in Berlin-Zehlendorf lagern, daher die Signatur SAPMO-BArch 30/3708, Bl. 2
4 SAPMO-BArch 30/3708, Bl. 3
5 ebenda
6 Die Wismut, 1946 als Sowjetische Aktiengesellschaft gegründet, seit 1954 firmierte sie als SDAG Wismut, als sowjetisch-deutsche Aktiengesellschaft, war weltweit der drittgrößte Uranerzproduzent. Das Aktienkapital wurde zur Gründung auf zwei Milliarden Mark festgesetzt, wobei die DDR und die UdSSR einen Anteil von je einer Milliarde Mark besaßen. Die DDR musste ihren Aktienanteil allerdings in Raten von jeweils 200 Millionen Mark pro Jahr von der UdSSR kaufen. Das in Thüringen und Sachsen geförderte Erz bildete die Rohstoffbasis für die sowjetische Atomindustrie. Mit dem Erz half die DDR der Sowjetunion, in den 60er Jahren das militärstrategische und atomare Gleichgewicht zur USA herzustellen, wodurch der Frieden gesichert wurde. Deshalb sprachen nicht nur die Wismut-Kumpel von »Friedenserz«. Sie zahlten mit ihrer Gesundheit, die DDR mit riesigen Investitionen. Bis 1990 und der Schließung der Schächte lieferte die DDR 231.400 Tonnen Uran an die Sowjetunion. Am 3. Oktober 1990 ging der DDR-Anteil der SDAG auf die BRD über, am 16. Mai 1991 wurde zwischen der BRD und der UdSSR vereinbart, dass die sowjetischen Anteile unentgeltlich an die Bundesrepublik übergehen. Das Abkommen trat am 20. Dezember 1991 in Kraft, am darauffolgenden Tag löste sich die Sowjetunion auf
7 SAPMO-BArch 30/3708, Bl. 5
8 SAPMO-BArch 30/3708, Bl. 6
9 SAPMO-BArch 30/3708, Bl. 7
10 SAPMO-BArch 30/3708, Bl. 8
11 SAPMO-BArch 30/3708, Bl. 54
12 SAPMO-BArch 30/3708, Bl. 64
13 SAPMO-BArch 30/3708, Bl. 68
14 SAPMO-BArch 30/3708, Bl. 148

15 SAPMO-BArch DY 30/3708, Bl. 148ff.
16 SAPMO-BArch DY 30/3691, Bl. 28
17 SAPMO-BArch DY 30/3691 Bl. 54
18 SAPMO-BArch DY 30/3691 Bl. 89
19 SAPMO-BArch DY 30/3709 Bl. 1-168
20 *Neues Deutschland* vom 12. Juni 1961
21 SAPMO-BArch DY 30/3386 Bl. 166
22 SAPMO-BArch DY 30/3386 Bl. 174
23 Ebenda
24 Ebenda
25 Ende 1954 hatte US-Präsident Eisenhower der CIA Mittel für Spionageflüge in extremer Höhe bewilligt (Projekt »Aquatone«) – die sowjetische Flak reichte bis 14.000 Meter, die MiG-19 kam bis 15.500 Meter. Die Spionageflüge wurden im Sommer 1956 vom Flugplatz Wiesbaden/BRD aufgenommen. Jeder Flug brachte etwa 4.000 Aufnahmen. Am 1. Mai 1960 startete Pilot Gary Powers mit seiner U-2C in Peschawar in Pakistan, um Raketenbasen in und um Swerdlowsk (heute Jekaterinburg) zu fotografieren, danach sollte er auf einem Flugplatz in Norwegen landen. Er wurde mit einer Rakete über dem sowjetischen Territorium abgeschossen. Die USA logen, indem sie behaupteten, es habe sich um einen meteorologischen Erkundungsflug gehandelt, und präsentierten der Weltöffentlichkeit eine in NASA-Farben gestrichene U-2. Nachdem Eisenhower die von Chruschtschow geforderte Entschuldigung für den »Banditenflug« verweigerte, sagte dieser die Teilnahme am geplanten Vier-Mächte-Gipfel in Paris ab.
Der abgeschossene Pilot Gary Powers wurde im Februar 1962 auf der Glienicker Brücke zwischen Potsdam und Westberlin gegen den sowjetischen Kundschafter Rudolf Abel ausgetauscht.
26 Am 30. Oktober 1961 wurde in Nowaja Semlja in der Atmosphäre eine Atombombe gezündet, deren Wirkung etwa die von 3.800 Hiroshima-Bomben hatte. Die Druckwelle umrundete dreimal die Erde, und die seismische Erschütterung wurde selbst auf der gegenüberliegenden Stelle auf der Erdkugel registriert. Es war die stärkste jemals gezündete Wasserstoffbombe und erzeugte die größte jemals vom Menschen verursachte Explosion. An der Entwicklung dieser Waffe, die 27 Tonnen wog und acht Meter maß, war der Held der Sozialistischen Arbeit und Stalinpreis-Träger Andrej Sacharow (1921-1989) leitend beteiligt. Als Dissident erhielt er 1975 den Friedensnobelpreis.
27 SAPMO-BArch DY 30/3339, Bl. 6
28 Ebenda
29 SAPMO-BArch DY 30/3339, Bl. 21
30 SAPMO-BArch DY 30/3508 Bl. 196
31 SAPMO-BArch DY 30/3478 Bl. 5
32 SAPMO-BArch DY 30/3478 Bl. 68

33 SAPMO-BArch DY 30/3478 Bl. 70
34 SAPMO-BArch DY 30/3478 Bl. 71
35 SAPMO-BArch DY 30/3709 Bl. 45f.
36 SAPMO-BArch DY 30/3478 Bl. 82
37 SAPMO-BArch DY 30/3569 Bl. 14
38 Siehe: Berlin-Moskau-Berlin. Werner Eberlein im Gespräch mit Joachim Heise und Marianne Regensburger, in: Leben und Berlin – mit und ohne Mauer. Gespräche und Betrachtungen, verlag am park, Berlin 2003, S. 125
39 SAPMO-BArch DY 30/3508 Bl. 223
40 *B.Z.* vom 1. Juni 2009
41 *Der Spiegel* 23/2009
42 *Die Welt* vom 29. Mai 2009
43 *Die Zeit* vom 8. Juni 2009
44 Ebenda
45 Ebenda
46 Hans Kroll (1898-1967), Diplomat seit 1920, Botschafter der BRD in der Sowjetunion von 1958 bis 1962. Er lud sich selbst zu einem Gespräch bei Nikita S. Chruschtschow am 9. November 1961 ein. Anschließend wurde ihm in Bonn vorgeworfen, ohne Auftrag Adenauers eigene Vorstellungen zur Lösung des Deutschland-Problems entwickelt zu haben – Vorstellungen, die der offiziellen Politik der Bundesrepublik zuwiderliefen. Nach einer von der *Welt* losgetretenen Pressekampagne (»Die Zahl derer in Bonn ist nicht klein, die wissen, dass es einen vielgenannten Beamten gibt, der den deutschsowjetischen Ausgleich, koste es, was es wolle, propagiert.«) wurde Kroll aus Moskau abberufen und bald in Pension geschickt.
47 Siegfried Prokop, Geschichte der Berliner Mauer. Fragen und Probleme, Vortrag am 30. Oktober 2010 auf dem Grenzertreffen in Berlin
48 Hans Kroll, Lebenserinnerungen eines Botschafters, Kiepenheuer & Witsch, Köln 1967
49 »Erklärung zum 40. Jahrestag des Baus der Berliner Mauer« der Historischen Kommission beim Parteivorstand vom 26. Juni 2001. Dazu heißt es: »Diese Erklärung wurde von Wilfriede Otto vorbereitet, von der Historischen Kommission am 23. Juni beraten und vom Sprecherrat am 26. Juni 2001 verabschiedet.« Da diese Erklärung auch im 50. Jahr nach dem »Bau der Berliner Mauer« auf der Homepage *sozialisten.de* der Linkspartei steht, scheint sie unverändert gültig
50 *http://www.bundeswehr.de*

Die Vorgeschichte

Jedes Ereignis hat eine Vorgeschichte. Auch der 13. August 1961 hat eine. Und diese beginnt nicht erst drei Tage oder drei Wochen vor diesem Datum. Der Ausgangspunkt, um eine Zäsur zu nennen, liegt am 30. Januar 1933, als die herrschenden Kreise in Deutschland die bürgerlich-demokratische Weimarer Republik beerdigten und die Macht den Nazis übergaben. Ohne die nun folgende faschistische Diktatur hätte es keinen Weltkrieg, keinen Völkermord, keinen Holocaust und folglich auch keine Antihitlerkoalition gegeben. Ohne 30. Januar 1933 also keinen 8. Mai 1945, an welchem Hitlerdeutschland bedingungslos kapitulieren musste und das Land bis auf den letzten Quadratmeter von ausländischen Truppen besetzt worden war. »Nie zuvor in der neuzeitlichen Geschichte Europas war ein besiegter Staat so vollständig in die Gewalt der Sieger gefallen. Ob er als Staat unter Staaten fortbestehen würde und wie er fortbestehen würde, lag ganz in ihrer Hand«,[1] beschrieb der angesehene Historiker Peter Matthias Alexander Graf von Kielmansegg die Lage 1945.

Die Hauptmächte der Antihitlerkoalition – Sowjetunion, USA und Großbritannien – fixierten in Potsdam im Sommer 1945 die europäische Nachkriegsordnung.

Die Vorarbeit dazu wurde bereits in den Kriegsjahren geleistet. Bekanntlich waren zunächst alle Bemühungen insbesondere der Sowjetunion ins Leere gelaufen, in der Vorkriegszeit ein System kollektiver Sicherheit zu schaffen.[2]

Nachdem Stalin am 6. November 1941, ein halbes Jahr nach dem Überfall auf die UdSSR, erklärt hatte, die Sowjetunion verfolge *keine* Kriegsziele, allenfalls die Absicht, den unterjochten Völkern Europas »in ihrem Befreiungskampf gegen die Hitlertyrannei zu helfen und es ihnen dann zu überlassen, sich auf ihrem Boden völlig frei einzurichten, wie sie das wollen«,[3] hatte er Churchill vorgeschlagen, eine »Vereinbarung zwischen unseren Ländern über die Kriegsziele und über Pläne der Friedensregelung nach dem Krieg zu erarbeiten«.

Großbritanniens Premier reagierte umgehend mit einem geheimen Telegramm, in welchem er Stalins Vorschlag aufgriff. Nach dem Sieg über den Faschismus müsse die vorrangige Nachkriegsaufgabe darin bestehen, »Deutschland und vor allem Preußen daran zu hindern, ein drittes Mal über uns herzufallen«.[4]

Ab Mitte Dezember 1941 erörterte Großbritanniens Außenminister Anthony Eden in Moskau mit Stalin die Zusammenarbeit beider Staaten. Im Gepäck hatte Eden auch Pläne für eine Teilung Deutschlands nach der Besetzung. Zu jenem Zeitpunkt hatte die Rote Armee die Wehrmacht vor Moskau gestoppt und ihre Winteroffensive eröffnet. Und: Nach dem Überfall Japans am 7. Dezember auf den US-Stützpunkt Pearl Harbor im Pazifik waren auch die USA in den Krieg eingetreten. Objektiv waren nunmehr die Sowjetunion, Großbritannien und die USA Verbündete.

Im Oktober 1943 trafen sich erstmals die Außenminister der Großen Drei der Antihitlerkoalition in Moskau. Die Planungen für die Nachkriegsordnung waren in den verflossenen Jahren fortgesetzt worden. In Moskau wie auch später in Teheran, Jalta und Potsdam hielt sich die sowjetische Seite mit eigenen Vorschlägen zurück. Stalin schwieg weise.

Der US-Außenminister Cordell Hull legte in Moskau einen Plan vor, demzufolge *ganz* Deutschland besetzt werden und eine interalliierte Kommission die Regierungsgewalt übernehmen sollte. Deutschland solle entmilitarisiert, entnazifiziert und demokratisiert werden und Reparationen zahlen. Überlegungen bezüglich der Besatzungszonen äußerte Hull nicht. Im Unterschied zu seinem britischen Kollegen Eden. Der erklärte klipp und klar: »Wir möchten die Aufteilung Deutschlands in einzelne Staaten, insbesondere möchten wir die Lostrennung Preußens vom übrigen Teil Deutschlands. Wir möchten jede separatistische Bewegung in Deutschland ermuntern, die auch nach dem Kriege aufkommen könnte.«[5]

Von den 33 Stunden, in denen die Außenminister während dieser zwölf Tage in Moskau miteinander konferierten, sprach man lediglich eine einzige über die Nachkriegspläne für Deutschland.

Nach dieser Beratung in der sowjetischen Hauptstadt trafen sich Stalin, Roosevelt und Churchill in Teheran. Auf dem Weg dorthin fixierte der US-Präsident auf einer Deutschlandkarte erstmals seine Teilungsvorstellungen. Danach sollte der Norden mit Hamburg und Bremen von den Amerikanern, der Süden von den Engländern und der Osten von der Sowjetunion übernommen werden.

Auf der Konferenz selbst schlug Roosevelt vor, Deutschland in fünf Teile zu zerlegen. Churchill stimmte zu, Stalin hielt sich bedeckt: »Ich weiß nicht, ob es notwendig sein wird, vier, fünf oder sechs selbstständige deutsche Staaten zu bilden. Diese Frage muß erörtert werden.«[6]

Im Februar 1945 kamen die Großen Drei in Jalta auf der Insel Krim zusammen. Die detaillierte Festlegung der künftigen Besatzungszonen wurde einer Kommission überlassen. Es müsse bezweifelt werden, urteilt der Innsbrucker Historiker Rolf Steiniger, dass Stalin eine Zerstückelung Deutschlands zu diesem Zeitpunkt gewollt habe. Churchill hingegen habe sich »prinzipiell« für eine Teilung ausgesprochen.[7]

Inzwischen stand die Rote Armee etwa 70 Kilometer vor Berlin, und es war absehbar, dass sie den entscheidenden Schlag gegen Hitlerdeutschland führen würde – wie die Sowjetunion für alle erkennbar auch die Hauptlast bei der Befreiung Europas vom Faschismus geleistet hatte. Das trug ihr weltweit viel Ansehen ein. Diese Reputation würde nach dem Sieg über Nazideutschland weiterwirken. Dessen waren sich die Strategen in Washington und London sehr bewusst.

Aber auch: Die Gegensätze zwischen den politischen Systemen waren mit der Antihitlerkoalition keineswegs verschwunden. Es handelte sich um ein temporäres, zielorientiertes Bündnis – wenngleich die Sowjetunion nach dem Krieg dieses durchaus fortzusetzen wünschte. Ihr war an einer friedlichen Koexistenz, nicht an einer Konfrontation gelegen.

Der Antikommunismus hatte die Westmächte an den Interventionskriegen gegen Sowjetrussland 1918 bis 1922 teilnehmen lassen. Die USA, Großbritannien und Frankreich finanzierten die Weißgardisten und schickten Soldaten, der Verlust der Erdölquellen am Kaspischen Meer, der Kohlengruben im Donbass und anderer Ressourcen an die »Bolschewiken« wurde nicht einfach hingenommen. Der Antikommunismus, von Zeitgenossen wie dem Literaturnobelpreisträger und Nichtkommunisten Thomas Mann als »Grundtorheit der Epoche« bezeichnet, hatte vor dem Weltbrand ein System kollektiver Sicherheit verhindert und der Sowjetunion keine andere Wahl gelassen, als sich mit Nazideutschland vertraglich zu vereinbaren, um Zeit zu gewinnen.

Und jetzt, 1945, würden die russischen Kommunisten durch ihren Sieg noch mehr Ansehen und Einfluss gewinnen und die Idee des Sozialismus, die Vorstellung von einer antikapitalistischen Gesellschaft, weitere Verbreitung und Anhänger finden. Das musste, so die Strategen in den USA, Großbritannien und Frankreich, verhindert werden!

Nachweislich nach Jalta begann dieser politische Grundkonflikt, der ja ein Klassenkonflikt war, aufzubrechen.

Auf Initiative und im Schutz amerikanischer, Schweizer und deutscher Geheimdienste trafen sich in der neutralen Eidgenossenschaft Vertreter der USA, Hitlerdeutschlands, der Schweiz und des Vatikans. Die Gespräche unter dem Decknamen »Sunrise« dienten der Herstellung eines Netzwerkes, das den künftigen Einfluss der Sowjetunion und sozialistischer bzw. kommunistischer Kräfte in Westeuropa zurückdrängen sollte.

Papst Pius XII., ein bekennender, glühender Antikommunist, wollte immer, dass die amerikanische Waffenhilfe für Stalin derart zaghaft ausfalle, dass sowohl das deutsche Reich wie auch die Sowjetunion ihre Kräfte in einem langen Krieg erschöpften. Der Kommunismus sollte besiegt werden und der Nationalsozialismus stark geschwächt aus der Auseinandersetzung hervorgehen, um sodann »zur Strecke gebracht« zu werden, wie aus den Akten des Vatikans hervorgeht.

Dieser Papst – er sollte bis 1958 Oberhaupt der katholischen Kirche bleiben – konferierte seit 1944 vertraulich mit SS-Obergruppenführer Karl Wolff. Dieser war bis zu seiner Ernennung zum höchsten SS- und Polizeiführer in Italien Verbindungsoffizier der SS im Führerhauptquartier, mithin der wichtigste Mann zwischen Hitler und Himmler. Hitler hatte nicht nur Kenntnis von Wolffs Kontakten zum Papst und zu Allen W. Dulles, dem Residenten des US-Geheimdienstes OSS in der Schweiz. Er hatte Wolff auch geraten, seine Kontakte zu pflegen und mit diesem Partner zu *verhandeln*.

Im März 1945 fanden mehrere Gesprächsrunden zwischen Dulles und dem Naziführer in Zürich statt, die von Mal zu Mal größer wurden. Einmal konferierte man in der Villa des deutschen Großindustriellen Edmund H. Stinnes (gewiss kein Zufall), ein andermal nahmen am Gespräch mit Wolff auch der britische und der amerikanische Stabschef des Alliierten Hauptquartiers in Italien teil.

Das zog sich über Wochen hin.

Die Amerikaner informierten Moskau mit einiger Verzögerung über diesen Kontakt, nicht aber über den tatsächlichen Charakter der Begegnungen, denn als der sowjetische Außenminister Molotow signalisierte, dass man auch an diesen Gesprächen teilzunehmen wünsche, lehnten die USA dies ab. Warum wohl?

Am 22. März 1945 erklärte Molotow schließlich, dass die sowjetische Regierung diese Gespräche hinter ihrem Rücken für inakzeptabel halte.

Am 29. März legte Stalin mit einem Telegramm an Roosevelt nach. Er machte den US-Präsidenten darauf aufmerksam, dass seit Beginn der Gespräche in der Schweiz das deutsche Oberkommando drei Divisionen aus Norditalien habe abziehen und an die sowjetische Front verlegen können.

Roosevelt entschuldigte sich und bedauerte, dass durch das Techtelmechtel »eine Atmosphäre bedauerlicher Besorgnisse und des Misstrauens entstanden« sei. Und nachdem er Dulles zurückgepfiffen hatte, telegrafierte der Präsident an Stalin am 12. April: »Auf keinen Fall darf es ein gegenseitiges Misstrauen geben, und kleine Missverständnisse dieser Art sollten in Zukunft nicht mehr auftreten.«[8]

Am Abend des gleichen Tages verstarb US-Präsident Franklin D. Rooesevelt.

Bereits nach wenigen Tagen gab sein Nachfolger Harry S. Truman grünes Licht für die Fortsetzung der Gespräche in der Schweiz.

Die Geheimdienstoperation »Sunrise« – jener verhängnisvolle Versuch, ein Bündnis gegen die Sowjetunion und die sozialistischen und kommunistischen Kräfte in Europa zu schaffen – wurde von den Beteiligten später verschwiegen. Erst nach der Jahrtausendwende wurde die Operation durch eine Fernsehdokumentation bekannt.[9]

Die 52-minütige Sendung wird unverändert auf der Homepage des Senders *Arte* mit folgenden Worten begleitet: »Unter dem Codenamen ›Operation Sunrise‹ trafen sich zwischen März und April 1945 in der Schweiz Allen W. Dulles, Europa-Chef des amerikanischen Militärgeheimdienstes ›Office of Strategic Services‹, SS-Obergruppenführer und General Karl Wolff, Baron Luigi Parrilli, ein Geschäftsmann und Vertrauter des Vatikans, und Major Max Waibel, Nachrichtenoffizier im Generalstab der Schweizer Armee, zu geheimen Gesprächen. Ging es bei diesen Geheimverhandlungen wirklich nur um die schnelle Beendigung des Zweiten Weltkrieges in Italien?

Die Dokumentation versucht einen dunklen Aspekt der ›Operation Sunrise‹ aufzuhellen, und zwar den Beginn der Zusammenarbeit von Teilen der amerikanischen Geheimdienste mit Vertretern der Nazis gegen die Sowjetunion noch während des Zweiten Weltkrieges. Das antikommunistische Bündnis wurde in der Schweiz geschmiedet. Es führte nach Kriegsende zur organisierten Massenflucht deutscher Kriegsverbrecher ins westliche Ausland und beschleunigte den Konflikt zwischen den ehemaligen Alliierten USA/Großbritannien und der Sowjetunion.

Damit wurde dem Ausbruch des ›Kalten Krieges‹ Vorschub geleistet, der länger dauerte als der Erste und Zweite Weltkrieg zusammen, weltweit mehr Opfer forderte und von namhaften Autoren inzwischen als der ›Dritte Weltkrieg‹ des 20. Jahrhunderts bezeichnet wird.«[10]

Die beschönigende Relativierung, dass nur »Teile der amerikanischen Geheimdienste mit Vertretern der Nazis gegen die Sowjetunion« zusammenarbeiteten, kann vernachlässigt werden. Es gibt eine Reihe von Publikationen, die nicht nur die Fortsetzung dieser Kooperation nach 1945 dokumentieren,[11] sondern auch beweisen, dass darin *alle* US-Dienste einbezogen waren, weil es nämlich offizielle Politik der USA war, welche als Truman-Doktrin[12] bekannt ist. Sie lieferte die ideologische Begründung für den Kalten Krieg gegen den einstigen Verbündeten Sowjetunion und deren Bundesgenossen. Bei genauer Betrachtung brach also die Antihitlerkoalition, *bevor* Hitler besiegt war. Und auch das sollte festgehalten werden: Es waren die Westmächte, die sie verließen.

Aber kehren wir zu der Kausalkette zurück, die zwingend zum 13. August 1961 führte.

Die Sowjetunion hielt auch nach dem Sieg über Hitlerdeutschland an ihrer Linie fest. Stalin erklärte am 9. Mai 1945: »Die Sowjetunion feiert diesen Sieg, wenn sie sich auch nicht anschickt, Deutschland zu zerstückeln oder zu vernichten.«

Mit dieser Haltung reiste die sowjetische Delegation im Juli nach Potsdam. Die Initiative für diese Konferenz ging von Churchill aus, der im Telegrammwechsel mit Truman in dieser Sache den Begriff des »Eisernen Vorhangs« verwandte. Diesen hatte er bei Goebbels entlehnt, der nach Jalta in der Propagandapostille der Nazis *Das Reich* den Durchhaltewillen mit der Drohung zu stärken versucht hatte, dass nach einer deutschen Kapitulation vor dem von der Roten Armee besetzten Territorium »sofort ein eiserner Vorhang heruntersinken« würde, »hinter dem dann die Massenabschlachtung der Völker« begänne.[13]

Allein in dieser Wortwahl Churchills ist die konfrontative Haltung sichtbar.

Das gemeinsam erarbeitete Potsdamer Abkommen regelte im Wesentlichen die europäische, insbesondere die deutsche Nachkriegsordnung. Diese Tatsache wurde später immer wieder infrage gestellt. Klaus Kinkel beispielsweise erklärte 1996 in seiner Funktion als Außenminister der BRD, das Potsdamer Abkommen sei ein Vertrag gewesen, der keiner war. Das war die Lesart vieler, die unterstellten, dass es sich nur im östlichen Verständnis um ein *rechtsverbindliches Abkommen* gehandelt hätte. Gemäß dieser westlichen Auffassung war der Bruch des Abkommens durch die Westmächte kein Vertragsbruch, folglich die Verweigerung von Reparationsleistungen so legitim wie die Gründung eines Separatstaates.

In Potsdam brachen die Gegensätze der bis dahin Verbündeten auf. Der bürgerliche Historiker Kielmansegg kleidet den Konflikt in die schöne wie treffende Formel, dass die in ihren Gesellschaftsystemen so unterschiedlichen Alliierten »zwar einen Krieg gemeinsam führen und gewinnen, nicht aber einen europäischen Frieden gemeinsam gestalten« konnten.[14]

In dieser Formulierung bleibt aber der Klassenkonflikt, auf den eben dieser Gegensatz fußte, außerhalb jeder Betrachtung. Er aber ist wesentlich. Ohne ihn versteht man die nachfolgende Entwicklung nicht. In Potsdam prallten Kapitalismus und Sozialismus aufeinander, bürgerlich-individuelle und kollektive Gesellschaftsentwürfe und damit unterschiedliche Wert-, Freiheits- und Demokratievorstellungen. Bislang, seit Gründung der Sowjetunion, wurde dieser Konflikt allein mit diesem Staat ausgetragen.

Nunmehr sollte er weltweit stattfinden: als globaler Kalter Krieg gegen den Sozialismus und alle antikapitalistischen Bewegungen.

Seine Wurzeln sind in vielen zeitgenössischen Dokumenten nachlesbar. So etwa in einer Notiz George F. Kennans (1904-2005), der als einer der bedeutendsten Diplomaten der USA galt, als er als Gesandter an der Botschaft in Moskau arbeitete. »Die Idee, Deutschland gemeinsam mit den Russen regieren zu wollen, ist ein Wahn«, schrieb er im Sommer 1945, was er aber erst 1971 in seinen Memoiren öffentlich machte. »Wir haben keine andere Wahl, als unseren Teil Deutschland – den Teil, für den wir und die Briten Verantwortung übernommen haben – zu einer Form der Unabhängigkeit zu führen, die so befriedigend, so gesichert, so überlegen ist, dass der Osten sie nicht gefährden kann«, hieß es dort. »Besser ein zerstückeltes Deutschland, von dem wenigstens der westliche Teil Deutschlands als Prellbock für die Kräfte des Totalitarismus wirkt, als ein geeintes Deutschland, das diese Kräfte wieder bis an die Nordsee vorlässt.«[15]

Auch der britische Feldmarschall Bernard F. Montgomery meinte im Juni 1945, dass man, wenn es Schwierigkeiten mit den Sowjets geben würde, eine Zentralverwaltung »for the West of Germany« bilden solle, die von einer angloamerikanischen und französischen Kommission kontrolliert werde.[16]

Die Überlegungen zu einer Teilung Deutschland waren im Westen keineswegs singulärer Natur, sie entsprachen den Vorstellungen, die später der Kanzler dieser separaten Republik in einen gängigen Satz kleiden würde. Daran erinnerte der ostdeutsche Schriftsteller Christoph Hein 2004: »Die Teilung Deutschlands war eine Folge des Zweiten Weltkriegs, und sie wurde durch einen westdeutschen Kanzler um Jahrzehnte verlängert. Denn als es Stalin zu dämmern begann, dass diese Aufteilung nicht langfristig zu halten sei und sein eigenes Imperium gefährde, machte er – durchaus eigennützig – den Vorschlag, Deutschland um den Preis der Neutralität wieder zu vereinen. Churchill unterbreitete einen gleichen Vorschlag, doch Adenauer, für den hinter der Elbe bereits Sibirien begann, lehnte diese beiden Angebote ab. ›Lieber das halbe Deutschland ganz, als das ganze Deutschland halb‹, war seine Antwort, und so hielt die Teilung des Landes weitere vierzig Jahre an.«[17]

Stalin »dämmerte« es bereits in Potsdam, dass die Festlegung der Besatzungszonen eine Teilung des Landes – an dessen Einheit er festhielt – präjudizieren würde. Und so kam es dann bekanntlich auch. Wir kennen die nachfolgenden Schritte zur Bildung der Bi- und der Tri-Zone, die Einführung einer neuen Währung in den Westzonen und -sektoren von Berlin 1948 und schließlich den Auftrag an einen Parlamentarischen Rat zur Formulierung eines Grundgesetzes.

Unabhängig von diesem Prozess zur Manifestierung eines westdeutschen Separatstaates bleibt jedoch auch festzuhalten: Die sowjetische Führung konnte ihre Nachkriegsstrategie nicht durchsetzen – im Unterschied zu den USA, die mit Nachdruck jahrzehntelang zwei Ziele verfolgten: Man wollte sich dauerhaft in Europa festsetzen und die Sowjets aus Zentraleuropa verdrängen. Mit dem

Abzug des letzten russischen Soldaten 1994 wurde auch dieses zweite strategische Ziel realisiert.

Bekanntlich schlossen am 6. Juli 1950 Polen und die DDR in Zgorzelec, dem polnischen Teil von Görlitz, einen Vertrag »über die Markierung der festgelegten und bestehenden deutsch-polnischen Grenze«. Einen Monat zuvor hatte eine von Ulbricht geleitete Delegation in Warschau die Grenzziehung als verbindlich und endgültig akzeptiert.

Diese Entscheidung löste in Bonn, das nur nebenbei, wütende Attacken aus. »Die von Konrad Adenauer (CDU) geführte Bundesregierung wies Ost-Berlins Zugeständnis am 9. Juni zurück: ›Die sogenannte Regierung der Sowjetzone hat keinerlei Recht, für das deutsche Volk zu sprechen. Alle ihre Abreden und Vereinbarungen sind null und nichtig.‹ Eine Entscheidung über die ›unter polnischer und sowjetischer Verwaltung stehenden deutschen Ostgebiete‹ könne ›erst in einem mit Gesamtdeutschland abzuschließenden Friedensvertrag erfolgen‹.«[18]

Am 13. Juni 1950 befasste sich der Bundestag mit der Oder-Neiße-Grenze. Alterspräsident Paul Löbe (SPD) erklärte im Namen aller Fraktionen, »mit Ausnahme der kommunistischen Fraktion«, dass die »sogenannte provisorische Regierung der Deutschen Demokratischen Republik« und Polen mit dem Begriff der »Friedensgrenze« eine »völker- und staatsrechtlich unhaltbare Behauptung aufgestellt« hätten.

»Als der KPD-Vorsitzende Max Reimann eine Aussprache über diese Erklärung forderte und das Wort verlangte, kam es zu einem Tumult mit ›Lärm- und Pultdeckelklappen bei der KPD‹. Reimann weigerte sich hartnäckig, das Rednerpult zu verlassen, rief sogar dem Bundestagspräsidenten Erich Köhler (CDU) zu: ›Sie wollen versuchen, mich zu vergewaltigen!‹ Darin sah Köhler den ›schwersten Verstoß gegen die Disziplin des Hauses‹ und schloss Reimann für 30 Sitzungstage aus.

Auf die Erklärungen aus Bonn reagierte der DDR-Präsident und SED-Vorsitzende Wilhelm Pieck am 18. Juni in einer Rundfunkansprache an die ›Landsleute von Ruhr und Rhein‹. Der Bundestag habe eine ›infame Verleumdung und Hetze‹ gegen die vereinbarte ›Oder-Neiße-Grenze‹ unternommen.«[19]

DDR-Ministerpräsident Otto Grotewohl, der den Vertrag in Zgorzelec unterzeichnet hatte, nannte man im Westen würdelos, wie die *Frankfurter Allgemeine Zeitung* am 10. Juli 1950 schrieb, weil er den »Verrat, den sein kommunistischer Parteifreund Ulbricht schon einmal in Warschau unterschrieben hatte«, bekräftigt hätte.[20]

Bonn musste diese Grenze später akzeptieren, denn die vier Siegermächte verlangten dies als Voraussetzung für ihre Zustimmung zur deutschen Einheit. Die Anerkennung der Oder-Neiße-Grenze als rechtmäßige Staatsgrenze zwischen der BRD und Polen wurde im Zwei-plus-Vier-Vertrag vom September 1990 verankert und am 14. November 1990 in einem völkerrechtlichen Vertrag zwischen beiden Staaten bekräftigt. Durch diesen Vertrag gab die Bundesrepublik Deutschland 45 Jahre nach dem Krieg alle Ansprüche auf die Gebiete des Deutschen Reiches auf, die östlich von Oder und Neiße lagen und seitdem auch völkerrechtlich zu Polen gehören.

Die DDR hatte bis zu ihrem Untergang lediglich Probleme mit dem strittigen Grenzverlauf in der Oder-Mündung. Der 88-jährige SPD-Politiker Egon Bahr erinnerte daran 2010 in einem Interview. »Wissen Sie, ich war 1946 als Journalist bei Wilhelm Pieck in Ost-Berlin. Ich weiß das noch sehr genau. Er teilte mit mir köstliche Leberwurstbrote in seinem Büro. Wir haben auch über die Oder-Neiße-Grenze gesprochen. Er sagte: Diese Grenze ist hart, aber wenn schon bis zur Odermündung, dann gehören Swinemüde und Usedom auf unsere Seite. Er hoffte, das mit den Russen korrigieren zu können. Daraus wurde bekanntlich nichts.«[21]

Die deutsche Zweistaatlichkeit

1949 wurde die Bundesrepublik geboren, ohne einen Geburtstag zu haben. Das Inkraftsetzen des Grundgesetzes am 23. Mai war so wenig ein Staatsgründungsakt wie die Wahl des ersten Bundestages am 14. August und dessen nachfolgender Konstituierung am 7. September 1949. Am 12. September wurde der Bundespräsident gewählt, am 15. September der Bundeskanzler. Aber: Der westdeutsche Separat-Staat von Gnaden der Westmächte war damit formiert.

Wer oder was aber war dieser Staat? Darauf gibt ein Urteil des Bundesverfassungsgerichts vom 31. Juli 1973 Antwort: »Das Deutsche Reich existiert fort, besitzt nach wie vor Rechtsfähigkeit. [...] Mit der Errichtung der Bundesrepublik Deutschland wurde nicht ein neuer westdeutscher Staat gegründet, sondern ein Teil Deutschlands neu organisiert. [...] Die Bundesrepublik Deutschland ist also nicht Rechtsnachfolger des Deutschen Reiches, sondern als Staat identisch mit dem Staat Deutsches Reich.«[22]

Damit folgte das Gericht, ohne es explizit auszusprechen, dem letzten Dokument der faschistischen »Dönitz-Regierung«, die Hitlers Erbe übernahm. Diese hatte am 22. Mai 1945 erklärt:

»1. Das Deutsche Reich hat am 8. Mai 1945 nur militärisch kapituliert und existiert daher völkerrechtlich weiter.

2. Eine debellatio (*Kriegsbeendigung durch militärische Vernichtung des Gegners und Zerschlagung seiner Organisation – d. Verf.*) hat nicht stattgefunden.«[23]

Nach diesem Urteil des Bundesverfassungsgerichts ist also der Gründungstag der Bundesrepublik Deutschland der 18. Januar 1871, als Kaiser Wilhelm I. im Schloss zu Versailles und damit das Deutsche Reich ausgerufen wurde.

Die DDR konstituierte sich am 7. Oktober 1949. Sie betrachtete sich als vorläufig, gleichsam als Interregnum.

Im Dezember 1947 hatte sich die Volkskongressbewegung formiert, aus der im März 1948 der 1. Deutsche Volksrat – dem gewählte Mitglieder aus allen Zonen angehörten – hervorging. 1.400 Delegierte des III. Deutschen Volkskongresses wählten den 2. Deutschen Volksrat. Dieser erklärte sich am 7. Oktober 1949 zur Provisorischen Volkskammer der Deutschen Demokratischen Republik und setzte die vom III. Deutschen Volkskongress bestätigte Verfassung in Kraft. Wilhelm Pieck wurde zum Präsidenten gewählt, Otto Grotewohl mit der Regierungsbildung beauftragt.

Nach dem Selbstverständnis aller Beteiligten handelte es sich um ein Provisorium, weil dieser Staat – als Antwort auf die Bildung des West-Staates gegründet – an der Bildung eines einheitlichen Gemeinwesens unverändert festhielt. Das Provisorium DDR verstand sich dabei als *Kern* einer künftigen deutschen demokratischen Republik. »Wir haben uns lange überlegt, ob wir mit einem Vorschlag zur Bildung einer Regierung der deutschen demokratischen Republik hervortreten sollten«, hatte drei Tage zuvor der SED-Vorsitzende Pieck auf einer Vorstandssitzung erklärt. »Die Lage ist so ernst, dass wir um diesen Schritt nicht mehr herumkommen.«[24]

Die UdSSR übergab die Verwaltungsfunktionen in der Zone, die bisher von der Sowjetischen Militäradministration ausgeübt worden waren, an die DDR. Das erfolgte am 10. Oktober 1949 durch den Chef der SMAD, Armeegeneral Wassili I. Tschuikow. An die Stelle der SMAD trat nunmehr die Sowjetische Kontrollkommision (SKK), die bis zum 28. Mai 1953 unter Tschuikows Leitung arbeitete. Danach trat an seine Stelle Wladimir S. Semjonow als Hoher Kommissar.

Am 7. August 1954 beschloss die Sowjetregierung, alle zwischen 1945 und 1953 ergangenen Befehle und Anordnungen der SMAD und der Sowjetischen Kontrollkommission aufzuheben. Am 20. September 1955 wurde per

Staatsvertrag der DDR die »volle Souveränität« erklärt und das Amt des sowjetischen Hochkommissars aufgehoben.

Weder die BRD noch die DDR waren bis 1990 souverän

Die Frage, ob denn die DDR und ihre Organe tatsächlich »volle Souveränität« besaßen, beantwortete Pjotr A. Abrassimow am 17. Oktober 1995 in einem Schreiben an Egon Krenz. Abrassimow (1912-2009) war von 1962 bis 1971 und von 1975 bis 1983 Botschafter in der DDR. Der ehemalige Staatsratsvorsitzende Krenz hatte sich an den Diplomaten in Moskau gewandt, als er, die Verfasser dieses Buches und andere in Berlin wegen der »Todesschüsse an der Mauer« angeklagt worden waren.

Abrassimow verwies eingangs darauf, dass er 17 Jahre als Botschafter in der DDR gearbeitet habe. Er hätte »die persönlichen Weisungen N. S. Chruschtschows und L. I. Breshnews bezüglich der Treffen und Abstimmung der wichtigsten Fragen mit W. Ulbricht und E. Honecker ausgeführt. Darüber hinaus wurde ich von den Leitern aller in Berlin befindlichen sowjetischen Einrichtungen und Organisationen regelmäßig über deren Tätigkeit informiert.«[25]

Das war ein wenig diplomatisch verklausuliert, macht aber Abrassimows Schlüsselstellung durchaus deutlich. Und wenn man weiß, dass seine Ablösung 1983 auf Honeckers Intervention erfolgte, weil er das ein wenig anmaßende Auftreten Abrassimows, welcher den Spitznamen »Regierender Botschafter« nicht zu Unrecht trug, nicht mehr hinnahm, versteht man die Aussage durchaus zu werten. Abrassimows Haltung korrespondierte darum mit der Feststellung in seinem Schreiben von 1995, dass die DDR ohne Zustimmung der Sowjetregierung nichts Grundsätzliches habe ändern dürfen.

Wesentlich deutlicher bezüglich der Souveränität der DDR wurden ein Jahr später Marschall der Sowjetunion Viktor G. Kulikow und Armeegeneral Anatoli I. Gribkow. Kulikow war von 1969 bis 1971 Oberkommandierender der GSSD und von 1977 bis 1989 Oberkommandierender der Teilnehmerstaaten des Warschauer Vertrages, Gribkow von 1976 bis 1989 Chef des Stabes der Vereinten Streitkräfte. In ihrem notariell beglaubigten Schreiben an das Landgericht Berlin erklärten sie 1996 unmissverständlich: Die DDR »war auf vielen Gebieten souverän, aber nach unserer Einschätzung nicht auf militärpolitischem und militärischem Gebiet«.[26]

Die DDR habe »sich immer und mit einer großen Disziplin im Interesse unseres Bündnisses den ›Empfehlungen‹ und ›Bitten‹, die faktisch Weisungen und Befehle darstellten, untergeordnet«,[27] hieß es dort.

Die beiden Militärs ließen auch keinen Zweifel daran, ab wann ihrer Überzeugung nach die Teilung Deutschlands unumkehrbar war und was daraus folgte. »Mit dem am 9. Mai 1955 vollzogenen Beitritt der BRD in die NATO und dem Beitritt der DDR am 15. Mai des gleichen Jahres in die Organisation des Warschauer Vertrages wurde die Spaltung Deutschlands endgültig zementiert. Demnach hat also ab Mitte der 50er Jahre die ›innerdeutsche Grenze‹ endgültig aufgehört zu existieren. Ab diesem Zeitpunkt standen sich zwei Staaten nicht nur durch ihre Politik, ihre innenpolitischen Strukturen und ihre Vorstellungen über die Zukunft als unversöhnliche Gegner gegenüber, sondern auch im Zusammenhang mit ihrer Mitgliedschaft in Militärblöcken, die von ihrer Philosophie her und ihren Aktionen konfrontativ angelegt waren.«[28]

Mithin: Die Souveränität der DDR war also nur *relativ*.
Galt dies auch für die BRD?
Selbstverständlich.
»Die Einschränkungen der deutschen Souveränität existierten völkerrechtlich unverändert, solange Deutsch-

land geteilt blieb und solange sie nicht durch einen Friedensvertrag förmlich beendet wurden. Durch die Kapitulation am 8. Mai 1945 ging die Souveränität des Reiches auf die Sieger über. Deutschland erhielt sie erst mit der Wirksamkeit des friedensvertraglichen Zwei-plus-Vier-Abkommens am 15. März 1991 zurück«, bestätigte der SPD-Politiker Egon Bahr im Jahre 2009.[29]

Und es gibt noch ein weiteres Indiz für die Annahme eingeschränkter Souveränität der BRD. In dem gleichen Beitrag erwähnte Bahr, der im Herbst 1969 als Staatssekretär im Bundeskanzleramt bei Willy Brandt arbeitete, einen »Unterwerfungsbrief«.

»Ich brachte Brandt meinen Entwurf für einen Brief an seinen sowjetischen Kollegen Kossygin, dem er einen informellen Meinungsaustausch anbieten wollte. Brandt war wichtiger zu berichten, was ihm ›heute passiert‹ war. Ein hoher Beamter hatte ihm drei Briefe zur Unterschrift vorgelegt. Jeweils an die Botschafter der drei Mächte – der Vereinigten Staaten, Frankreichs und Großbritanniens – in ihrer Eigenschaft als Hohe Kommissare gerichtet. Damit sollte er zustimmend bestätigen, was die Militärgouverneure in ihrem Genehmigungsschreiben zum Grundgesetz vom 12. Mai 1949 an verbindlichen Vorbehalten gemacht hatten. Als Inhaber der unkündbaren Siegerrechte für Deutschland als Ganzes und Berlin hatten sie diejenigen Artikel des Grundgesetzes suspendiert, also außer Kraft gesetzt, die sie als Einschränkung ihrer Verfügungshoheit verstanden. […]

Brandt war empört, dass man von ihm verlangte, ›einen solchen Unterwerfungsbrief‹ zu unterschreiben. Schließlich sei er zum Bundeskanzler gewählt und seinem Amtseid verpflichtet. Die Botschafter könnten ihn wohl kaum absetzen!

Da musste er sich belehren lassen, dass Konrad Adenauer diese Briefe unterschrieben hatte und danach Ludwig Erhard und danach Kurt Georg Kiesinger. Dass aus den Militärgouverneuren inzwischen Hohe Kommissare geworden waren und nach dem sogenannten Deutschlandvertrag nebst Beitritt zur NATO 1955 die deutsche Souveränität verkündet worden war, änderte daran nichts. Er schloss: ›Also habe ich auch unterschrieben‹ – und hat nie wieder davon gesprochen.«[30]

Adenauer hatte zehn Tage vor dem Inkrafttreten des Grundgesetz dieses Papier unterzeichnet. Weder er noch die drei Mächte hatten aus naheliegenden Gründen daran Interesse, diese Voraussetzung für den 23. Mai 1949 an die große Glocke zu hängen.

Halten wir also fest: Die Teilung Deutschlands in zwei Staaten war Resultat eines von Hitlerdeutschland geführten Krieges. Ohne die Siegermächte der Antihitlerkoalition wären sie nie entstanden, sie waren Folge wie auch Ausdruck des Kalten Krieges. Beides – Teilung und Konfrontation – ging ursächlich von den Westmächten aus. In dieser Kausalkette, worauf noch zurückzukommen sein wird, hat auch der 13. August 1961 seinen logischen Platz.

Anmerkungen

1 Peter Graf Kielmansegg, Das geteilte Land – Deutschland 1945-1990, in: Deutsche Geschichte in 12 Bänden, Bd. 4, Siedler Verlag, Berlin 1989, S. 8
2 Außerordentlich aufschlussreich sind diesbezüglich die Memoiren des Diplomaten Iwan Maiski (1884-1975), der von 1932 bis 1943 Botschafter in London war, danach amtierte er bis 1946 als stellvertretender Außenminister. Kurz vor Stalins Tod wurde er wegen Spionage verhaftet und zu sechs Jahren verurteilt, 1955 entlassen und rehabilitiert. Die Memoiren Maiskis erschienen 1967 im Dietz Verlag
3 J. W. Stalin, Rede auf der Festveranstaltung anlässlich des Jahrestages der Oktoberevolution am 6. November 1941, in: J. W. Stalin, Über den Großen Vaterländischen Krieg der Sowjetunion, Moskau 1946, S. 36
4 Telegramm Churchills an Stalin vom 22. November 1941, in: Briefwechsel Stalins mit Churchill, Attlee, Roosevelt und Truman 1941-1943, Rütten und Loening, Berlin 1961, S. 44

5   Erklärung Anthony Edens auf der Beratung der Außenminister am 25. Oktober 1943, in: Die Sowjetunion auf internationalen Konferenzen während des Großen Vaterländischen Krieges 1941-1945, Band 1, Progreß/Staatsverlag der DDR, Moskau/Berlin 1986, S. 160
6   J. W. Stalin, in: Die Sowjetunion auf internationalen Konferenzen …, Band 2, Moskau/Berlin 1986, S. 137
7   Rolf Steininger, Deutsche Geschichte 1945-1961. Darstellung und Dokumente, Bd. 1, Fischer Taschenbuchverlag, Frankfurt am Main 1983, S. 21
8   Telegramm Roosevelts an Stalin, eingegangen am 13. April 1945, in: Briefwechsel Stalins mit Churchill, Attlee und Truman 1941-1945 …, Dok. Nr. 290, S. 710
9   Bernhard Pfletschinger und Margarita Fotiadis, Operation Sunrise – Eine Kapitulation und ihr Geheimnis, *Arte*, 27. April 2005
10 *http://www.arte.tv/de/Ende-des-Zweiten-Weltkrieges/836652.html*
11 Z. B. Klaus Eichner/Gotthold Schramm (Hrsg.), Angriff und Abwehr. Die deutschen Geheimdienste nach 1945, edition ost, Berlin 2007
12 Die Truman-Doktrin, vom US-Präsidenten am 12. März 1947 verkündet, machte den Gegensatz auf von »Freiheit« und »Totalitarismus«. Die »freie Welt« – mit den USA an der Spitze – müsse überall den kommunistischen Einfluss eindämmen (die daraus abgeleitete Politik hieß folgerichtig »containment«). Truman erklärte vor beiden Häusern des Kongresses: »Zum gegenwärtigen Zeitpunkt der Weltgeschichte muss fast jede Nation zwischen alternativen Lebensformen wählen. Nur zu oft ist diese Wahl nicht frei. Die eine Lebensform gründet sich auf den Willen der Mehrheit und ist gekennzeichnet durch freie Institutionen, repräsentative Regierungsform, freie Wahlen, Garantien für die persönliche Freiheit von politischer Unterdrückung. Die andere Lebensform gründet sich auf den Willen einer Minderheit, den diese der Mehrheit gewaltsam aufzwingt. Sie stützt sich auf Terror und Unterdrückung, auf die Zensur von Presse und Rundfunk, auf manipulierte Wahlen und auf den Entzug der persönlichen Freiheiten. Ich glaube, es muss die Politik der Vereinigten Staaten sein, freien Völkern beizustehen, die sich der angestrebten Unterwerfung durch bewaffnete Minderheiten oder durch äußeren Druck widersetzen. Ich glaube, wir müssen allen freien Völkern helfen, damit sie die Geschichte auf ihre Weise selbst bestimmen können. Unter einem solchen Beistand verstehe ich vor allem wirtschaftliche und finanzielle Hilfe, die die Grundlage für wirtschaftliche Stabilität und geordnete politische Verhältnisse bildet. Die Welt ist nicht statisch, und der Status quo ist nicht heilig. Aber wir können keine Veränderungen des Status quo erlauben, die durch Zwangsmethoden oder Tricks wie der politischen Infiltration unter Verletzung der Charta der Vereinten Nationen erfolgen. Wenn sie freien und unabhängigen Nationen helfen, ihre Freiheit zu bewahren, verwirklichen die Vereinigten Staaten die Prinzipien der Vereinten Nationen.«

13 zitiert nach *www.wdr.de/themen/kultur/stichtag/2006/03/05.jhtml*
14 Peter Graf Kielmansegg, Das geteilte Land – Deutschland 1945-1990, in: Deutsche Geschichte, Bd. 4, Siedler Verlag, München 2000, S . 24
15 George F. Kennan, Memoiren eines Diplomaten, dtv, München 1971
16 Zitiert nach Marschall Bernard F. Montgomery, Memoiren, Collins Verlag, München 1958
17 Christoph Hein, in: *Freitag* 18/2004
18 Vgl. *Frankfurter Allgemeine Zeitung* vom 4. Juni 2010
19 Ebenda
20 Vgl.*www.faz.net/s/RubA24ECD630CAE40E483841DB7D16F4211/ Doc~E7714A64F589C4CE48DC0747884CDDA57~ATpl~Ecommon~Scontent.html*
21 Interview mit Egon Bahr, in: *Der Tagesspiegel* vom 5. Dezember 2010
22 Bundesverfassungsgericht, BVerfGE, 36,1-2 BvF 1/73
23 Bernhard Diestelkamp, Rechtsgeschichte als Zeitgeschichte – Historische Betrachtungen zur Entstehung und zum Fortbestand des Deutschen Reiches nach 1945, in: *Zeitschrift für Neuere Rechtsgeschichte* (ZNR) 7/1985, S. 186; vgl. dazu auch Gerhard Stuby, Die dubiose These vom Fortbestand des Deutschen Reiches, in: *Demokratie und Recht* 2/1990, S. 236f.
24 Vgl. Erich Honecker, Aus meinem Leben, Dietz Verlag, Berlin 1980, S. 163
25 Brief Pjotr A. Abrassimows vom 17. Oktober 1995 an Egon Krenz
26 Brief Kulikow/Gribkow an das Berliner Landgericht, Kopie an Egon Krenz und Joachim Goldbach vom 7. Juni 1996, notariell beglaubigt 10. Juni 1996 durch Galina Petrowna Gulina, Notar der Stadt Moskau, eingetragen unter Register Nr. 3442c
27 Ebenda
28 Ebenda
29 *Die Zeit* vom 14. Mai 2009
30 Ebenda

Die militärischen Planungen im Westen

Es ist ein Irrtum zu meinen, dass 1945 bei allen Kriegsteilnehmern die Friedenssehnsucht übermächtig gewesen sei. Angesichts der immensen Verluste an Menschen und Material hätte es nahegelegen, dass die Kriegsmaschinerie überall zurückgefahren worden wäre. In Großbritannien aber wollten die herrschenden Kreise gleich weiter marschieren. Im Mai 1945, nachdem die Waffen in Europa endlich verstummt waren, gab der britische Premier Churchill einen Kriegsplan in Auftrag, der die militärische Unterwerfung der Sowjetunion durch Großbritannien und die USA zum Ziel hatte. Dieser Plan trug die Bezeichnung »Operation Unthinkable« (Operation Undenkbar).[1] Es war in der Tat dem gesunden Menschenverstand unvorstellbar, was die einstigen Verbündeten vorhatten. Für diesen beabsichtigten Waffengang gegen die Rote Armee sollten etwa 100.000 internierte Wehrmachtsoldaten reaktiviert werden.

Churchills persönlicher Stabschef, General Hastings Lionel Ismay,[2] übergab den Plan am 22. Mai 1945, er wurde zweimal ergänzt. Als Angriffstermin war der 1. Juli 1945 festgelegt.

Dass diese hirnrissige Absicht nicht realisiert wurde, lag an der Aussichtslosigkeit des Unterfangens. Niemanden in der Welt, die Völker in den USA und Großbritannien eingeschlossen, hätten die Kriegsplaner überzeugen können, weshalb nach dem Sieg über den deutschen und den japanischen Faschismus nunmehr gegen den bisherigen Verbündeten Sowjetunion losgeschlagen werden sollte. Zumal dieser nachweislich den wohl größten Blutzoll bei der Zerschlagung der Hitlerdiktatur gezahlt hatte. An die 27 Millionen Sowjetbürger, darunter sieben Millionen Rotarmisten, waren der faschistischen Okkupation zum Opfer gefallen oder ließen bei der Befreiung Europas ihr Leben. Allein von den sechs Millionen Rotarmisten, die in deutsche Kriegsgefangenschaft gerieten, starben weit über die Hälfte in den Lagern.[3] Nächst den Juden waren die internierten Sowjetsoldaten die größte Opfergruppe der Nazidiktatur. Diese Tatsache wird bis zum heutigen Tage in der deutschen Geschichtsschreibung ausgeblendet.

Das Ansehen der Sowjetunion wurde nach dem Sieg über Nazideutschland systematisch von den Westmächten lädiert, um ihre vom Antikommunismus bestimmten Interessen durchsetzen zu können. Dazu war ihnen jeder Anlass und jedes Mittel recht.

Ende 1947 hatten die USA neue Banknoten für die westlichen Besatzungsszonen drucken lassen, die Ende Mai 1948 in Bremerhaven in 23.000 Kisten eintrafen. Diese wurden umgehend mit acht Sonderzügen nach Frankfurt am Main verbracht und im Keller der dortigen Filiale der Reichsbank deponiert. Die unter strengster Geheimhaltung vollzogene Aktion trug die Bezeichnung »Operation Bird Dog«.

Und sie erfolgte deshalb so geheim, weil am 21. Juni 1948 in den Westzonen eine neue Währung eingeführt werden sollte, ohne dass zuvor die Sowjetunion und die Verwaltungen in ihrer Zone davon Wind bekamen. Denn bis dato war die Deutsche Reichsmark unverändert in allen vier Besatzungszonen gültiges Zahlungsmittel.

Auch ohne in finanztechnischen Dingen bewandert zu sein, weiß man, was passiert, wenn in einem Teil eines Währungsgebietes schlagartig eine neue Währung eingeführt und die alte dort für ungültig erklärt wird: Die Banknoten wandern dahin, wo sie noch gelten. In diesem Falle also in die Sowjetische Besatzungszone. Wie später bekannt wurde: Etwa 90 Millionen Reichsmark wurden trotz aller Kontrollmaßnahmen in die Ostzone eingeschmuggelt.

Die DM wurde also am 21. Juni 1948 in den Westzonen alleiniges gesetzliches Zahlungsmittel. Das war ein wesentlicher Schritt zur Aufkündigung der finanztechnischen, wirtschaftlichen und politischen Einheit Deutschlands. Vor allem aber war es ein hinterhältiger Akt gegen die Sowjetunion und ihre Besatzungszone.

Diese reagierte auf verschiedenen Ebenen.

Die SMAD erließ Befehl Nr. 111, mit dem eine Währungsreform auch in der Sowjetischen Besatzungszone angeordnet wurde, um sich vor der Reichsmark aus den Westzonen zu schützen. Da derart kurzfristig keine neuen Banknoten gedruckt und in Umlauf gegeben werden konnten, versah man die alten Scheine mit speziellen Wertmarken. Der Volksmund nannte sie deshalb Kupon- oder Tapetenmark.

Zwischen dem 24. und 28. Juni wurden in der SBZ und im sowjetischen Sektor Berlins neue Banknoten in Umtauschstellen ausgegeben. Auch diese Währung hieß Deutsche Mark.[4]

Bei der Beurteilung, was Ursache und was Folge war, muss man das zeitliche Nacheinander der einzelnen Schritte sehen und darf diese nicht ausblenden. Aber wie heißt es etwa auf der Homepage des *MDR* dazu vermeintlich wertfrei? »Die Währungsreformen in Ost und West gelten als bedeutender Schritt zur endgültigen Spaltung Deutschlands.« Diese Aussage ist insofern geschichtsklitternd, als damit der Sowjetunion und der SBZ (später DDR) eine Mitverantwortung bei der Spaltung Deutschlands zugeschoben wird, zumal auch noch der Osten an erster Stelle genannt wird.

Die historische Wahrheit jedoch ist: Ohne die separate Währungsreform im Westen hätte es keine separate Währungsreform im Osten gegeben!

Die andere Entscheidung der sowjetischen Besatzungsmacht: Der gesamte Personenzug- und PKW-Verkehr von den Berliner Westsektoren in die Westzonen und in der Gegenrichtung wurde unterbrochen, der Güter- und Schiffsverkehr strenger kontrolliert.

Die Folgen der separaten Währunsgreform im Westen

Am 25. Juni 1948 trafen sich auf Schloss Wilanow in Warschau führende Politiker des Ostens, um die mit der separaten Währungsreform entstandene Lage zu erörtern. An dieser Zusammenkunft, welche als Außenministerkonferenz bezeichnet wurde, nahmen teil: Molotow in seiner Eigenschaft als Vizepremier und Außenminister der UdSSR, die Außenminister Bulgariens (Kolaroff), der Tschechoslowakei (Clementis), Jugoslawiens (Simic), Polens (Modzelewski), Rumäniens (Anna Pauker), Ungarns (Molnar) sowie der albanische Ministerpräsident Enver Hodja und die Vorsitzenden der IKP, Togliatti, und der FKP, Duclos. Deutsche Vertreter waren nicht geladen.

Im abschließenden Kommuniqué hieß es: »Die separate Währungsreform in den deutschen Westzonen wurde trotz der offensichtlichen Notwendigkeit einer einheitlichen Währungsreform für ganz Deutschland durchgeführt, wie sie die Sowjetregierung vorgeschlagen hatte. Vom wirtschaftlichen Gesichtspunkt aus errichtet dieser Schritt eine Mauer (! – *d. Verf.*) zwischen den Westzonen und dem übrigen Deutschland und schafft zahlreiche neue Schwierigkeiten, die der Beseitigung der wirtschaftlichen Unordnung und der Wiederherstellung der deutschen Volkswirtschaft im Wege stehen.«[5]

Unter diesen Umständen seien Maßnahmen erforderlich, hieß es weiter.

Im Abschlussdokument ging man auch auf die Überlegungen der Westmächte zur Anbindung der Westzonen ein. Die sechs Außenminister der USA, Großbritanniens, Frankreichs und der Benelux-Staaten hatten sich Anfang des Monats in London getroffen und entsprechende Beschlüsse gefasst, was von den Politikern in Warschau nunmehr scharf als Verletzung der Abkommen von Jalta und Potsdam kritisiert wurde. Dort habe man sich darauf verständigt, dass *alle Staaten*, die unter der Naziaggression gelitten hatten, in *allen* Beschlüssen über Deutschland zu Rate gezogen würden. Das sei hier bewusst unterblieben.

Die Antwort auf die Einführung der D-Mark in den Westzonen und im Westteils Berlin war, wie in Warschau angekündigt, die komplette Blockade der Westsektoren der ehemaligen Reichshauptstadt durch die Sowjetarmee. Der Straßen-, Schienen- und Schiffsverkehr wurde gestoppt, Stromlieferungen wurden eingestellt.

Diese spontane Maßnahme erwies sich als Steilvorlage für die Westmächte. Sie organisierten eine Luftbrücke, mit der täglich durchschnittlich etwa 13.000 Tonnen Güter in die Westsektoren eingeflogen wurden. Zunächst hieß es zur Begründung, sie müssten ihre Garnisonen versorgen. Dann wurde daraus eine propagandistisch ausgeschlachtete solidarische Hilfsaktion für die Westberliner.

Diese »Berliner Luftbrücke« gehörte zu den Gründungsmythen der Bundesrepublik Deutschland. Noch heute gilt sie als Beleg für die vermeintliche Willkür der Sowjets und für die selbstlose Hilfe der Amerikaner. Der Vorgang wird seines gesamten historischen Umfeldes entkleidet und der Fokus auf die »Rosinenbomber« gelenkt, die den Westberlinern das Überleben gesichert hätten. Glaubt wirklich ein politisch und geschichtlich bewanderter Mensch auch nur einen Moment, dass die Sowjetunion ernsthaft das Leben von zwei Millionen Menschen gefährdet hätte?

Dennoch gelang es der westlichen Propaganda, den guten Ruf der Sowjetunion als Befreier Europas vom Hitlerjoch mit dieser »Luftbrücke« nachhaltig zu beschädigen. Dafür war den Amerikanern kein Preis zu hoch. So zogen sie etwa ihre Flugzeuge auch aus China ab, mit denen sie bisher die antikommunistischen Truppen Chiang Kai-sheks versorgten.

Was ebenfalls in den Berichten über die »Luftbrücke« weitgehend verschwiegen wird: Es wurden auch Menschen und Material ausgeflogen. Über 80.000 Tonnen »Güter« wurden in die Westzonen verbracht, nach offizieller Lesart bestanden diese jedoch »zu einem Großteil aus in der Stadt hergestellten Produkten [...], die mit dem Label ›Hergestellt im Blockierten Berlin‹ versehen waren«.[6]

Tatsächlich handelte es sich jedoch zu einem Großteil um Maschinen und Ausrüstungen von Konzernen und Betrieben, die man vor »den Russen« meinte in Sicherheit bringen zu müssen. Die ausgelagerten Firmen wurden später mit üppigen Vergünstigungen wieder nach Westberlin zurückgelockt, was nach 1990 – als die Berlin-Zulage und andere politisch motivierte Förderungen wegfielen – zu heftigen Problemen in der Stadt führen sollte.

Verschwiegen wird auch, dass bei der »Luftbrücke« logistische Fragen und technische Neuerungen, die erst zum Kriegsende entwickelt worden waren, nunmehr unter kritischen, d. h. kriegsnahen Bedingungen ihren Härtetest bestanden. Die 322 »Luftbrückentage« stellten die Generalprobe für spätere Einsätze der US-Luftwaffe – etwa während des Korea-Krieges 1950-53 – dar. Heute wird diese Tatsache positiv interpretiert. »So wurde in Berlin erstmals getestet, Lufträume über Flughäfen mit einer großen Verkehrsdichte zu entwirren und jedes Flugzeug sicher auf den Boden zu bringen. Die moderne Kontrolle von großen Flughäfen wurde hier entwickelt.«[7]

Obgleich die vier Mächte am 5. Mai 1949 die Beendigung der Blockade vereinbarten, wurde die »Luftbrücke« aus propagandistisch-politischen Gründen bis zum 6. Oktober 1949 aufrechterhalten.

Die Investition von mehr als zwei Milliarden D-Mark hat sich aus Sicht der Westmächte gelohnt und bringt bis heute politische Rendite. »Was in Berlin auf dem Spiel stand, war nicht ein Ringen um legale Rechte«, befand später der kalte Krieger Harry S. Truman, »sondern ein Kampf um Deutschland und, im weiteren Sinne, um Europa«. Diese Lesart ist die unverändert gültige.

Maßgeblich beteiligt an dieser militärischen Aktion und wohl auch ihr unmittelbarer Initiator war der Oberkommandierende der US-Truppen in Deutschland, General Lucius D. Clay. Dieser hatte bereits am 10. April 1948 seinen Dienstherrn in Übersee beschworen, man möge Berlin »nicht aufgeben«. »Wenn Berlin fällt, folgt Westdeutschland als nächstes. Wenn wir beabsichtigen, Europa gegen den Kommunismus zu halten, dürfen wir uns nicht von der Stelle rühren«, ließ er Kriegsminister Kenneth C. Royall in Washington wissen. Anderenfalls käme es zu einer katastrophalen Kettenreaktion.

»Als erstes werde der Zusammenbruch der antikommunistischen Gesinnung in Westdeutschland folgen (›die Deutschen würden sich dem Kommunismus in die Arme werfen, um sich zu sichern‹), als nächstes die Infektion der Nachbarn Westdeutschlands (›ganz Europa würde angesteckt‹) und als letzte Konsequenz die kommunistische Weltherrschaft: ›Falls Amerika [...] jetzt nicht begreift, dass die Würfel gefallen sind, wird es nie zu dieser Erkenntnis kommen, und der Kommunismus wird alles überrennen«, schrieb der *Spiegel* zehn Jahre später über Clays Intervention.[8]

Allein Clays Telefonat mit Washington offenbart die Denkungsart westlicher Militärs und Politiker, die sich in den Schützengräben des Kalten Krieges befanden. Clay hatte sogar vorgeschlagen, mit einer Panzerkolonne von der US-Zone nach Berlin durchzubrechen, was selbst dem Hardliner Truman zu provokant erschien, weshalb diese Aktion unterblieb.

Gleichwohl muss eingeräumt werden, dass die Propagandaschlacht eindeutig von den USA und ihren Verbündeten gewonnen worden war. Sie hatten die Sowjetunion der Weltöffentlichkeit als vermeintlichen Störenfried vorgeführt, der willkürlich Verbindungswege kappt und aus Niedertracht zwei Millionen Menschen dem Hungertod ausgeliefert hatte. Die Russen sind einfach nicht berechenbar. Diese These gilt bis heute und wird gern benutzt, wenn es etwa um eine vermeintliche Anhängigkeit von russischen Erdgas- und Rohstofflieferungen geht.

Vor diesem auch emotional aufgeladenen Hintergrund war erklärlich, dass aus den in den Westsektoren im Dezember 1948 abgehaltenen Wahlen für ein separatistisches »Abgeordnetenhaus« die »entschieden antikommunistisch auftretenden Sozialdemokraten« als Sieger hervorgingen. »Der Erfolg der Berliner Luftbrücke bringt auch die westliche Öffentlichkeit dazu, die Teilung Deutschlands als unvermeidbar anzusehen. Auf beiden Seiten des Eisernen Vorhangs wird Berlin zum Aushängeschild des westlichen bzw. des kommunistischen Modells.

Angesichts der sowjetischen Bedrohung erhalten der Gedanke einer Wiederbewaffnung Deutschlands und seiner Integration in eine geeinte europäische Struktur für die westlichen Mächte immer größere Bedeutung.«[9]

So stellt die bürgerliche Geschichtsschreibung diesen Vorgang dar. Den politischen Nutzen der Luftbrücke zur Verstärkung der antikommunistischen, antisowjetischen Ressentiments, wie sie auch von den Nazis geweckt und geschürt worden waren, bestreitet man keineswegs. Wie eben auch nicht in Abrede gestellt wird, dass auf diese Weise die »Wiederbewaffnung« schmackhaft gemacht wurde.

Die Militarisierung der Außen- und Innenpolitik der Westmächte und das Schmieden antisowjetischer Bündnisse nahmen zu. Bereits am 4. März 1947 hatten Frankreich und Großbritannien einen bilateralen Beistandspakt in Dünkirchen geschlossen. Wen fürchteten die beiden kapitalistischen Staaten?

Am 22. Januar 1948 – also lange vor der Blockade Berlins – hielt der britische Außenminister Ernest Bevin eine Rede im britischen Unterhaus, in der er vor der angeblichen sowjetischen Bedrohung warnte und die britische Entschlossenheit zur Entwicklung der Zusammenarbeit mit Frankreich und den Benelux-Ländern erklärte.

Die USA reagierten unverzüglich positiv, die Interessen aber, so der kritische Einwand, seien doch sehr regional fixiert. Mit diesem helfenden Hinweis schlug London Frankreich und den Benelux-Staaten nunmehr ein Bündnis zum gegenseitigen Beistand im Angriffsfall vor. Am 17. März 1948 unterzeichneten die fünf Staaten in Brüssel eine »Westunion«.

Dänemark, Norwegen und Schweden, ebenfalls antikommunistisch inspiriert, berieten gleichfalls über eine militärische Zusammenarbeit im Rahmen eines skandinavischen Verteidigungsbündnisses.

Wie sich bald zeigte, bildete diese »Westunion« den Kern eines größeren Paktes, mit dem die USA in das westeuropäische Boot geholt wurde. Auf dem Kontinent hatten die Vereinigten Staaten bereits wirtschaftlich Fuß gefasst, indem sie »Wirtschafts- und Finanzhilfe« für den Wiederaufbau (*European Recovery Program* [ERP], bekannter als Marshall-Plan) offerierten. Die Sowjetunion hatte dieses Angebot für sich und ihr Einflussgebiet strikt abgelehnt, weil sie – gewiss nicht zu Unrecht – die dadurch entstehende Abhängigkeit von den USA fürchtete. 16 Staaten – San Marino, Madeira und Liechtenstein inklusive, bekanntlich schwer vom Krieg gezeichnete Regionen – hingegen nahmen die Dollar und ließen sich auf diese Weise an die amerikanische Kette legen.

Am 4. April 1949, also während der »Luftbrücke« und im hochgekochten Antikommunismus, unterzeichneten die fünf Außenminister der »Westunion« und sieben weitere Amtskollegen, darunter natürlich auch jener der USA, in Washington einen Nordatlantikvertrag. Dieser war die Geburtsurkunde der NATO.

»Der Nordatlantikpakt beruht auf einem ausschließlich defensiven Ansatz und entspricht somit dem Geist und Buchstaben der Charta der Vereinten Nationen von San Francisco«, erklärte Belgiens Außenminister auf der Gründungsversammlung und schlug damit demagogisch den Bogen zur UNO. »Die Stärke der in ihm vertretenen Kräfte versetzt diesen Pakt in die Lage, jedweden eventuellen Aggressor von seinen Vorhaben abzubringen, und verleiht Artikel 51, der das Recht auf legitime individuelle bzw. kollektive Verteidigung festschreibt, eine praktische und wirkungsvolle Form, außerhalb derer es keine Entscheidung geben kann. Der neue Pakt wird ausschließlich zur Verteidigung geschlossen.

Er richtet sich gegen niemanden.

Er bedroht niemanden.«[10]

Wenn er sich gegen »niemanden« richtete: Wieso wurde dann der wenig später gestellte Antrag der Sowjetunion auf Beitritt zur NATO abgelehnt? Bis heute eigentlich, obwohl es die Sowjetunion nicht mehr gibt.

»Einen NATO-Beitritt werde es ›nicht mehr zu meinen Lebzeiten‹ geben, sagt Russlands NATO-Botschafter Dmitrij Rogosin, 47, auch deshalb, weil viele NATO-Staaten aus Osteuropa sich dagegen sperrten«, hieß es im September 2010.[11]

»›Es gibt zu viele Meinungsverschiedenheiten‹, sagt auch Wladimir Jewsejew von der russischen Akademie der Wissenschaften.«[12] Und nannte als Beispiel: »Wir haben Fragen, was die Raketenabwehr in Europa angeht.«

»›Dass Russland morgen Allianzmitglied wird, ist völlig unrealistisch‹, räumt sogar Beitrittsbefürworter Igor Jürgens (*einer der engsten Berater von Präsident Medwedjew – d. Verf.*) ein. Zuerst müsse sich das Militärbündnis selbst verändern. ›Der Block wurde gebildet als Antwort auf die sowjetische Gefahr. Die gibt es heute nicht mehr. Es gibt auch keine konkrete chinesische oder arabische Bedrohung.‹«[13]

Offenkundig herrscht auch nach sechs Jahrzehnten die begründete Annahme vor, dass die Friedensbeteuerungen der NATO das eine und die Wirklichkeit das andere sind. Um es deutlich zu sagen: NATO-Politik und NATO-Selbstdarstellung sind nicht deckungsgleich! Das war damals so, das ist heute so. Das begründete Misstrauen bleibt.

»Das Atlantische Bündnis tritt am 23. August 1949 in Kraft und macht den Weg frei für die Verteidigung Westeuropas in einem atlantischen Rahmen«,[14] heißt es heute in den einschlägigen Geschichtswerken.

Und in Bezug auf die Zeit Ende der 40er Jahre: »Die Notwendigkeit eines amerikanisch-europäischen Bündnisses wird von den Kommunisten in der ganzen Welt bestritten. Die Verhandlungen über das Atlantische Bündnis werden zudem von Drohungen und kaum verschleierten Einschüchterungsversuchen des Kremls gegenüber den westlichen Mächten überschattet. Das Klima der Angst, das die Ratifizierung der Beitrittsverträge durch die Parlamente der westlichen Länder umgibt, trägt nur zur Beschleunigung des Prozesses bei.«[15]

So stellt man die Wahrheit endgültig auf den Kopf. Die Appelle weltweit, keinen antisowjetischen Kriegsblock zu schmieden und keine Streitkräfte in Westeuropa zu formieren, weil von der Sowjetunion dies als Bedrohung empfunden werden muss, gelten als Begründung für ein solches Bündnis. Wie so oft wird Ursache und Wirkung vertauscht.

Für den Westen gab es nur eine, die »rote Gefahr«.

Die Westintegration und die Wiederbewaffnung der BRD

Die von Adenauer geführte Bundesregierung und die sie tragenden Kräfte verfolgten von Anbeginn eine Westanbindung. Diese Absicht war sowohl ideologisch als auch mental motiviert. Natürlich handelte es sich primär um eine Klassenfrage. Gleichwohl spielten dabei einzelne Personen und deren Haltungen eine wesentliche Rolle. Adenauer, ein katholischer Rheinländer, der maßgeblich die Politik der Spaltung Deutschlands bestimmte, war nicht nur Antikommunist, sondern auch Separatist seit seiner Geburt. Als er einmal gefragt wurde, was für ihn das größte Unglück in der deutschen Geschichte sei, und man als Antwort erwartete: die Nazidiktatur (immerhin war er von den Faschisten 1933 als Kölner Oberbürgermeister abgesetzt worden), sagte er: als 1815 die Rheinlande zu Preußen kamen. Für Adenauer war Köln die Mitte des christlichen Abendlandes. Bereits im Februar 1948 hatte er gegenüber dem *Rheinischen Merkur* erklärt: »In den Ländern des deutschen Westens lebt eine natürliche Sehnsucht aus der Enge nationaler Beschränktheit in die Weite gesamteuropäischen Bewusstseins.« Gemeint war natürlich die vermeintliche Weite des *westeuropäischen* Bewusstseins. Und dieses war nun mal katholisch, stramm antiöstlich, stramm antisowjetisch. »Adenauer weiß wenig von Osteuropa, und oft erweckt er den Eindruck, sich noch weniger dafür zu interessieren«, urteilte damals der amerikanische Verbindungsoffizier Charles W. Thayer.

Schon sehr früh setzte Konrad Adenauer auf die Teilung Deutschlands. Bereits am 5. Oktober 1945 hatte er gegenüber Journalisten des *News Chronicle* und der *Associated Press* orakelt, dass »der von Russland besetzte Teil« für eine »nicht zu schätzende Zeit für Deutschland verloren sei«.[16] Und er unternahm in der Folgezeit alles, dass dies so blieb.

Maßgeblich für die militärische Festigung der Spaltung war die *Himmeroder Denkschrift* vom Oktober 1950.

Im Mai 1950 hatte Adenauer unter strengster Geheimhaltung eine »Zentrale für Heimatdienst« (ZfL) einrichten lassen. Sie wurde von Gerhard Graf von Schwerin geleitet, einem Wehrmachtgeneral, der für seinen Einsatz als Kommandeur einer Panzergrenadierdivison in der Sowjetunion 1943 von Hitler mit dem Eichenlaub zum Ritterkreuz ausgezeichnet worden war. Bundeskanzler Adenauer hatte ihn zu seinem persönlichen Berater für Militär- und Sicherheitsfragen berufen.

Die Zentrale für Heimatdienst wurde von angeblich »unbelasteten« Generalstabsoffizieren, Generalen und Admiralen der drei Wehrmachtteile mit der Maßgabe gebildet, mit den Westmächten über praktische Fragen einer deutschen Mitwirkung in der NATO zu verhandeln, was beschönigend »deutscher Verteidigungsbeitrag« genannt wurde.

Diesem Gremium gehörten so »unbelastete« Militärs wie General Hermann Foertsch an, von dem der Text der Eidesformel stammte, mit der Wehrmachtsoldaten seit dem 2. August 1934 vereidigt worden waren. (»Ich schwöre bei Gott diesen heiligen Eid, dass ich dem Führer des Deutschen Reiches und Volkes, Adolf Hitler, dem Oberbefehlshaber der Wehrmacht, unbedingten Gehorsam leisten und als tapferer Soldat bereit sein will, jederzeit für diesen Eid mein Leben einzusetzen.«)

Von den 15 Personen der »Zentrale für Heimatdienst« wurden später sieben in höchste Funktionen der Bundeswehr übernommen, zwei gingen zum Bundesnachrichtendienst. Und auch die anderen hätten gewiss leitende Aufgaben erhalten, wenn sie denn nicht vor Gründung der Bundeswehr gestorben oder für den Dienst bereits zu alt gewesen wären.

Nachdem der NATO-Rat auf seiner Sitzung im September 1950 in New York grünes Licht für eine westdeutsche Wiederbewaffnung gegeben hatte (richtiger: den Auftrag für diese ungeheuerliche Maßnahme erteilt hatte), kamen die deutschen Militärexperten am 5. Oktober im Kloster Himmerod zusammen und erstellten ein Konzept für Rüstung und Organisation, Ausstattung und Ausrüstung von Streitkräften der BRD.

Dieses als Himmeroder Denkschrift bezeichnete Geheimpapier bildete die Basis für die Wiederbewaffnung fünf Jahre nach Kriegsende. Die Autoren gingen nicht nur von einer vermeintlichen Bedrohung durch die Sowjetunion aus, sondern unterstellten, dass die Sowjetarmee jederzeit und ohne weitere Vorbereitung Westeuropa angreifen könnte, um die Atlantikküste »von Narvik bis zu den Pyrenäen« zu erreichen. Der Westen verfüge über nur völlig unzureichende Verteidigungsmöglichkeiten, hieß es. Deshalb bedürfe es eines operativen Plans für die Gesamtverteidigung Westeuropas, in den amerikanische und deutsche Truppen eingebunden wären. Europa müsse so weit wie möglich im Osten verteidigt werden, lautete der Appell. »Da es nicht möglich ist, einen sowjetischen Angriff entlang natürlicher Verteidigungslinien östlich des Rheins aufzuhalten, ist eine bewegliche Verteidigung mit offensiven Elementen aufzubauen, unter anderem mit dem Ziel, den Kampf so bald wie möglich nach Ostdeutschland zu tragen.«[17]

Der eigentliche Skandal dieses für die künftige Politik der BRD wichtigen Grundsatzpapiers fand sich jedoch im ersten der fünf Abschnitte. In den »Militärpolitischen Grundlagen und Voraussetzungen« forderten die ehemaligen Nazigenerale die Beendigung der »Diffamierung« von Wehrmacht und Waffen-SS, die Entlassung der als Kriegsverbrecher verurteilten Soldaten aus der Haft, die Einstellung schwebender Verfahren und die Abgabe einer »Ehrenerklärung für den deutschen Soldaten«.

Diese wurde von Bundeskanzler Adenauer am 3. Dezember 1952, siebeneinhalb Jahre nach der nationalen

Katastrophe, an der die Wehrmacht ursächlich beteiligt war, vor dem Deutschen Bundestag vorgetragen.

»Ich möchte heute vor diesem Hohen Hause im Namen der Regierung erklären, dass wir alle Waffenträger unseres Volkes, die im Rahmen der hohen soldatischen Überlieferung ehrenhaft zu Lande, auf dem Wasser und in der Luft gekämpft haben, anerkennen. Wir sind überzeugt, dass der gute Ruf und die Leistungen der deutschen Soldaten trotz aller Schmähungen während der vergangenen Jahre in unserem Volk noch lebendig sind und auch bleiben werden. Es muss unsere Aufgabe sein – und ich bin sicher, wir werden das lösen –, die sittlichen Werte des deutschen Soldatentums mit der Demokratie zu verschmelzen.«

Diese Ehrenerklärung durch die Bundesregierung war für viele Soldaten der alten Wehrmacht eine wichtige Voraussetzung für ihre spätere Mitarbeit beim Aufbau der Bundeswehr. Spätestens am 17. Dezember 1952 wurde auch die Waffen-SS offiziell anerkannt. An jenem Tag schrieb Adenauer an den Generaloberst der Waffen-SS Paul Hausser: »Sehr geehrter Herr Generaloberst! Einer Anregung nachkommend teile ich Ihnen mit, dass die von mir in meiner Rede vom 3. Dezember vor dem Deutschen Bundestag abgegebene Ehrenerklärung für die Soldaten der früheren deutschen Wehrmacht auch die Angehörigen der Waffen-SS umfasst, soweit sie ausschließlich als Soldaten ehrenvoll für Deutschland gekämpft haben.«

Adenauers »Ehrenerklärung« beendet die kritische Auseinandersetzung mit ehemaligen Angehörigen der Wehrmacht und der Waffen-SS, die von diesen als »öffentliche Diffamierung« verstanden wurde. Ehemalige Offiziere, Generale und Admirale durften fortan ihren letzten Dienstgrad mit dem Zusatz »a. D.« tragen und konnten somit bei der Schaffung der Streitkräfte der BRD auch in verantwortungsvollen Funktionen eingesetzt werde. Zudem erfolgte eine großzügige Regelung der Versorgungsansprüche, es gab kein Rentenstrafrecht.

Nun verbietet sich jeder Vergleich mit dem Schicksal der Angehörigen der DDR-Streitkräfte nach 1990, weil eine solche Gleichsetzung von Soldaten des aggressiven, verbrecherischen Nazireiches und denen der Deutschen Demokratischen Republik unzulässig ist. Der fundamentale Unterschied besteht darin, dass die auf Adolf Hitler vereidigten Soldaten den Frieden gebrochen, die auf die Arbeiter-und-Bauernmacht vereidigten Soldaten hingegen den Frieden gesichert haben. Das ist eine objektive, nicht zu negierende Tatsache. Gleichwohl sollte in diesem Kontext darauf aufmerksam gemacht werden, dass die Angehörigen der NVA, welche doch angeblich mit der Bundeswehr vereinigt worden ist, ungleich schlechter behandelt werden als jemals Wehrmachtangehörige durch die Bundesrepublik. Nach 40 Jahren hartem Dienst in der einzigen deutschen Friedensarmee erhält ein NVA-General weniger Rente als ein ehemaliger Hauptfeldwebel der Bundeswehr.

Zurück zur Himmeroder Denkschrift: Bezüglich der westdeutschen Streitkräfte verlangten die Militärs unverzüglich und binnen zweier Jahre – beginnend am 1. November 1950, endend im Herbst 1952 – die Aufstellung eines Heeres mit 250.000 Mann. Die vornehmlich in zwölf Panzerdivisionen formierten Soldaten sollten mit mindestens 3.600 Panzern, 750 Artillerie-Geschützen und einigen Hundert Flak, Pak, Sturmgeschützen und Granatwerfern ausgestattet werden. Die Luftwaffe sollte mit Aufklärungs-, Jagd- und Schlachtfliegerkräften die Panzerdivisionen unterstützen. Man ging von annähernd tausend Flugzeugen aus. Bei der Marine sah man zunächst nur Einsatzmöglichkeit und -notwendigkeit in der Ost- und Nordsee, weshalb die Seestreitkräfte knapp 400 Boote und Flugzeuge bekommen sollten, darunter 36 Landungsboote verschiedener Größen.

»Das Heer solle sich eng an die USA anlehnen, die Luftwaffe gleichermaßen an die USA und Großbritannien. Für die Marine wurde keine Patenstreitmacht vorgeschlagen.«[18]

Das schien selbst den Westmächten zu unverschämt und zu verräterisch, weshalb sie zunächst nur die Bildung einer Sonderpolizei des Bundes erlaubten. Die »Ehrenerklärung« für die Soldaten der Wehrmacht hingegen gab US-Präsident Eisenhower, während des Krieges Oberbefehlshaber der westlichen alliierten Streitkräfte in Europa, am 23. Januar 1951 gegenüber dem Bundeskanzler ab. Damit war der einstige militärische Gegner rehabilitert.

Am 16. März 1951 beschloss der Bundestag die Bildung des Bundesgrenzschutzes. »Die Vereinigten Stabschefs sind der festen Überzeugung, dass aus militärischer Sicht die angemessene und frühe Wiederbewaffnung Westdeutschlands von grundlegender Bedeutung für die Verteidigung Westeuropas gegen die UdSSR ist«, hieß es am 2. Mai 1951 in einer Erklärung. Man sei übereingekommen, »dem Rat der Außenminister zu empfehlen, dass Westdeutschland gestattet werden soll, 5.000 Mann Bundespolizei zu haben, die ›Staatsschutz‹ genannt werden soll. Die Vereinigten Stabschefs fordern nachdrücklich, dass die Außenminister dieser Empfehlung nachkommen, da eine solche Truppe sehr wohl der erste Schritt zu einer späteren Wiederbewaffnung Deutschlands sein könne.«[19]

Zum Zeitpunkt der Abgabe dieser Erklärung zählte der BGS bereits 10.000 Mann.

Das genügte jedoch nicht. Am 13. Januar 1953 forderte der Oberkommandierende der NATO in Europa, General Matthew B. Ridgway, der bis vor kurzem die US-Truppen im Korea-Krieg befehligte, die sofortige Aufstellung deutscher, d. h. Streitkräfte der BRD.

Seine erste Amtshandlung nach Übernahme seines Postens als NATO-Oberbefehlshaber in Europa im Mai

1952 hatte darin bestanden, den gesamten Stab mit US-Militärs zu besetzen, womit er einerseits die »Verbündeten« verärgerte, aber andererseits deutlich machte, wer in der NATO das Sagen hatte und um welche Interessen es vorrangig ging. Daran änderte auch die Tatsache nichts, dass Ridgway 1953 in die USA zurückbeordert wurde.

Um der Remilitarisierung in der BRD einen europäischen Anstrich zu geben, versuchten 1952 Frankreich, die Benelux-Staaten und Italien gemeinsam mit der Bundesrepublik eine Europäische Verteidigungsgemeinschaft (EVG) aus der Taufe zu heben. Auf diesem Wege sollte auch das Besatzungsstatut für die BRD erledigt werden. Allerdings scheiterte die EVG am französischen Parlament. Es verweigerte 1954 diesem Plan seine Zustimmung. Daraufhin trat die Option »NATO-Beitritt der BRD« in den Vordergrund.

Ende September 1954 kamen in der britischen Hauptstadt die Außenminister der NATO-Länder USA, Kanada, Großbritannien, Frankreich, Italien und der Benelux-Staaten sowie der BRD zusammen, um die Bundesrepublik in das westliche Bündnis zu integrieren. Diese Londoner Neunmächtekonferenz machte den Weg frei für den Beitritt zum Nordatlantikpakt. Auf weiteren vier Konferenzen in Paris wurden die Beschlüsse von London Ende Oktober 1954 konkretisiert und vertraglich geregelt. Am 9. Mai 1955 trat die BRD formal der NATO bei.

Die Auflage, die Charta der Vereinten Nationen anzuerkennen und die deutsche Einheit nicht gewaltsam herzustellen, besaß allenfalls formalen Charakter zur Beruhigung der Welt. Entscheidend war die Tatsache, dass nunmehr die Bundesrepublik eine Armee mit 500.000 Mann aufbauen und bewaffnen durfte. Die Ausrüstungen kamen überwiegend aus den USA, so wie es in einem in Bonn unterzeichneten bilateralen Abkommen vereinbart worden war. Dieser Beistandsvertrag sicherte der USA die Möglichkeit zu, ihre Truppen bei Bedarf (»im

Verteidigungsfalle«) nach eigenem Gutdünken in der Bundesrepublik aufzustocken.

Innenpolitisch hatte Bonn ebenfalls die Weichen gestellt. Gemäß Himmeroder Denkschrift war Ende Oktober 1950 die »Dienststelle des Bevollmächtigten des Bundeskanzlers für die mit der Vermehrung der alliierten Truppen zusammenhängenden Fragen« gegründet worden. Sie ging aus der »Zentrale für Heimatdienst« hervor. Wegen des ebenso langen wie verschleiernden Namens nannte man die Dienststelle nach deren Leiter Theodor Blank, kurz *Amt Blank*. Der einstige Oberleutnant der Wehrmacht gehörte 1945 zu den Mitbegründern der CDU. Er saß seit 1949 (und bis 1972) für diese Partei im Bundestag. Von 1955 bis 1956 war Blank der erste Verteidigungsminister der BRD, ihm folgte Franz-Josef Strauß nach. Mit dem Beitritt zur NATO wurde das Amt Blank zum Bundesministerium für Verteidigung.

Die ersten Vereidigungen von Freiwilligen nahm Minister Blank am 12. November 1955 vor, weshalb man dieses Datum fortan als Geburtstag der Bundeswehr begeht.

Der Prozess der Remilitarisierung und der Integration in den NATO-Pakt wurde von heftigen innenpolitischen Auseinandersetzungen begleitet. Bereits zu Beginn der 50er Jahre hatte sich eine breite Friedensbewegung formiert. Es gab heftige Zusammenstöße, auf der Straße wie in den Parlamenten. Gustav Heinemann (CDU), der von Adenauer unter Druck ins Kabinett geholt worden war, damit nicht nur Katholiken der Regierung angehörten, trat am 9. Oktober 1950 als Bundesinnenminister zurück. Im August 1950 waren die Geheimverhandlungen zwischen Adenauer und dem US-Hochkommissar John Jay McCloy durchgesickert, in denen der Kanzler die westdeutsche Bereitschaft zur Wiederbewaffnung signalisiert hatte. Nachdem Adenauer nunmehr unter Zwang seinen Ministern dieses Memorandum offenbarte, demissionierte Heinemann. Er begründete seinen Schritt damit, dass

Deutschland im Kriegsfall unweigerlich zum Schlachtfeld zwischen West und Ost werde und dabei nur mit Zerstörung, aber nicht mit einem Sieg zu rechnen sei.

Heinemann forderte auch in der Folgezeit als Anwalt, die Traditionen des deutschen Militarismus zu beenden und mit einer strikten Neutralität die Chancen auf eine Wiedervereinigung zu wahren. Als er eine ernsthafte Prüfung der Stalin-Noten vom März 1952 verlangte, dessen Vorschläge in die gleiche Richtung liefen, wurde er heftig attackiert, er sei von Moskau bezahlt.[20]

Er plädierte jedoch auch für den Aufbau einer Bundespolizei und einer Volkspolizei in der DDR »in gleicher Stärke«.

Vor dem Hintergrund der parlamentarischen Auseinandersetzung wurde die Friedensbewegung durch die Exekutivorgane der BRD scharf verfolgt. Im Fadenkreuz standen insbesondere die Mitglieder der KPD, der FDJ und anderer Organisationen, denen kollektiv unterstellt wurde, sie seien Moskaus Fünfte Kolonne. Es gab Hausdurchsuchungen, Verhaftungen, es wurde beschlagnahmt und sogar geschossen. Am 11. Mai 1952 starb in Essen der 21-jährige Philipp Müller bei einem Feuerüberfall der Polizei bei eine Friedenskarawane. Er war der erste Demonstrant in der BRD, der von der Polizei getötet wurde. Müller, das nur nebenbei, hatte seine Arbeit als Schlosser im Eisenbahnausbesserungswerk Neu-Aubing verloren, nachdem er einen Übersiedlungsantrag in die DDR gestellt hatte.

Er gehörte der Freien Deutschen Jugend an, die am 26. Juni 1951 von der Bundesregierung verboten worden war. Bereits am 19. September 1950 hatte die Bundesregierung ein Beschäftigungsverbot im öffentlichen Dienst – später nannte man es Berufsverbot – für Mitglieder der FDJ, der KPD und der Vereinigung der Verfolgten des Naziregimes (VVN) verfügt.

Die KPD wurde am 17. August 1956 vom Bundesverfassungsgericht verboten. Den Antrag auf Prüfung der

Verfassungswidrigkeit hatte die Adenauer-Regierung bereits Ende 1951 gestellt. Nachdem die Partei in die Illegalität gezwungen worden war, ging die BRD-Justiz auf breiter Front gegen Mitglieder und Sympathisanten vor. Der Repressionsapparat der kapitalistischen Republik lief hochtourig. Ermittlungverfahren wurden eingeleitet, es erfolgten Hausdurchsuchungen, Verhaftungen und Verurteilungen, viele der Verfolgten wurden in dauerhafte Arbeitslosigkeit gedrängt.[21]

»Mehr als 150.000 Ermittlungen wegen Staatsgefährdung liefen damals, Tausende von Urteilen wurden gefällt«, räumte der *Spiegel* 1992 ein. »Zahlen, die einem ausgewachsenen Polizeistaat alle Ehre machten«, konstatierte 1965 der Staatsrechtsprofessor und spätere FDP-Innenminister Werner Maihofer. Das tiefe Eingreifen von politischer Polizei und Justiz in das persönliche und berufliche Schicksal von Hunderttausenden stehe ganz offenkundig in keinem Verhältnis zu den tatsächlichen Gefährdungen des Staates.«[22]

Mehr noch: »Bei der Jagd auf mögliche Staatsfeinde wurde jahrelang das Grundgesetz verletzt.«

Das jedoch blieb bis zum heutigen Tage ohne jede Konsequenz. Der Bremer Rechtsanwalt Heinrich Hannover berichtete 2004, dass er vor fünf Jahren seinen ehemaligen Kollegen und nunmehrigen Bundeskanzler Gerhard Schröder (SPD) an die dringend nötige Rehabilitierung der Justizopfer des Kalten Krieges erinnert habe. Der sah keinen Handlungsbedarf. »Im Unterschied zum Justizunrecht der DDR, das bekanntlich den Gesetzgeber des wiedervereinigten Deutschlands zu großzügigen Wiedergutmachungsregelungen veranlasst hat, sei bei uns alles rechtsstaatlich zugegangen.«[23]

»Herr Schröder muss vergessen haben«, schrieb Hannover, »was in den 50er und 60er Jahren in bundesrepublikanischen Gerichtssälen tatsächlich geschehen ist. Vergessen, dass das politische Strafrecht unwidersprochen als

Waffe im Kalten Krieg bezeichnet werden konnte, dass der SPD-Kronjurist Adolf Arndt nachträglich klagte, das 1. Strafrechtsänderungsgesetz, mit dem 1951 die Kriminalisierung der Opposition gegen Adenauers Politik der Wiederaufrüstung und der Restauration der alten Machtverhältnisse begann, habe sich als Schlangenei erwiesen. Vergessen, dass die Richter und Staatsanwälte, die in den 50er und 60er Jahren Kommunisten und andere Antifaschisten für die Betätigung ihrer Gesinnung bestraften, noch dieselben waren, die schon unter Hitler gedient, und dass viele von ihnen schon damals Widerstandskämpfer verurteilt hatten. Vergessen, dass Menschen, die unter Hitler in Konzentrationslagern und Zuchthäusern ihrer Freiheit beraubt wurden und nach dem Zusammenbruch des NS-Regimes ihrer Gesinnung treu geblieben waren, erneut eingesperrt wurden, wenn sie sich politisch betätigten. Ja, dass Widerstandskämpfern sogar die Renten und andere Wiedergutmachungsleistungen, die ihnen wegen im Nazi-Staat erlittener KZ- und Zuchthaushaft zustanden, aberkannt und bereits geleistete Zahlungen zurückgefordert wurden.

Ein enormer Komplex von Justiz- und Verwaltungsunrecht, der eines Rechtsstaats unwürdig war und nur aus dem aus Hitlers Tagen überkommenen antikommunistischen Kollektivhass und dem in alte Funktionen wiedereingesetzten Personal des NS-Staats zu erklären ist.«

Nicht nur die im Kampf gegen den »Bolschewismus« bewährten Geheimdienstler holte man. Auch die Militärs. Heinrich Hannover machte den Aberwitz sichtbar: »Dass die Sowjetunion die Hauptlast bei der Niederringung des Hitler-Reichs geleistet und ungeheure Opfer an Menschenleben gebracht hatte, dass das Land ein riesiger Kriegsschauplatz gewesen war, dass seine Städte und Dörfer, seine Industrieanlagen, Verkehrsmittel und Maschinen zerstört waren, und die Menschen nichts nötiger brauchten als Frieden und Kraft zum Wiederaufbau, wurde in einer gewaltigen Lügenkampagne aus den Köpfen der Deutschen vertrieben und durch das Feindbild einer aggressiven Sowjetmacht ersetzt, die ihren Machtbereich mit Waffengewalt mindestens bis zum Rhein vortreiben wolle. Alle politischen Aktivitäten, die sich gegen eine deutsche Wiederbewaffnung richteten, wurden verdächtigt, der russischen Dampfwalze Vorschub leisten zu wollen.«[24]

Die Lüge von der vermeintlichen Aggressivität der UdSSR war durch Fakten widerlegt. Die Sowjetarmee zog freiwillig ab: 1945 aus Nordnorwegen und der Tschechoslowakei, 1946 von Bornholm, aus der Mandschurei und aus dem Nordiran, 1947 aus Bulgarien, 1948 aus Nordkorea, 1955 aus Finnland und Österreich und 1958 aus Rumänien.

Die Reaktionen in der DDR

Die Entwicklung in der BRD wurde auf östlicher Seite sehr aufmerksam verfolgt. Sowohl die Einbindung der Bundesrepublik in die »westliche Wertegemeinschaft« als auch die Rehabilitierung und Einbindung der Protagonisten des Nazireiches aus Politik, Wirtschaft, Justiz und Militär in die neue Gesellschaft, die doch die alte war, konnte nicht teilnahmslos hingenommen werden.

Mit dem sogenannten 131er Gesetz von 1951 war in der BRD der Schlussstrich unter die Entnazifizierung gezogen worden. Staatsdiener, Täter des Nazireiches, die von den Alliierten 1945 aus ihren Ämtern entlassen worden waren, wurden entlastet, amnestiert, rehabilitiert. Fünf Jahre nach dem Ende der Hitlerdiktatur standen ihnen wieder alle Türen offen.

Während in der Sowjetischen Besatzungszone die Entnazifizierung »am schnellsten und konsequentesten« erfolgt war,[25] marschierte man mit dem »Gesetz zur Regelung der

Rechtsverhältnisse der unter Artikel 131 des Grundgesetzes fallenden Personen« in die entgegengesetzte Richtung. Zur Beruhigung der empörten Antifaschisten im In- wie im Ausland verabschiedete der Bundestag zugleich das »Gesetz zur Regelung der Wiedergutmachung nationalsozialistischen Unrechts für Angehörige des öffentlichen Dienstes«. Das aber war eine Farce, denn es betraf nur Staatsdiener, keineswegs alle Naziopfer, und viele Antifaschisten, die bereits im Hitlerreich unterdrückt worden waren, wurden wieder verfolgt. Oft standen sie Richtern gegenüber, die sie bereits im Nazireich verurteilt hatten.

Die Rückkehr alter Nazis, die forcierte Aufrüstung, dazu der massive Antisowjetismus und Antikommunismus, der Staatsdoktrin war, führten zu verständlichen Reaktionen auf östlicher Seite. Für die Sowjetunion war klar: Ein 22. Juni 1941 durfte und würde sich nicht wiederholen. Einen Überfall, der sie unvorbereitet traf, sollte es niemals wieder geben. In diesem Sinne erhöhte sie ihre Verteidigungsanstrengungen und forderte dies auch von ihren potenziellen Verbündeten.

Die Entstehungsgeschichte bewaffneter Organe in der SBZ und in der DDR sah so aus:

In der Sowjetischen Besatzungszone waren auf Weisung der SMAD und in Verantwortung der Kommunen zunächst Ordnungsorgane in Gestalt der Polizei gebildet worden. Ende 1946 begannen die Deutsche Verwaltung des Innern und die Innenministerien der ostdeutschen Länder und Provinzen mit dem Aufbau einer Grenzpolizei. SMAD-Chef Marschall Wassili Sokolowski berief am 13. Juli 1948 den sächsischen Innenminister Dr. Kurt Fischer zum Präsidenten der Deutschen Verwaltung des Innern (DVdI). Damit entstand eine zentrale, länderübergreifende Leitung für ein einheitliches Schutzorgan in der SBZ. Am 22. Juli wurden die Hauptabteilung Grenze und Polizeibereitschaften der Deutschen Verwaltung des Innern gebildet. Am 1. Oktober 1948 nahm die

Höhere Polizeischule in Berlin-Niederschönhausen die Ausbildung auf, am gleichen Tage trat die erste einheitliche Besoldungsordnung für Polizeiangehörige in der SBZ in Kraft. Es folgte noch im gleichen Monat die Einführung einer einheitlichen Uniform: Sie war blau, der Kragen offen, dazu trug man ein blaues Hemd mit Binder. Zum Jahresende erhielten Polizeibereitschaften die ersten Waffen. Es war, wir erinnern uns, die Zeit der »Luftbrücke« und das Jahr der separaten Währungsreform zunächst im Westen, dann im Osten.

Am 7. Oktober 1949 konstituierte sich die Deutsche Demokratische Republik. Die Aufgaben der DVdI gingen auf das neue Innenministerium (MdI) über. Innenminister war Dr. Karl Steinhoff. Beim MdI wurden die Hauptverwaltung Deutsche Volkspolizei (HV DVP), die Hauptverwaltung Ausbildung (HV A) und die Hauptverwaltung zum Schutze der Volkswirtschaft gebildet. Dr. Kurt Fischer wurde Chef der Deutschen Volkspolizei.

Am 8. Februar 1950 beschloss die Provisorische Volkskammer der DDR die Bildung des Ministeriums für Staatssicherheit (MfS). Dazu wurde die Hauptverwaltung zum Schutze der Volkswirtschaft aus dem MdI herausgelöst. Diese firmierte fortan als MfS. (Das erklärt übrigens auch, weshalb bis zum Ende der DDR Wirtschaftsdelikte und -kriminalität vorrangig vom MfS untersucht und verfolgt wurden.)

Am 26. April 1950 übernahm der bisherige Stellvertreter des Chefs der Deutschen Volkspolizei und Leiter der Hauptabteilung PK (Polit/Kultur), Generalinspekteur Heinz Hoffmann, die Leitung der Hauptverwaltung für Ausbildung. In diesem Führungsorgan waren 606 VP-Angehörige tätig, darunter 256 Offiziere.

Viele Autoren haben sich mit der Entwicklung der bewaffneten Kräfte in der Ostzone und später in der DDR befasst, weshalb wir an dieser Stelle darauf verzichten können. Ausführlich wurden Aufbau und Entwicklung der

Deutschen Volkspolizei, der Hauptverwaltung für Ausbildung, der Kasernierten Volkspolizei und der Nationalen Volksarmee beschrieben, etwa in dem von Dr. Wolfgang Wünsche herausgegebenen Sammelband »Rührt euch! Zur Geschichte der NVA« (edition ost 1998), dort insbesondere der Beitrag von Dr. Joachim Schunke »Von der HVA über die KVP zur NVA«. Die Autoren zeigen darin anschaulich, dass die Lösung der Aufgaben zum Aufbau bewaffneter Kräfte der DDR immer im engen Zusammenwirken mit den sowjetischen Beratern erfüllt wurde, die uns seit 1950 in allen Entwicklungsetappen unterstützten.

Auch wir beide hatten in den verschiedenen Dienststellungen einen sowjetischen Berater bzw. Militärspezialisten an unserer Seite. In meinen Erinnerungen (Heinz Keßler: »Zur Sache und zur Person«, edition ost 1996) bin ich ebenfalls darauf eingegangen.

Außerdem haben zwischen 1950 und 1989 annähernd 13.500 Angehörige der Nationalen Volksarmee militärische Lehreinrichtungen in der Sowjetunion absolviert, allein die Generalstabsakademie in Moskau, die höchste militärische Lehreinrichtung des Warschauer Vertrages, 385 Generale und Offiziere der NVA. Das nur nebenbei: Keine Armee im Warschauer Vertrag hatte einen so hohen prozentualen Anteil von Generalstabsakademikern wie die Nationale Volksarmee der DDR.

Diese Ausbildung der Kader in der Sowjetunion brachte viele Vorteile für ein reibungsloses Zusammenwirken mit der Gruppe der Sowjetischen Streitkräfte in Deutschland mit sich. Nicht zuletzt war auf allen Führungsebenen eine Verständigung ohne Dolmetscher möglich.

Die leitenden Kader beim Aufbau der bewaffneten Kräfte in der DDR, auch das muss noch einmal herausgestellt werden, waren erfahrene Kommunisten, Widerstandskämpfer, Antifaschisten und aus der sowjetischen Kriegsgefangenschaft zurückgekehrte Wehrmachtangehörige, die sich für ein antifaschistisches, demokratisches Deutschland einsetzten.

Am 29. Juni 1955 tagte die Sicherheitskommission des ZK der SED unter Vorsitz von Walter Ulbricht. Zugegen waren Generalinspekteur Hoffmann, der stellvertretende sowjetischen Chefberater und zwei leitende KVP-Offiziere. »Die Sicherheitskommission macht den sowjetischen Genossen den Vorschlag, auf der Grundlage der Aufstellung einer Volksarmee Mitte August dieses Jahres einen entsprechenden Antrag in der Volkskammer zu beraten und zu beschließen. Der Genosse Heinz Hoffmann und der Genosse stellvertretende sowjetische Chefberater werden gebeten, diesen Vorschlag den sowjetischen Freunden zur Begutachtung und Genehmigung zu unterbreiten. Nach Behandlung und Beschluss in der Volkskammer soll dazu übergegangen werden, mit den durchzuführenden Kasernenbauten, Räumung von Kasernen und anderen Objekten und deren Übergabe an die KVP zu beginnen.«

Willi Stoph und Heinz Hoffmann wurden beauftragt, die neue Struktur des Verteidigungsministeriums innerhalb von 14 Tagen auszuarbeiten und der Sicherheitskommission zur Bestätigung vorzulegen. Für alle Verbindungsoffiziere des MfS in der KVP sollte ein Führungsorgan mit Sitz im Stab der KVP geschaffen werden, da nur dort eine enge Zusammenarbeit möglich sei. Der Minister für Staatssicherheit, Ernst Wollweber, erhielt den Auftrag, ein Statut über die Aufgaben, Rechte und Pflichten der Mitarbeiter dieser Hauptabteilung I des MfS auszuarbeiten und der Sicherheitskommission zur Bestätigung vorzulegen. Die Organe der Staatssicherheit in der KVP sollten sich in erster Linie um die feindliche Tätigkeit in den Streitkräften kümmern. Die von ihnen dort durchgeführte Informationstätigkeit über Stimmungen und politische Verhältnisse sollte jedoch künftig eingeschränkt werden. Darum müsse sich die Politverwaltung der KVP kümmern, hieß es.

Stoph und Hoffmann erhielten Order, »mit den verantwortlichen sowjetischen Freunden zu vereinbaren«, welche Typen leichter Waffen in der DDR produziert werden sollten. Die Grenzpolizei, die Transportpolizei und die Inneren Truppen seien mit sowjetischen Waffen auszurüsten, die von ihnen bislang benutzten deutschen Waffen sollten an die Betriebskampfgruppen übergeben werden.

Die letzte Phase vor der Aufstellung der NVA begann am 26. September 1955 mit dem Gesetz zur Ergänzung der Verfassung, nachdem die DDR im Staatsvertrag mit der UdSSR vom 20. September 1955 die Souveränität erhalten hatte. Die Verfassung erklärte den Schutz der DDR zur ehrenvollen, nationalen Pflicht ihrer Bürger, was allerdings nicht die Einführung der allgemeinen Wehrpflicht bedeutete, wie Innenminister Willi Stoph vor der Volkskammer ausdrücklich erklärte.

Das Kollegium der KVP beriet am 4. November 1955 über die Aufgaben, die sich aus dem 25. Plenum des ZK der SED ergaben. Dort waren Charakter und Aufgaben der künftigen Streitkräfte im Rahmen des Warschauer Paktes definiert worden.

Am 19. Dezember 1955 sprach das Kollegium über die Uniformierung. Es herrschte die Neigung vor, dem sowjetischen Muster zu folgen. Aber die sowjetischen Berater lehnten das ab, und nicht nur, weil die Bundeswehr der amerikanischen Uniformierung folgte. Die NVA sei eine deutsche Armee, sagten sie, und deren Angehörige sollten gefälligst auch so aussehen. Trotz politisch-psychologischer Bedenken wurde auf traditionelles Feldgrau zurückgegriffen.

Am 18. Januar 1956 beschloss die Volkskammer die Bildung eines Ministeriums für Nationale Verteidigung und die Aufstellung der Nationalen Volksarmee.

Mit der Gründung der Nationalen Volksarmee der DDR am 1. März 1956 begann ein neues Kapitel deutscher Militärgeschichte. Erstmals in der deutschen Geschichte entstand eine Armee, die aus dem Volke kam und diesem verpflichtet war. Sie wurde auf der Grundlage des Gesetzes der Volkskammer vom 18. Januar 1956 aufgebaut. Willi Stoph begründete das Gesetz vor der Volkskammer. »Die Volksarmee, deren Angehörige aus den Reihen des Volkes kommen, soll im Interesse der Werktätigen den militärischen Schutz der Heimat und der demokratischen Errungenschaften gewährleisten.«

An diese Orientierung haben sich die Angehörigen der Nationalen Volksarmee in den 34 Jahren der Existenz der NVA konsequent gehalten. Sie kann für sich in Anspruch nehmen, dass sie nie an kriegerischen Handlungen beteiligt war. Nicht ein Soldat der Streitkräfte der DDR wurde zu Kriegseinsätzen ins Ausland geschickt.

Mit der Aufstellung regulärer Armeen in der BRD und der DDR und deren Einbindung in die jeweiligen Bündnisse waren die militärstrategischen und -politischen Weichen für die nächsten Jahrzehnte gestellt.

Die Bundesrepublik Deutschland war mit der Bundeswehr in die Organisation der antisowjetisch, antikommunistisch orientierten NATO eingebunden, die DDR hatte nachgezogen, die NVA gebildet und sich dem östlichen Verteidigungssystem, dem Warschauer Vertrag, angeschlossen. Die Hauptmächte der einstigen Antihitlerkoalition, USA und UdSSR, waren nunmehr die Führungsmächte zweier Militärpakte, die sich feindlich gegenüberstanden. Die einstige Demarkationslinie zwischen der sowjetischen Besatzungszone und den Zonen der Westmächte war nunmehr zur Frontlinie der beiden Pakte, zur Hauptkampflinie des Kalten Krieges geworden. Und Westberlin auf dem Territorium der DDR galt als Pfahl im Fleisch des Sozialismus, als billigste Atombombe der Welt.

Anmerkungen

1 Die 32 Seiten des Dokuments »Operation Unthinkable: Russia: Threat to Western Civilization, British War Cabinet, Joint Planning Staff

[Draft and Final Reports: 22 May, 8 June, and 11 July 1945], Public Record Office, CAB 120/691/109040 / 001« sind faksimiliert im Internet unter der Adresse *www.history.neu.edu/PRO2/* im Original nachzulesen

2 Hastings Lionel Ismay (1887-1965) war von 1952 bis 1957 der erste NATO-Generalsekretär. Als Ziel der NATO in Bezug auf Europa nannte er: »to keep the Americans in, keep the Russians out and keep the Germans down«, was soviel hieß wie »die Amerikaner drinbehalten, die Russen raushalten, die Deutschen niederhalten«

3 Vgl. Ernst Reuß, Kriegsgefangen im 2. Weltkrieg. Wie Deutsche und Russen mit ihren Gegnern umgingen, edition ost, Berlin 2010. Reuß setzt sich in seiner Untersuchung nicht nur mit dem barbarischen Umgang mit den kriegsgefangenen Sowjetsoldaten auseinander, sondern kritisiert darin auch die einseitige Betrachtungsweise hierzulande. Die Darstellung des schweren Schicksals deutscher Kriegsgefangener in der Sowjetunion beherrsche die Öffentlichkeit. Mit dem Verbrechen an sowjetischen Soldaten hingegen beschäftige sich kaum jemand. Bekanntlich kehrten von den etwa drei Millionen deutschen Kriegsgefangenen etwa zwei Millionen zurück. Das Lagerleben war zwar hart, aber es gab nicht jenen systematischen Massenmord an Gefangenen, der in deutschen Internierungslagern gängige Praxis war

4 Die Ende Juli 1948 in der SBZ ausgegebenen Geldscheine blieben neun Jahre im Umlauf und wurden kurzfristig am 13. Oktober 1957 gegen neue getauscht. Diese Banknoten galten in der DDR bis 1965, dann wurde die »Mark der Deutschen Notenbank« (MDN) ausgegeben. Die Scheine trugen erstmals Köpfe (Humboldt, Schiller, Goethe, Engels und Marx). Sie blieben zehn Jahre gültig. 1975 edierte die Staatsbank der DDR neue Banknoten. Humboldt und Schiller wurden gegen Müntzer und Zetkin getauscht. Diese Scheine waren gültiges Zahlungsmittel in der DDR bis zum 1. Juli 1990. Ab dem 2. Juli wurde die westdeutsche D-Mark offizielles Zahlungsmittel in der DDR.

5 Luxemburger Wort vom 25. Juni 1948, siehe auch *http://www.ena.lu/*
6 *www.gutefrage.net/frage/luftbruecke-berlin-blockade*
7 *www.salvator.net/salmat/pw/lufti/verlauf.html*
8 *Der Spiegel* vom 10. Dezember 1958
9 European navigator. Die Multimedia-Referenz zur Geschichte Europas (ena), siehe: *http://www.ena.lu/*
10 Rede von H. Paul-Henri Spaak in Washington am 4. April 1949, siehe: *http://www.ena.lu/*
11 *Der Spiegel* vom 8. September 2010
12 Ebenda
13 Ebenda
14 Vgl. *http://www.ena.lu/*
15 Ebenda

16 Vgl. *Der Spiegel* vom 7. Juli 1969
17 Vgl. *http://de.wikipedia.org/wiki/Himmeroder_Denkschrift*
18 Ebenda
19 Vgl. *http://de.wikipedia.org/wiki/Bundesgrenzschutz*
20 Gustav Heinemann (1899-1976) war von 1969 bis 1974 der dritte Bundespräsident. Er gehörte seit 1957 der SPD an und zu den schärfsten Gegnern der von Adenauer und Strauß geplanten Atombewaffnung der Bundeswehr. In der Bundestagsdebatte am 23. Januar 1958 hatte er Adenauer scharf angegriffen. Dieser hatte erklärt: »Es geht darum, ob Deutschland und Europa christlich bleiben oder kommunistisch werden!« Worauf Heinemann dies als ideologische Vereinnahmung christlich-abendländischer Werte für den Kalten Krieg zurückwies. »Es geht nicht um Christentum gegen Marxismus«, rief er vom Rednerpult des Bundestages. »Es geht um die Erkenntnis, dass Christus nicht *gegen* Karl Marx gestorben ist, sondern für uns alle!«
21 Laut Entscheidung des 1. und 2. Senats des Bundesverfassungsgerichts vom September 2010 bleiben die Akten des KPD-Verbotsprozesses weiter unter Verschluss. Die *FAZ* titelte am 28. August 2010: »2046 weiß man alles über die KPD«. Karl Stiffel, Initiator und Sprecher der »Initiativgruppe für die Rehabilitierung der Opfer des Kalten Krieges« berichtete am 18. September 2010 im Internet (*www.secarts.org/journal/index.php?show=article&id=1139*) dazu weiter, dass der Petitionsausschuss ein Verfahren zur Rehabilitierung ablehne. Es bestünde wie schon in der vergangenen Legislatur keine Veranlassung, gesetzgeberisch tätig zu werden. »Im Anhang stützt sich der Petitionsausschuss auf den Verfassungsschutzbericht 34/06, in dem von *vermeintlichen* Opfern des Kalten Krieges gesprochen wurde.« Der Auszug aus dem VS-Bericht endet mit der Behauptung: »Mit der Kampagne zur Aufhebung des KPD-Verbotsurteils sollen die KPD-Funktionäre der 50er Jahre zu politisch Verfolgten stilisiert werden.«
22 *Der Spiegel* vom 7. September 1992
23 Heinrich Hannover, Justizopfer des Kalten Krieges, in: *Ossietzky* 22/2004
24 Ebenda

Heinz Keßler und Fritz Streletz bei der Übergabe einer Truppenfahne an den Traditionsverband Nationale Volksarmee e. V. im Berliner Tiergarten, 5. März 2011

Heinz Keßler (mit Sonnenbrille) bei einem Manöver, 1960
Unten: Fritz Streletz bei NVA-Soldaten

Die sogenannte zweite Berlin-Krise

Berlin erwies sich immer mehr als Sollbruchstelle in den Beziehungen zwischen den Großmächten bzw. den beiden Bündnissystemen. Unmittelbare Ursache dafür waren die Nachkriegsplanungen der Europäischen Beratungskommission, der *European Advisory Commission* (EAC), die im Dezember 1943 in London ihre Arbeit aufnahm. Dieses Gremium ging auf die Entscheidung der Großen Drei in Teheran zurück und sollte sich vorrangig mit Fragen der Besetzung Deutschland nach dem Sieg der Antihitlerkoalition befassen. Jedoch: »Mit der Überweisung deutscher Fragen an die Beratungskommission wurden Kernfragen der Nachkriegsregelung aus der Ebene der politischen Staatsoberhäupter und Regierungschefs in ein Gremium verlagert, das aus drei Botschaftern mit unterschiedlichen politischen Erfahrungen, geografischen Kenntnissen und Kompetenzen bestand«, kritisierten später nicht nur Historiker.[1] Denn das sollte sich schon bald als fataler Fehler mit Langzeitfolgen erweisen.

Die EAC machte verschiedene Entwürfe über Besatzungszonen. So sah ein im Januar 1944 von den Briten offerierter Vorschlag auch eine »Berliner Zone« vor, die sich mitten in der künftigen sowjetischen Besatzungszone befinden sollte. Da alle drei Seiten davon ausgingen, dass es sich allenfalls um eine zeitweilige Regelung für eine kurze Periode bis zum Abschluss eines Friedensvertrages handeln würde, stimmten die Regierungen in Moskau, Washington und London diesem Vorschlag zu. In Moskau und anderswo hatte man lediglich kontrovers über die Einteilung der Sektoren in Berlin diskutiert, ehe man sich auf jene Grenzen verständigte, wie sie dann bis 1990 galten. Übereinkunft wurde auch darüber erzielt, dass eine gemeinsame Verwaltung für Berlin eingerichtet werden sollte, die von einer internationalen Kommandantur kontrolliert werden würde. Den in den Berliner Sektoren zu stationierenden Truppenkontingenten der Siegermächte wurde laut der gebilligten Vorlage die Aufgabe zuteil, »die öffentliche Ordnung in den entsprechenden Zonen ›Groß-Berlins‹ aufrechtzuerhalten sowie die ›Interalliierte Kommandantur‹ zur Verwaltung von ›Groß-Berlin‹ und alle übrigen Organe und Einrichtungen, die von den Alliierten in dieser Stadt geschaffen werden können, zu bewachen«.[2]

Am 12. September 1944 unterzeichneten die drei Mitglieder der European Advisory Commission in London ihr Abschlussdokument mit dem Titel »Gemeinsames Protokoll zwischen den Vereinigten Staaten, Großbritannien und der Sowjetunion über die Besatzungszonen in Deutschland und die Verwaltung von Groß-Berlin«. Nicht die Großen Drei, kein Regierungsmitglied, lediglich drei Botschafter signierten also jenes Papier, dass sich schon bald als »die neuralgische Zentralachse der Nachkriegsregelungen«[3] erweisen sollte. Keiner der beteiligten Staaten überschaute die Tragweite, was primär jedoch an der nachgeordneten Bedeutung lag, die man diesem Papier zumaß. Auch für Churchill war das EAC-Protokoll, wie er später meinte, »rein theoretischer Natur«.

Den US-Militärs wurde erst 1945 bewusst, dass Berlin nicht an die amerikanische Zone grenzte, sondern 160 Kilometer tief in der sowjetischen Zone lag. Auf Nachfrage erklärte US-Botschafter Winant, der in der EAC gearbeitet hatte, dass mit seinen sowjetischen Gesprächspartnern *nie* darüber geredet worden sei, wie und auf welcher rechtlichen Basis die Westalliierten nach Berlin kommen würden. »Es gab für die Westmächte kein verbrieftes Recht auf freien Zugang nach Berlin.«[4]

Als dies Washington klar wurde, telegrafierte Truman am 15. Juni 1945 an Stalin, dass man eine Vereinbarung über »die Gewährleistung des ungehinderten Zugangs für die Truppen der Vereinigten Staaten auf dem Luft- und Schienenweg sowie auf der Straße« nach Berlin treffen solle.[5] Dazu kam es nicht, weil beide Seiten dies für ein nachgeordnetes technisches Problem hielten, wie auch die Absprachen zwischen Shukow und Clay im Sommer 1945 zeigten, als es um die Militärtransporte von und nach Berlin ging. In den 159 Verhandlungsdokumenten der Potsdamer Konferenz werden eine Berlin-Regelung und der Zugang der Westalliierten in die Viermächtestadt mit keiner Silbe erwähnt. Das Gipfeltreffen in Potsdam sollte aber, wie sich zeigte, die letzte Zusammenkunft der höchsten Vertreter der Antihitlerkoalition gewesen sein, auf der man dieses Thema hätte klären können. Weil dies unterblieb, sollte ein 45 Jahre währender Konflikt seinen Anfang nehmen. Berlin wurde nicht zuletzt deshalb zu einem Brennpunkt des Kalten Krieges. Durch die sowjetische Zone und später die DDR führten Verkehrskorridore anderer Mächte, was in der Geschichte einmalig war.

Der Konflikt brach erstmals 1948 auf, als die Sowjetunion auf die separate Währungsreform in den Westzonen und den Westsektoren, wie bereits dargestellt, mit der Sperrung der Zugänge über Land reagierte. Die Folge war die Luftbrücke der Westalliierten. Für diesen Komplex benutzt die bürgerliche Geschichtsschreibung die Bezeichnung »erste Berlinkrise«, die insofern irreführend ist, als es dabei weder um Berlin ging noch Berlin ursächlich Auslöser der Spannungen war. Das gilt auch für die »zweite Berlinkrise«. Deren Beginn datiert die westliche Historiografie auf das Jahr 1958. Auslöser sei die sowjetische Note vom 27. November an die Westmächte gewesen, welches man auch gern und fälschlich als Chruschtschow-Ultimatum bezeichnet, um den vermeintlichen Bedrohungscharakter zu offenbaren.

Tatsächlich hatte Moskau, und das nicht zum ersten Mal, kritisch daran Anstoß genommen, dass es noch immer keinen Friedensvertrag mit Deutschland gebe. Dieser war bisher an der ablehnenden Haltung des Westens gescheitert. Zugleich hatte sich die militärische Lage (BRD in der NATO, DDR im Warschauer Vertrag) in Zentraleuropa zugespitzt. Darum schlug Chruschtschow einen ersten Schritt der Entspannung vor, nämlich die Lage in und um Berlin zu normalisieren. Die Besatzungsmächte, die Sowjetunion eingeschlossen, sollten ihre Truppen aus Berlin abziehen, Westberlin, obgleich es doch auf dem Territorium der sowjetischen Zone, also in der DDR, lag, sollte zur *Freien Stadt* erklärt werden.

Diese im Westen als Drei-Staaten-Theorie bezeichnete Lösung wurde umgehend zurückgewiesen. Und zwar auf verschiedenen politischen Ebenen. Am 14. Dezember 1958 erklärten die Außenminister der USA, Großbritanniens, Frankreichs und der BRD auf einer Konferenz in Paris »ihre Entschlossenheit, ihre Rechte in Berlin zu wahren«. Zwei Tage danach bekräftigten alle Außenminister der NATO-Staaten, dass Westberlin zum »Schutzbereich« des Nordatlantikpaktes gehöre, weitere zwei Tage später protestierte die Versammlung der Westeuropäischen Union in Paris. Dort sprach man bereits von einer »ultimativen Drohung der Sowjetunion in der Berlin-Frage«.[6] Bonn legte am 5. Januar 1959 nach. In einer Note der Bundesregierung an die Sowjetunion hieß es, dass man die Errichtung einer Freien Stadt Westberlin ebenso ablehne wie die Anerkennung der DDR.

Einer Konföderation der beiden deutschen Staaten, die Chruschtschow erneut ins Gespräch gebracht hatte, wurde ebenfalls eine Absage erteilt. Eine Konföderation widersprach den strategischen Interessen der USA in Europa, weshalb eben auch Bonn dafür nicht zu haben war.

Die Sowjetunion aber ließ sich in ihrer selbstbewussten außenpolitischen Offensive nicht stoppen. Sie wollte erkennbar die seit 1945 ungelösten deutschen Fragen endgültig und politisch klären. Fünf Tage nach der Absage aus Bonn präsentierte Moskau den Entwurf eines Friedensvertrages mit Deutschland. Dieser war gekoppelt an den Vorschlag, dass alle 29 Staaten der einstigen Antihitlerkoalition und die beiden deutschen Staaten binnen zweier Monate zu einer Friedenskonferenz zusammenkommen sollten.

Auch dieser Vorschlag wurde vom Außenminister der BRD umgehend zurückgewiesen.

Die Westmächte hingegen dachten erst einmal nach, bevor sie sich dazu äußerten, und luden schließlich zu einer Deutschlandkonferenz nach Genf im Mai 1959. An dieser nahmen die Außenminister der vier Mächte und, erstmals, die beiden deutschen Staaten teil. Deren Delegationen bekamen allerdings nur den Status von Beobachtern zugestanden und saßen darum am sprichwörtlichen Katzentisch.

Die Tagung fand in zwei Runden statt, und zwar vom 11. Mai bis 20. Juni und vom 13. Juli bis 5. August 1959.

Die außenpolitische Initiative auf diesem Feld war Teil der sowjetischen Strategie zur Schaffung eines Systems der kollektiven Sicherheit, das – um der Geschichte vorzugreifen – in den 70er Jahren mit der Konferenz für Sicherheit und Zusammenarbeit (KSZE) zustandekommen sollte. Sie fand 1975 mit der Unterzeichnung einer Schlussakte durch 35 Staats- und Regierungschefs ihren Abschluss. Einen ersten Anlauf für ein solches System hatte die UdSSR am 10. Februar 1954 unternommen, als sie den Entwurf für einen »Gesamteuropäischen Vertrag über kollektive Sicherheit in Europa« vorlegte, den sie wenig später durch einen Zusatz über wirtschaftliche Zusammenarbeit ergänzte. Diese Grundidee verfolgte die Sowjetunion bis 1958 mit immer neuen Varianten weiter, doch wurde das Projekt von den Westmächten auch immer wieder abgelehnt.

Der Westen sah im Drängen Moskaus vor allem den Versuch, die militärische, politische und wirtschaftliche Integration Westeuropas zu stören und möglichst rückgängig zu machen, mindestens aber den Status quo in Europa festzuschreiben. Diese Überlegung war sicher nicht abwegig, ignorierte aber, dass auch ganz reale eigene sicherheitspolitische Überlegungen für die UdSSR eine Rolle spielten.

Für das Scheitern der sowjetischen Anläufe gab es mehrere Gründe, so auch jenen, dass an einer europäischen Sicherheitskonferenz alle, also auch die beiden deutschen Staaten, würden teilnehmen müssen. Das hätte jedoch de facto die Anerkennung der DDR bedeutet, wozu der Westen, da stand man treu zu Bonn, nicht bereit war. Dementsprechend wurden die östlichen Vorschläge fast stereotyp mit dem Hinweis auf die ungelöste deutsche Frage zurückgewiesen.

Die nunmehr zweite Genfer Außenministerkonferenz der vier Besatzungsmächte (die erste hatte 1955 am selben Ort stattgefunden) versuchte dieses Problem zu lösen und scheiterte ebenfalls. Statt des von der Sowjetunion geforderten und unverändert vom Westen abgelehnten Friedensvertrages schlug die USA vor, die Außenministerkonferenz als dauerhaftes Gremium zu konstituieren. Die Sowjetunion sah darin den Versuch, sie hinzuhalten und eine Berlin- und Deutschland-Regelung auf die lange Bank zu schieben, weshalb sie den Vorschlag ablehnte.

Trotzdem markierte die Tagung, auch wenn sie ohne greifbare Ergebnisse endete, eine Wende in den Beziehungen zwischen den Großmächten: Washington begann allmählich zu begreifen, dass man miteinander koexistieren und sich irgendwie arrangieren musste.

Zu dieser Einsicht im Westen hatten gewiss auch verschiedene militärstrategische Fakten geführt, etwa der »Sputnik-Schock« im Herbst 1957, als die Sowjetunion demonstrierte, dass sie nunmehr über ein Trägermittel verfügte, mit dem sie jeden Punkt auf der Erde unter Umständen auch mit Kernwaffen treffen könnte. Das Moment vermeintlicher Unverwundbarkeit der USA hatte sich damit erledigt.

Aus diesem nüchternen Grunde trafen sich bereits im Monat nach der ergebnislosen Konferenz in Genf Eisenhower und Chruschtschow. Der US-Präsident, ein gestandener Militär des Zweiten Weltkriegs, lud den sowjetischen Regierungschef nach Camp David ein. Das Gipfeltreffen blieb ebenfalls ohne greifbares Ergebnis, signalisierte jedoch Anflüge eines gewissen Umdenkens, wenngleich die USA in der Berlin-Frage hart blieben: keine Entmilitarisierung Berlins, kein Abzug der Westmächte aus Westberlin, keine *Freie Stadt* und auch perspektivisch keine Eingliederung ins Territorium der DDR. Statt »Preisgabe« Berlins unverändert das Bemühen um ein »Rollback« der Russen.

Die offene Grenze zwischen Ost- und Westberlin blieb darum unverändert Ausfall- und Einfalltor, es blieb das Loch im Zaun des sozialistischen Lagers. Die Propaganda und die gezielte Abwerbung des Westens lockten Hunderttausende via Westberlin in die Bundesrepublik, gleichzeitig rückten unbemerkt Agenten der Westmächte in die DDR und in die Staaten des Warschauer Vertrages ein. Hinzu kamen Versorgungsengpässe, die aus dem spekulativen Wechselkurs von D-Mark zu DDR-Mark rührten, der Abfluss hochwertiger Konsumgüter und, was für die DDR-Hauptstadt und das Umland Berlins ein erhebliches Problem darstellte: die Grenzgänger, welche in Westberlin arbeiteten, ihren Lohn durch den Umtausch in Ostgeld um ein Vielfaches vermehrten und damit ihre niedrigen Lebenshaltungskosten in der DDR bestritten. Das alles drückte auf die innenpolitische Bilanz und verschärfte soziale Konflikte.

Insbesondere der personelle Aderlass machte der Volkswirtschaft der DDR erheblich zu schaffen. Dieser nahm vor dem Hintergrund des Kalten Krieges und der ergebnislosen Verhandlungen in Genf merklich zu. Die Kalten Krieger in Bonn verstärkten ihre Propanda und betrieben eine Politik der Stärke, weil auch in den Machtzentren des Westens unverändert die Überzeugung strategischer Überlegenheit dominierte. Bemühungen des Ostens um Ausgleich und Verständigung hatten es schwer (siehe Genf, siehe Camp David). Zwar erwies sich die Prognose der *Ruhr Nachrichten* vom Oktober 1949 auch nach zehn Jahren als Luftnummer (»Diese sogenannte DDR […] wird das Jahr 1950 kaum er-, geschweige denn überleben«), aber man wähnte sich dicht vorm Ziel, weshalb auch der Wirtschaftskrieg vom Westen verstärkt wurde. Die Schäden, die der DDR auf unterschiedlichen Feldern der Volkswirtschaft bis Anfang 1960 zugefügt wurden, bezifferten Fachleute mit etwa 200 Milliarden Mark.

Dadurch bekam die Ausreisewelle eine eigene Dynamik: Je mehr Wirtschaftsflüchtlinge über Westberlin das Land verließen, desto angespannter die Lage der Zurückbleibenden. Und das gepaart mit der Angst vor einem denkbaren militärischen Konflikt, denn auch das Säbelrasseln nahm merklich zu. Allein im Jahr 1959 kehrten rund 144.000 Menschen der DDR den Rücken, zwei von drei Republikflüchtlingen verließen die Republik über Westberlin. Im Jahr 1960 sollte die Zahl noch einmal um 50.000 ansteigen.

In seinem 1993 erschienenen Buch »Im Namen Europas. Deutschland und der geteilte Kontinent« bestätigte der britische konservative Historiker Timothy Garton Ash die Einschätzung dieser Vorgänge durch die östliche Seite: »In den 50er Jahren hatte man ernsthaft darüber nachgedacht, durch eine ›Politik der Stärke‹ den Rest Deutschlands in den Westen zu ziehen und damit, zumindest temporär, die Variante des ›vereinigten Deutschlands im geteilten Europa‹ zu schaffen.«[7] Der »Rest

Deutschland« war natürlich die DDR, und wie das »Ziehen« gemeint war, kann man an diversen Äußerungen in der Bundesrepublik und in den anderen NATO-Staaten ablesen.

Dass dabei stets militärische Optionen im Spiel waren, geht ebenfalls aus verschiedenen zeitgenössischen Dokumenten und späteren Aussagen von Beteiligten hervor. 1983 führte der *Spiegel* mit dem früheren US-Verteidigungsminister Robert S. McNamara ein Gespräch, in welchem über die Stationierung von Pershing 2 und Cruise Missiles in Westeuropa geredet wurde. McNamara (1916-2009) vertrat darin die Auffassung, dass es keine begrenzten Atomkriege gebe, weshalb er gegen den Ersteinsatz durch die NATO war. Diese beharrte bekanntlich auf dieser Option. Der *Spiegel* fragte ihn: »Hat sich für Sie als Minister (*McNamara war von 1961 bis 1968 US-Verteidigungsminister – d. Verf.*) jemals die Frage nach einem Ersteinsatz von Atomwaffen gestellt?

MCNAMARA: Es gab mehrere Situationen, in denen wir gezwungen waren, uns ernsthaft mit dem Problem auseinanderzusetzen: 1961 die Berlin-Krise, im Oktober 1962 die Kuba-Raketenkrise. Beide Ereignisse zwangen uns nachzudenken, ob Atomwaffen zum Nutzen der NATO eingesetzt werden könnten.

SPIEGEL: Wie dicht waren Sie daran, sie einzusetzen?

MCNAMARA: Im Zusammenhang mit der Berlin-Krise gab es einige Leute, die meinten, unter bestimmten Umständen könne es notwendig sein, Atomwaffen einzusetzen. Ich habe diese Ansicht nie geteilt. Und Lord Mountbatten (*Louis Mountbatten [1900-1979], britischer Großadmiral, Vizekönig von Indien und Generalstabschef des Vereinigten Königreichs, bekleidete in den 50er und 60er Jahren hohe Funktionen in der NATO – d. Verf.*) übrigens auch nicht, der damals Chef des britischen Verteidigungsstabes war und mit dem ich mich darüber beraten habe.«[8]

Der 67-jährige McNamara sagte in diesem *Spiegel*-Gespräch 1983 einen zutreffenden Satz, der reichlich zwei Jahrzehnte zuvor die Planungen der sogenannten Falken im Pentagon, im NATO-Hauptquartier oder auf der Bonner Hardthöhe gewiss nicht tangierte. »Ich glaube nicht, dass die Sowjets einen großen Krieg mit dem Westen wünschen.«[9]

Sie wollten nicht einmal einen Kalten Krieg, wie etwa die russischen Historiker Wladislaw Subok und Konstantin Pleschakow 1997 nachwiesen.[10] Aber die Sowjets wussten nicht, wie sie ihn vermeiden konnten, schrieben die beiden und hatten damit gewiss nicht unrecht.

Und wie groß war die reale Kriegsgefahr?

1960 flüchtete Bruno Winzer, Major der Bundeswehr, in die DDR und enthüllte auf einer internationalen Pressekonferenz in Berlin die Intentionen und Planungen des Westens. Seinen spektakulären Schritt verteidigte er mit der Feststellung: »Ich hatte einen Eid geschworen, die Bundesrepublik zu verteidigen. Ich bin aber nicht gewillt, mich einem Blitzfeldzug zweiter Auflage zur Verfügung zu stellen. Mein Bedarf an Blitzfeldzügen ist gedeckt.« Winzer hatte bereits in der Reichswehr und in der Wehrmacht gedient. Folgerichtig hießen seine 1973 in der DDR erschienenen Erinnerungen »Soldat in drei Armeen«.

Seine Ausführungen auf der Pressekonferenz am 8. Juli 1960 sind als Tondokument überliefert. Er sagte dort: »Politische Überlegungen oder besser gesagt Wunschträume haben zu einer militärischen Planung geführt, die der des Dritten Reiches nicht unähnlich ist. Und man hat bereits begonnen, die Voraussetzungen für die Durchführung dieser Planung zu schaffen. Folgende Überlegungen liegen dabei zugrunde: Erstens: Polen, die Tschechoslowakei und die DDR würden sich historisch und kulturell dem Westen verbunden fühlen. Der Warschauer Pakt sei nur eine zeitweilige Lösung. Zweitens: Diese

Staaten müssen nur voneinander getrennt werden, müssen in Gegensatz zueinander und einzeln in Gegensatz zur UdSSR gebracht werden, um die Verteidigungskraft des Ostens eminent zu schwächen. Drittens: Die Lösung könne nur militärisch erfolgen, das heißt es müssen dort Zustände herbeigeführt werden, die ein Eingreifen rechtfertigen. Durch Aufstände sollen Regierungen gebildet werden, die dann den Einmarsch der NATO-Truppen zur Unterstützung wünschen. Alle Aktionen müssen blitzschnell verlaufen, um die Sowjetunion und die übrige Welt vor vollendete Tatsachen zu stellen.«[11]

Die öffentlichen wie mutigen Enthüllungen Winzers bestätigten das, was wir damals als Militärs auf verschiedenen Wegen erfahren hatten: Es bestanden Pläne zur militärischen Intervention auf westlicher Seite. In der Bundesrepublik wurde dies abgewiegelt, heruntergespielt und Winzer lächerlich gemacht. Im *Spiegel* hieß es zu jener Pressekonferenz, die »Pankower Propaganda« habe »vor Zeitungsleuten eine Posse in Szene gesetzt, in der Bundeswehr-Major Bruno Winzer – bis zu seiner Fahnenflucht Presseoffizier der Luftwaffengruppe Süd in Karlsruhe – mit farbigem Operationsplan und halbstarker Phantasie als Schlachtengott agierte.

Mit einem ›Stoßkeil‹, erläuterte Winzer die kühnen Angriffspfeile auf seiner Schaukarte, wolle die Bundeswehr nach dem ›kleinen Plan‹ der Bonner ›Blitzstrategen‹ aus der Nordostecke Bayerns entlang der Oder-Neiße-Grenze ›blitzartig‹ nach Norden preschen, um Polen von der Sowjetzone zu trennen, während ein zweiter ›Stoßkeil‹ durch das neutrale Österreich hindurch Ungarn überrennt.«[12]

Bei jener Pressekonferenz im Juli 1960 äußerten sich auch »Hauptmann a. D. Adam Gliga, der bis zu seiner Entlassung aus der Bundeswehr als Begleitoffizier dem Luftwaffen-Inspekteur Kammhuber attachiert war«[13] und »Otto Weißenberger, vormals Kartograf im Wehrbereichs-Kommando Stuttgart«, der Straßenzustandskarten und eine Brückenkartei aus der Bundesrepublik in die DDR mitgebracht hatte. Seinen Frontwechsel motivierte er damit, »dass die verantwortlichen Befehlshaber der Bundeswehr wiederum einen Krieg planen, der weit größere Opfer als der letzte fordern würde; vor diesen vorbereiteten Verbrechen will ich warnen«.[14] Weißenberger wurde vom *Spiegel* mit der Feststellung zitiert: »Alle Bewegungen und Operationen wurden unter der Voraussetzung geübt, Atom- und Raketenwaffen zur Führung eines blitzschnellen Krieges von Anfang an einzusetzen. Von Abschussbasen im Bereich des WBK V (des Wehrbereichs-Kommandos Stuttgart) wurden atomare Angriffe gegen die DDR geübt.«

Der FDP-Bundestagsabgeordnete Erich Mende, im Nazireich mit dem EK I und II, der Nahkampfspange, dem Deutschen Kreuz in Gold sowie dem Ritterkreuz des Eisernen Kreuzes (was er auch gern in der Bundesrepublik am Hals trug) ausgezeichnet, forderte angesichts der Enthüllungen in Ostberlin eine Sondersitzung des Bundestags-Verteidigungsausschusses. Der Forderung schlossen sich weitere Parlamentarier an. »Verteidigungsminister Strauß wird nun prüfen müssen, ob die Methoden hinreichen, mit denen man bislang Bundeswehr-Aspiranten siebt und Bundeswehr-Soldaten kontrolliert«, höhnte das Nachrichtenmagazin. Denn: »Die Zuverlässigkeit der Wehrpflichtigen wird überhaupt nicht erforscht. Bei Freiwilligen hingegen sowie bei Soldaten auf Zeit und Soldaten auf Lebenszeit wird vor deren Einberufung anhand der Verfassungsschutz-Karteien das Sicherheitsrisiko getestet, wozu man sich in der Regel drei Monate Zeit nimmt.«

Mit einem Wort: Nicht die Nachricht selbst nahm man zum Anlass der Entrüstung, sondern der bzw. die Überbringer der Meldung wurden angegriffen.

»Gleichwohl ist den zivilen Verfassungsschützern und militärischen Abschirmern in der Bundesrepublik bislang nur ein Soldat durch die Lappen gegangen, bei dem politische Motive jedenfalls vermutet werden: Der Obermaat Steppat hatte in seinem Personalfragebogen nicht erwähnt, dass er Mitglied der Gesellschaft für Deutsch-Sowjetische Freundschaft gewesen war. Man kam dahinter und verfügte am 7. Juli zum 31. Juli seine Entlassung aus Bundeswehr-Diensten. An Haftgründen fehlte es jedoch, so dass Obermaat Steppat über die Zonengrenze hinweg entweichen konnte.«[15]

Major a. D. Erich Mende wurde übrigens 1963 Bundesminister für Gesamtdeutsche Fragen, Vize-Bundeskanzler unter Ludwig Erhard und mit dem Großkreuz des Verdienstordens der Bundesrepublik Deutschland geehrt.

Das war das in der BRD und in der westlichen Welt in jener Zeit herrschende Klima. Die verantwortlichen Politiker im Warschauer Vertrag konnten gar nicht anders, als Äußerungen wie des US-Außenministers ernst zu nehmen. John Foster Dulles, der eine »Politik am Rande des Krieges« bevorzugte, hatte vor dem Auswärtigen Komitee des Repräsentantenhauses am 28. Januar 1959 auf die Frage geantwortet, ob die Vereinigten Staaten sich im vollständigen Einvernehmen mit den NATO-Partnern bezüglich aller Schritte im Hinblick auf Berlin befänden: »Hinsichtlich des Grundsatzes, fest in Berlin zu bleiben und falls erforderlich, eher einen Krieg zu riskieren als aus Berlin verdrängt zu werden, besteht vollständiges Einvernehmen.«

Der Konflikt nahm weiter zu, als Vertriebenenverbände der Bundesrepublik in Westberlin Anfang September 1960 einen »Tag der Heimat« abhielten. Der DDR-Innenminister erließ zur Begrenzung des Revanchistentreffens ein Einreiseverbot in die DDR und in deren Hauptstadt, nur Bundesbürger, die eine Genehmigung vorweisen konnten, durften passieren. Einreisegenehmigungen wurden am 8. November 1960 für alle

Bundesbürger Pflicht: Ohne ein solches Papier kam man nicht mehr über die Grenze.

Dies wurde auch für Provokationen genutzt. Am 23. September wiesen Volkspolizisten am Brandenburger Tor einen Mann ohne diese Genehmigung zurück. Es handelte sich um den in Bonn akkreditierten Botschafter der USA, den man nicht kannte. Nachdem er sich jedoch ausgewiesen hatte, ließ man ihn, natürlich, die Grenze passieren.

Selbst wenn man entsprechende Überlegungen im Westen mit dem Hinweis glaubt bagatellisieren zu können, dass Militärs stets auch Offensiv-Optionen in der Planung haben – schon die Römer sagten schließlich: Wenn du Frieden willst, rüste zum Krieg –, war dies alles so harmlos nicht, wie man es heute darstellt. Wenn auf der Gegenseite maßgebliche Politiker offen erklärten, sie würden unter bestimmten Umständen einen Krieg riskieren, mussten wir das in unseren militärischen, politischen und wirtschaftlichen Überlegungen berücksichtigen: aus Verantwortung gegenüber dem Bündnis, dem wir angehörten, und gegenüber dem deutschen Volk, und das meint nicht nur die Bevölkerung der DDR. In der Nazizeit hatte sich die herrschende Klasse Deutschlands verantwortungslos gegenüber dem deutschen Volk gezeigt, weshalb sich patriotische Kräfte u. a. im Nationalkomitee »Freies Deutschland« zusammengeschlossen hatten. Und auch jetzt war die Führung der DDR sich ihrer nationalen Verantwortung bewusst und handelte auch so.

Der Countdown läuft

Am 8. Mai 1961 tagte in Oslo der NATO-Rat. In Washington war am 20. Januar John F. Kennedy als 35. Präsident der USA ins Weiße Haus eingezogen, Mitte April der Versuch einer Invasion auf Kuba gescheitert. Exilkubaner und ihre Hintermänner in den USA erlitten in der Schweinebucht eine Niederlage. Die NATO-Strategen attackierten in Oslo nicht unerwartet den Vorschlag Chruschtschows, wenn es keinen Friedensvertrag mit Deutschland gäbe, schlösse er einen mit der DDR; dieser Schritten hätte die Konstellation völlig verändert. Die NATO bekräftigte in einem Kommuniqué zwar die Entschlossenheit, »die Freiheit Westberlins und seiner Bevölkerung zu wahren«, was zum Ritual gehörte. Dennoch enthielt das Papier durchaus etwas Neues: Erstmals hatte man die Vokabel »Westberlin« benutzt.

Egon Bahr, enger Mitarbeiter des Regierenden Bürgermeisters in Berlin (West), soll einer Aussage von Heinrich Albertz zufolge mit dem Kommuniqué aufgeregt zu Willy Brandt gelaufen sein und erklärt haben, das wäre ein Freibrief für die Sowjets, mit dem Ostsektor zu machen, was sie wollten, denn man habe ausschließlich Interessen für den Westteil der Stadt reklamiert.

Bahr selbst äußerte sich in seinen Memoiren ähnlich. »Aufgeschreckt wurde ich erst durch das Kommuniqué der NATO-Ratssitzung in Oslo am 10. Mai. Da wurden drei Eckpunkte garantiert, nämlich Zugang, Anwesenheit der Westmächte und Lebensfähigkeit der Westsektoren. Von Vier-Mächte-Status war nicht mehr die Rede. Wirklich erregt stürmte ich zum Chef und legte die Meldung der Nachrichtenagentur auf den Tisch: ›Das ist schrecklich, im Grunde eine Einladung an die Sowjets, dass sie mit ihrem Sektor machen können, was sie wollen.‹«[16]

Anfang Juni 1961 kamen Kennedy und Chruschtschow erstmals zusammen.

Chruschtschow erneuerte seine Absicht, »einen Friedensvertrag mit der DDR zu unterzeichnen, und dass er auf jede Verletzung ihrer Grenzen zu Lande, zu Wasser oder Luft mit Gewalt reagieren würde«, wenn mit den Westmächten keine Übereinkunft möglich sei.[17] An der Begegnung in Wien nahm auch der Diplomat Valentin

Falin teil, der in seinen 1993 verlegten Memoiren berichtete: »Meiner Ansicht nach war Kennedy im Juni 1961 äußerst eingeengt bei der Suche nach einem Kompromiss. Er hätte einen Friedensschluss der Sowjetunion mit der DDR unter Bedingungen, die faktisch die Rechte der Westmächte auf Westberlin bestätigten, zur Kenntnis nehmen können. Der neue Präsident war nicht scharf auf die Wiedervereinigung.«[18]

Es hatte auf Wunsch Kennedys ein inoffizielles Gespräch unter vier Augen gegeben, das schon nach zehn Minuten endete. Der französische Historiker Honoré M. Catudal zitierte 1981 eine amerikanische Quelle,[19] derzufolge Chruschtschow gesagt haben soll: »Ich will Frieden, doch wenn Sie Krieg wollen, dann ist das Ihr Problem.« In der Quelle, so Catudal, habe es geheißen, Kennedy hätte daraufhin den Russen sehr ernst angeschaut und entgegnet, wenn das wahr sei, »wird es ein kalter Winter werden«.

Danach begannen gefährliche militärische Planspiele, die Kriegsgefahr wuchs an.

Franz Josef Strauß, zu jener Zeit Bundesminister für Verteidigung, berichtete in seinen postum erschienenen Erinnerungen, dass er in der ersten Julihälfte 1961 von amerikanischen Militärs nach einem geeigneten Ziel in der DDR für den Abwurf einer Atombombe angefragt worden wäre. »Einen Truppenübungsplatz, den ich kannte, habe ich namentlich genannt – ich war dort 1942 eine Zeitlang bei der Aufstellung einer neuen deutschen Panzerflakeinheit. Dies erschien mir, wenn es schon dazu kommen musste und wir den Amerikanern nicht in den Arm fallen konnten, unter den gegebenen Übeln das Geringste zu sein, obwohl es noch immer schlimm genug war.«[20]

Dass es den Amerikanern durchaus ernst war, zeigte Kennedy mit dem Auftrag, den er nach seiner Rückkehr aus Wien erteilte. Er wollte wissen, wie viele Amerikaner bei einer nuklearen Auseinandersetzung sterben würden. »Die Antwort lautete: 70 Millionen.«[21]

Ob dies zur Ernüchterung beitrug oder die diplomatischen Versuche von beiden Seiten, die Scherben von Wien zu kitten, steht dahin. Tatsache ist, dass am 17. Juli 1961 der US-Präsident seinen Persönlichen Beauftragten nach Moskau schickte. John J. McCloy hatte in der BRD von 1949 bis 1952 als Hoher Kommissar gearbeitet und war von Kennedy zum Sonderberater für Abrüstungsfragen berufen worden. In dieser Mission wurde er zunächst im sowjetischen Außenministerium vorstellig, danach reiste er auf die Krim zu Chruschtschow, der dort Urlaub machte. Nach intensiven Gesprächen kehrte er nach Washington zurück und informierte den Präsidenten detailliert über seine Gespräche. John F. Kennedy, so sein Sicherheitsberater Walt Rostow in einem *NDR*-Interview am 12. August 1976, habe ihm im Anschluss gesagt: »Chruschtschow sieht sich einer unerträglichen Lage gegenüber. Die DDR blutet sich zu Tode, und als Folge ist der ganze Ostblock in Gefahr. Er muss etwas unternehmen, um das aufzuhalten. Vielleicht eine Mauer.«

Diese realistische Bemerkung Kennedys muss Kreise gezogen haben. Am 30. Juli 1961 erklärte der Vorsitzende des Auswärtigen Ausschusses des US-Senates J. W. Fulbright, zumindest zitierte die *New York Times* ihn am 3. August 1961 mit diesem Satz: »Ich verstehe nicht, weshalb die DDR-Behörden ihre Grenze nicht schließen, denn ich meine, sie haben alles Recht, sie zu schließen.«

Militärisch bezogen die Truppen auf beiden Seiten der Frontlinie Stellung. Anfang August setzte Moskau Marschall Iwan S. Konew (1897-1973) als Oberkommandierenden der Gruppe der Sowjetischen Streitkräfte in Deutschland (GSSD) ein.

Konew war nicht irgendein Militär, sondern einer der großen Heerführer des Zweiten Weltkrieges. Von 1955 bis 1960 war er Oberkommandierender der Vereinten Streitkräfte des Warschauer Vertrages und Stellvertreter des sowjetischen Verteidigungsministers. Nun schickte ihn Nikita S. Chruschtschow als seinen Bevollmächtigten nach Berlin bzw. Wünsdorf. Diese Personalentscheidung war als Signal an den Westen zu verstehen: Wir warnen euch, wir meinen es ernst.

Somit standen zwei Militärs an der Spitze der GSSD. Denn Generaloberst Iwan I. Jakubowski (1912-1976), der seit April 1960 Oberkommandierender der GSSD war, blieb in dieser Funktion.

Die Arbeitsteilung der beiden sah so aus, dass Konew für alle militärpolitischen Entscheidungen und Maßnahmen zuständig war, während Jakubowski die Verantwortung für die Gefechtsbereitschaft und Ausbildung der Truppen der GSSD trug. Der eine wirkte de facto nach außen, der andere nach innen. (In der Anlage ist ein Interview mit Generaloberst Mereschko wiedergegeben, das dieser am 9. September 2010 gab. 1961 war Mereschko Stellvertretender Chef der Operativen Abteilung des Stabes der GSSD. Mit ihm arbeitete ich, Fritz Streletz, über zehn Jahre lang eng zusammen: Er war Stellvertreter des Chefs des Stabes der Vereinten Streitkräfte in Moskau, und ich hatte die Funktion des Stellvertreters des Chefs des Hauptstabes der NVA inne. Wir trafen uns jährlich acht bis zehn Mal, uns verband ein sehr freundschaftliches und kameradschaftliches Verhältnis. Wenn es der Zeitplan erlaubte, trafen wir uns abends in seiner Moskauer Wohnung, die in der Nähe des Armeehotels in den Leninbergen lag. Es gab keinen General oder Offizier im Stab der Vereinten Streitkräfte, der besser mit der Problematik der Grenzsicherung der DDR zur BRD sowie zu Westberlin vertraut war. Nach unserer Kenntnis war es das erste Mal, dass ein sowjetischer General derart offen zum 13. August 1961 sprach wie in diesem Interview.)

Personalbewegungen erfolgten auch auf der anderen Seite, allerdings erst im September, als die Würfel bereits gefallen waren. Der US-Präsident reaktivierte den Viersterne-General Lucius D. Clay (1897-1978) und schickte ihn als seinen persönlichen Vertreter nach Westberlin. Clay hatte 1948/49 die Federführung bei der »Luftbrücke«, er galt »als einer der härtesten Gegner der Sowjets«, wie der *Spiegel* 17/1978 in einem Nachruf schrieb. Seine Anwesenheit sollte den Westberlinern zeigen: Wir stehen euch bei! Die Botschaft ging also mehr nach innen denn nach außen.

Am 15. Juli 1961 erhielt Armeegeneral Heinz Hoffmann ein Schreiben vom Oberkommandierenden der Vereinten Streitkräfte des Warschauer Vertrages, Marschall der Sowjetunion Andrej A. Gretschko. Dieser Brief, der ein Befehl aus Moskau war, listete auf:

Es sind von der DDR alle Vorbereitungen zu treffen, dass folgende Kräfte und Mittel auf besonderem Befehl an die Gruppe der Sowjetischen Streitkräfte in Deutschland (Westfront) in den genannten Zeiten übergeben werden können.

1. innerhalb von 2 bis 3 Tagen
    - 2 Brückenbaubrigaden
    - 3 Straßen-Kommandantendienst-Brigaden
    - 4 Flugplatz-Pionier-Bataillone
2. innerhalb eines Tages
    - 40 Kfz-Kolonnen (Bataillone) mit insgesamt 10.000 LKW und
    - 6 Sanitäts-Transport-Kompanien mit 600 Sanitäts-Kfz.
3. Vorzusehen sind
    - die Übergabe von 500 Kfz mit Kraftfahrer für Lazarette der GSSD und
    - die Bereitstellung von 20.000 Lazarettbetten mit entsprechendem medizinischem Personal
4. Vorzuhalten für die Nutzung durch die GSSD sind
    - 40.000 bis 50.000 Tonnen Autobenzin sowie
    - 60.000 bis 70.000 Tonnen Dieselkraftstoff

Diese Vorbereitungsmaßnahmen sollten innerhalb von zehn Wochen getroffen werden. Sie beliefen sich ferner auf
- 24.500 Reservisten der NVA
- 11.100 Kraftfahrzeuge (LKW)
- rund 1.000 Spezialfahrzeuge und Baumaschinen
- 20.000 Krankenhausbetten für Verwundete der GSSD mit medizinischem Personal

Hinzu kamen zusätzliche Forderungen zur Mobilmachungsplanung der NVA wie
- Auffüllung der Führungsorgane und Truppen der ständigen Gefechtsbereitschaft
- Neuaufstellung von Führungsorganen, Truppenteilen und Verbänden sowie von Truppenteilen und Einheiten der rückwärtigen und technischen Sicherstellung.

Eine solche Aufgabenstellung und ihre kurzfristige Realisierung durch die DDR in einer äußerst angespannten ökonomischen Lage konnte nur verlangt werden, weil offenkundig eine akute Kriegsgefahr bestand. Dies dürfte auch für einen Nichtmilitär verständlich sein.

Wir beide waren in unserer Führungstätigkeit mit der Realisierung dieser Forderungen beteiligt.

- Es war notwendig, in kürzester Zeit über die 200 Wehrkreiskommandos die Bereitstellung des erforderlichen Personalbestandes und der Technik zu sichern.

- Allein die kurzfristige Bereitstellung und Einlagerung der Bekleidung (Uniformen) sowie der Bewaffnung und Ausrüstungsgegenstände für den Personalbestand dieser Truppenteile, Einheiten und Einrichtungen brachte Aufgaben mit sich, auf die niemand vorbereitet war

- Alle diese Maßnahmen mussten mit den betroffenen Betrieben und Einrichtungen sowie den zuständigen staatlichen und wirtschaftsleitenden Organen abgestimmt werden, um im Falle der Einberufung des Personals und der Entnahme der Technik und Ausrüstung größere Produktionsausfälle bzw. -einbrüche zu vermeiden.

Generaloberst Beljawski, Chef der 25-köpfigen sowjetischen Beratergruppe im Ministerium für Nationale Verteidigung der DDR, kontrollierte die Erfüllung der Aufgabenstellung von Marschall Gretschko und machte jedem Eingeweihten bewusst, wie hoch Moskau die Kriegsgefahr einschätzte. Er überwachte gleichsam die Realisierung der notwendigen Maßnahmen zur Gewährleistung einer hohen Abwehrbereitschaft der Vereinten Streitkräfte und ihrer Hauptschlagkraft, der Gruppe der Sowjetischen Streitkräfte in Deutschland.

Dass die Führungsmacht der NATO, die USA, die Lage in Europa im Sommer 1961 genauso brisant einschätzte, geht aus folgendem hervor:

Am 25. Juli 1961 gab der amerikanische Präsident, John F. Kennedy, in einer Rede an das amerikanische Volk nach sieben Wochen intensiver Überlegung seine Entscheidung bekannt:

1. Zusätzliche Forderungen für den Militärhaushalt von 3,2 Milliarden US-Dollar
2. Sonderermächtigung für die Einberufung von Reservisten ohne Mobilmachung
3. Die Einberufungsquote soll mehr als verdreifacht werden
4. In Westberlin sollen die Kräfte in den Bereitschaftszustand versetzt werden.

Leider wird dieser Seite bei der Behandlung des 13. August 1961 durch die offizielle BRD und die Medien keine Aufmerksamkeit gewidmet.

In dieser Rede am 25. Juli 1961 an das amerikanische Volk entwarf Kennedy ein Programm, wie er der politischen und diplomatischen Offensive der Sowjetunion weltweit entgegentreten wollte, wenn nötig auch mit Krieg.

In diesem Zusammenhang betonte er, dass die Anforderungen für die notwendigen Anstrengungen zur Stärkung der USA und ihrer Verbündeten nicht nur aus der augenblicklichen Berlin-Krise erwüchsen, sondern aus der

weltweiten Auseinandersetzung mit der kommunistischen Gefahr. Ihm ging es insbesondere darum,
- den ungünstigen Eindruck zu widerlegen, er hätte sich in Wien den Forderungen Chruschtschows nicht genügend widersetzt;
- die Einheit mit den NATO-Verbündeten zu beschwören und diese aufzufordern, die Anstrengungen zur Erreichung der gesteckten Ziele zur Aufrüstung zu erhöhen;
- der Sowjetunion im Falle des Festhaltens an der eingeschlagenen Deutschland- und Berlinpolitik mit militärischen Gegenmaßnahmen zu drohen.

Kennedy kündigte an,
1. die bereits im Januar begonnenen Maßnahmen zur Erhöhung der Schlagkraft und der Fähigkeit der US-Streitkräfte, weltweite Einsätze durchzuführen, zu beschleunigen;
2. die im März und Mai beschlossenen zusätzlichen Verteidigungsanstrengungen zur Erhöhung der Abschreckung bzw. im Falle der Notwendigkeit, zur Vernichtung eines Gegners zielstrebig fortzusetzen. Dazu gehörten:
   - Verstärkung der strategischen Raketenbewaffnung,
   - Bereitstellung von 50 Prozent der strategischen Bomberflotte für den sofortigen Einsatz (d. h. 15 Minuten Alarmbereitschaft am Boden);
   - Vergrößerung des Marinekorps;
   - Erhöhung der Einsatzbereitschaft der Reserven;
   - Erweiterung der Luft- und Seetransportkapazitäten;
   - beschleunigte Beschaffung von Waffen und Munition
3. Die Vervollkommnung der Fähigkeit weltweit in jedem Krisengebiet rechtzeitig und im notwendigem Umfang Truppen gemeinsam mit Verbündeten einzusetzen;
4. dem Kongreß vorzuschlagen,
   - das Militärbudget für das laufenden Jahr um 3,2 Milliarden Dollar zu ergänzen.

- die Stärke der US-Armee on 875.000 auf 1 Million Mann sowie die Personalstärke der Marine um 29.000 und der Luftstreitkräfte um 63.000 Mann zu erhöhen.
- zur Deckung des Mannschaftsbedarfs die Einberufungsquote zu verdoppeln bzw. zu verdreifachen.
- einige Reserveeinheiten sowie Lufttransportgeschwader und Geschwader der taktischen Fliegerkräfte der Nationalgarde in den aktiven Dienst zu übernehmen.
- bereits für die Außerdienststellung vorgesehene Flugzeuge und Schiffe weiter in Dienst zu halten
- den Schutz der Zivilbevölkerung vor den Folgen von Kernwaffenschlägen zu verbessern.

Diese Entwicklung hatte ihre eigene Dynamik, welche im Wesentlichen auf der wechselseitigen Furcht der beiden Großmächte fußte, Schwäche zu zeigen und dabei das Gesicht zu verlieren. Jeder Schritt der einen Seite provozierte eine Schlussfolgerung auf der anderen. Dabei war dann oft nicht mehr erkennbar, was Aktion und was Reaktion war. Die Eskalation lief jedoch mit der Unerbittlichkeit eines Uhrwerks auf einen bewaffneten Konflikt zu.

Sichtbar aber ist auch, dass die DDR und deren unmittelbare Interessen in diesem Kontext so gut wie keine Rolle spielten. Womit die These, dass Ulbricht Chruschtschow gedrängt oder ihn sogar veranlasst habe, »die Mauer« in Berlin zu bauen, sich von selbst erledigte.

Moskau befand sich im globalen Klassenkonflikt mit den USA, der sich in Berlin zu entzünden drohte, wenn nicht eine Lösung gefunden würde, die beide Seiten das Gesicht wahren ließ und die eigenen Großmachtinteressen nicht beschädigte.

Als Führungsmächte der beiden größten Militärbündnisse und der beiden antagonistischen Wertesysteme – die USA als »Leader of the free world« und die UdSSR als

»Pionier des Menschheitsfortschritts« – durften sie nach ihrem Selbstverständnis nicht schwächeln.

Insofern sind Zweifel bei bestimmten Äußerungen angebracht, die später zu diesen Vorgängen gemacht wurden. Eine gewisse durch den Zeitgeist und den eigenen Standpunkt diktierte Tendenz haftet nicht wenigen Bemerkungen an. So berichtet der Diplomat Julij Kwizinski (1936-2010) in seinen 1993 in München verlegten Memoiren (»Vor dem Sturm«) über ein Gespräch zwischen Walter Ulbricht und dem sowjetischen Botschafter Michail G. Perwuchin, das er Ende Juni/Anfang Juli 1961 gedolmetscht haben will. Ulbricht, so meinte sich Kwizinski zu erinnern, hätte den Ernst der Lage geschildert und auf schnelles Handeln gedrängt.

So wird es sich ganz gewiss verhalten haben: Die Lage war sehr ernst, nicht nur für die DDR. Aus Moskau, so Kwizinski dann weiter, hätte Chruschtschow daraufhin »seine Einwilligung« erteilt, »die Grenze zu Westberlin zu schließen und mit der praktischen Vorbereitung dieser Maßnahme unter größter Geheimhaltung zu beginnen. Die Aktion sollte rasch und für den Westen unerwartet durchgeführt werden.«

Ulbricht habe, so Kwizinski, Chruschtschow für dessen Zustimmung gedankt und erklärt, dass die Grenze zu Westberlin in ihrer ganzen Länge *nur* mit Stacheldraht rasch abgeriegelt werden *könne*. »Das war praktisch die Weichenstellung in Richtung Mauerbau«, beurteilte Prof. Siegfried Prokop auf dem »Herbsttreffen 2010« der Grenzer diese Aussage.[22] Womit auch er, der Lesart Kwizinskis folgend, also Ulbricht originär für den Mauerbau verantwortlich machte.

Zum Beweis dieser Hypothese gab Prokop den Historiker Rolf Steininger wieder, der 2001 in München seine Sicht auf diese Vorgänge im Buch »Der Mauerbau. Die Westmächte und Adenauer in der Berlin-Krise 1958-1963« publiziert hatte. Prokop zitierte Steiniger indirekt mit der Bemerkung, Ulbricht habe am Tage seines Eintreffens in Moskau Chruschtschows »Einverständnis« zur Sperrung der Grenze unter bestimmten Bedingungen erhalten.

Und als dritten Konzeugen rief Prokop Hans Kroll[23] in den Zeugenstand. Der BRD-Diplomat vertrat das Hitlerreich in der Türkei (1935-1943) und in Franco-Spanien, von 1958 bis 1962 war er Botschafter der BRD in Moskau. In seinen 1967 erschienenen Lebenserinnerungen, so gab ihn Prokop auf dem Grenzertreffen wieder, zitierte Kroll Chruschtschow. Dieser habe ihm gesagt: »Ich möchte Ihnen auch nicht verhehlen, dass ich es gewesen bin, der letzten Endes den Befehl dazu gegeben hat. Ulbricht hat mich zwar seit längerer Zeit und in den letzten Monaten immer heftiger gedrängt, aber ich möchte mich nicht hinter seinem Rücken verstecken. Er ist viel zu schmal. Die Mauer wird, wie ich schon gesagt habe, eines Tages wieder verschwinden, aber erst dann, wenn die Gründe für ihre Errichtung fortgefallen sind.«[24]

Chruschtschow also der Bedrängte, der dem Druck Ulbrichts nachgab und sich mit der Schuld belasten musste, letzten Endes nachzugeben und die Entscheidung zu treffen?

Solche Darstellungen ignorieren die tatsächlich herrschenden Machtverhältnisse im Bündnis und im Verkehr zwischen DDR und Sowjetunion. Wer Ross und wer Reiter war, Koch und Kellner, muss unter Kundigen nicht erörtert werden.

Zudem sprechen die hinterlassenen Dokumente – an anderer Stelle bereits erwähnt, so die von Uhl in Moskau aufgefundenen Papiere und die handschriftlichen Aufzeichnungen Ulbrichts im Bundesarchiv[25] – eine unzweideutige Spache. Im Unterschied zur subjektiven Erinnerung sind sie frei von tendenziöser Bewertung. Ulbricht hat Chruschtschow weder gedrängt noch veranlasst, eine Mauer rund um Westberlin zu bauen. Er war auch nicht der Scharfmacher, als den Prokop und andere ihn in dieser Sache darstellen.[26]

Und schließlich: Am 10. August 1961, fünf Tage nach dem Gipfel in Moskau, stellte sich der drei Tage zuvor in der DDR eingetroffene Marschall Konew in Wünsdorf die Militärchefs der drei Westberliner Sektoren vor. Auf die scheinheilige Frage eines der westlichen Stadtkommandanten nach dem Grund der aktuellen militärischen Aktivitäten bei der GSSD soll Konew geantwortet haben: »Meine Herren, Sie können beruhigt sein. Was immer in nächster Zukunft geschehen mag: Ihre Rechte werden unberührt bleiben. Nichts wird sich gegen Westberlin richten.«

Diese Begegnung wie auch die von Konew übermittelte Botschaft an den Westen sollte man als deutlichen Hinweis darauf verstehen, wer tatsächlich das Heft des Handelns auf der Ost-Seite in den Händen hielt.

Die Nachricht von diesem Treffen verbreitete der in Westberlin erscheinende *Kurier am Abend* am Nachmittag des 16. August unter der Schlagzeile »Marschall Konew hatte die Westmächte informiert«.

Umgehend wurde wider besseren Wissens von diesen dementiert: »Solche Gerüchte, so die Sprecher der Westalliierten, seien ›unverantwortlich und eine völlige Erfindung‹.«[27]

Anmerkungen

1 Herbert Graf, Wer spaltete Deutschland, edition ost, Berlin 2011
2 Protokoll zur Besetzung Deutschlands vom 25. Mai 1944, in: Laufer/Kynin, Die UdSSR und die deutsche Frage, Bd. 1, Berlin 2004, S. 401ff.
3 Herbert Graf a. a. O., S. 91
4 F. C. Delius/Peter Lapp, Transit Westberlin. Ch. Links Verlag, Berlin 2000, S. 81
5 Telegramm – persönlich und streng geheim – für Marschall Stalin von Präsident Truman, in: Briefwechsel Stalins mit Churchill, Attlee und Truman 1941-1945. Berlin 1961, Dokument Nr. 338, S. 747

6 Siehe: *http://de.wikipedia.org/wiki/Berlin-Krise*
7 Zitiert in: Georg Grasnick, Kalter Krieg gegen die DDR, Sonderbeilage RotFuchs Nr. 152
8 *Der Spiegel* 42/1983
9 Ebenda
10 Wladislaw Subok/Konstantin Pleschakow, Der Kreml im Kalten Krieg von 1945 bis zur Kuba-Krise, Claassen, Hildesheim 1997
11 *http://www.myvideo.de/watch/6082402/Bruno_Winzer_ueber_die_NATO_Plaene_1960*
12 *Der Spiegel* 32/1960
13 Ebenda
14 Ebenda
15 Ebenda
16 Egon Bahr, Zu meiner Zeit. Blessing, München 1996
17 N. S. Chruschtschow im Abschlussgespräch mit J. F. Kennedy am 4. Juni 1961, in: Honoré M. Catudal, Kennedy in der Mauerkrise. Eine Fallstudie zur Entscheidungsfindung in USA. Berlin-Verlag, Berlin 1981, S. 124f.
18 Valentin Falin, Politische Erinnerungen, Droemer Knaur, München 1993
19 Honoré M. Catudal, Kennedy in der Mauerkrise …, a. a. O.
20 Franz Josef Strauß, Die Erinnerungen, Siedler, München 1989
21 Honoré M. Catudal, Kennedy in der Mauerkrise …, a. a. O.
22 Sonderdruck der Arbeitsgruppe Grenze der Gesellschaft zur Rechtlichen und Humanitären Unterstützung e. V. (GRH), Dezember 2010
23 *Der Spiegel* 48/1961 meldete: »Hans Kroll, 63, phantasiereicher Botschafter der Bundesrepublik in Moskau, wurde bei einem Empfang im Kreml von einem grauhaarigen Herrn angesprochen, der behauptete, ihn zu kennen. Kroll: ›Möglich, aber ich entsinne mich nicht.‹ Der Unbekannte: ›Max Reimann.‹ Kroll brach das Gespräch mit dem KPD-Chef ab.«
24 Zitiert in: Sonderdruck der Arbeitsgruppe Grenze, a. a. O.
25 SAPMO-BArch DY 30/3569 Bl. 14
26 Auf dem Grenzertreffen 2010 trug Prokop vor, dass Chruschtschow Ulbricht, nachdem die Entscheidung getroffen worden war, »eindringlich« auf dessen Grenzen hingewiesen habe: »Ja, ich bin einverstanden – aber keinen Millimeter weiter!« Bei diesem Zitat beruft sich Prokop auf Jan Sejna, einen Generalmajor der tschechoslowakischen Volksarmee, der 1968 fahnenflüchtig wurde, nachdem gegen ihn wegen Korruption und Veruntreuung von 300.000 Kronen ermittelt wurde. Sejna nahm im August 1961 an der Tagung des Politisch Beratenden Ausschusses teil
27 Vgl. *www.chronik-der-mauer.de/index.php/de/Chronical/Detail/day/16/month/August/year/1961*

Der 13. August 1961 aus Sicht der DDR

Nach unserem Eindruck hatte Nikita S. Chruschtschow, der nach dem Sieg über die von den USA unterstützten kubanischen Konterrevolutionäre und dem Flug Juri Gagarins selbstbewusst in das Gipfeltreffen mit Kennedy am 3./4. Juni 1961 gegangen war, sehr hoch gepokert. Es ging in Wien, noch einmal zur Erinnerung, erstens um die Einstellung der Kernwaffenversuche, zweitens um den Abschluss eines Friedensvertrages mit Deutschland und drittens um eine Regelung der Westberlin-Frage. Beide Seiten drohten mit Krieg, die Verhandlungen wurden erfolglos abgebrochen.

Der impulsive Chruschtschow verließ die Arena mit der Ankündigung, bis Dezember 1961 mit der DDR einen Friedensvertrag abschließen zu wollen. Danach sollte, so seine erklärte Absicht, der DDR die volle Kontrolle über alle Zugangswege – zu Lande, zu Wasser und in der Luft – nach Westberlin übertragen werden.

Das war Öl ins Feuer.

Chruschtschows Androhung war weder mit der DDR abgestimmt noch in dieser Form von deren Führung gefordert worden. Natürlich war die DDR daran interessiert, das Westberliner Schlupfloch für Wirtschaftsflüchtlinge zu schließen.

In den 80er Jahren sollte sich die Sache mit umgekehrten Vorzeichen wiederholen, weshalb an dieser Stelle ein Exkurs eingeschoben werden muss.

Prof. Dr. Jürgen Nitz (1927-2009) machte diesen Vorgang publik, an den heute mancher gewiss nicht mehr erinnert werden möchte. Und um diese sehr erhellende

Geschichte nicht völlig untergehen zu lassen, holen wir sie aus gegebenem Anlass noch einmal hervor.

Die nachfolgend berichtete Angelegenheit fand am 29. Oktober 1986 mit einem Schreiben an Erich Honecker ihren Abschluss. Dem SED-Generalsekretär und Staatsratsvorsitzenden wurde für »pragmatische Regelungen im Interesse guter Nachbarschaft« gedankt. Der Brief schloss mit der Formel: »Ihr H. Kohl«.

Was war geschehen?

In den 80er Jahren hatten sich die ethnischen Konflikte in Sri Lanka zugespitzt. Die Insel vor dem indischen Subkontinent wurde von blutigen Exzessen gegen die Tamilen erschüttert, was zum Massenexodus führte. Einige Tausend von ihnen flogen nach Berlin-Schönefeld, um von dort nach Westberlin zu gelangen. Dort erfolgten weder Einreise- noch Ausreisekontrollen, weshalb man ohne Visum in die Bundesrepublik weiterreisen konnte. Von der dortigen Asylgesetzgebung machten nunmehr auch geflüchtete Tamilen Gebrauch.

Dieser unkontrollierte Zustrom von Bürgerkriegsflüchtlingen bereitete den Bundesbehörden zunehmend Kopfschmerzen. Das Problem thematisierte erstmals am 15. Juni 1984 der Bonner Ständige Vertreter in der DDR, Hans Otto Bräutigam, im Gespräch mit Max Schmidt, Direktor des Instituts für Internationale Politik und Wirtschaft (IPW). Am 18. Juli, vier Wochen später, kam Bräutigam bei einer Begegnung mit dem Politbüro-Mitglied Herbert Häber erneut darauf zu sprechen. Wolfgang Schäuble, seit dem Vorjahr Bundesminister für besondere Aufgaben und Chef des Bundeskanzleramtes, sprach das gleiche Problem bei meinem Treffen mit Alexander Schalck-Golodkowski im Januar 1985 an.

Auf Initative des Regierenden Bürgermeisters von Berlin, Eberhard Diepgen, fand am Rande der Leipziger Messe ein Gespräch mit Herbert Häber ausschließlich zu diesem Thema statt. Diepgen hatte sich auf die Begegnung mit dem DDR-Spitzenpolitiker am 12. März 1985 intensiv vorbereitet. Gleich zu Beginn machte er deutlich, dass es sich nicht um eine Berliner Angelegenheit, sondern um eine der Bundesrepublik handele. Berlin sei nur »ein Durchgangsort«. Häber wies Diepgens Ansinnen zurück: »Die DDR geht konsequent vom Prinzip der Transitfreiheit aus. Es ist eine seltsame Forderung, von uns zu verlangen, dass die DDR für Westberlin ein Grenzregime errichtet. Die Frage, wer nach und von Westberlin einreist, ist Sache von Berlin (West) selbst.«[1]

Am 3. Juni 1985 konferierten Schalck und Schäuble erneut, drei Tage später rief Schäuble an und bat um eine zweite Runde. Als Termin nannte er den 20. Juni. Wirtschaftssekretär Günter Mittag erteilte dafür intern Zustimmung, der Minister für Staatssicherheit Erich Mielke auch. Schäuble passierte den Grenzübergang Invalidenstraße, stieg in eine Großraumlimousine des MfS und wurde – mit einem Führungsfahrzeug voran – mit Tempo 100 in den Nordosten Berlins befördert, wie ein Zeuge berichtete. Gesprächsthema: Wie kann der unkontrollierte Zustrom von Flüchtlingen via Schönefeld gestoppt werden?

Schalck zeigte sich diesbezüglich aufgeschlossener als Häber – und auch berechnender. Er notierte genüsslich: »Die BRD-Seite ist sich völlig darüber im Klaren, dass sie in dieser Frage hoffnungslos dem guten Willen der DDR unterliegt.« Seinem Dienstherren Günter Mittag versuchte er das in seiner Aktennotiz zu erläutern: »Da die Asylgewährung Bestandteil des Grundgesetzes ist und nur durch die Stimmen der SPD verändert werden könnte – was nicht denkbar ist«, solle die DDR die missliche Angelegenheit regeln.[2]

Bonn versuchte also, die DDR als Bundesgenossen zu gewinnen. Die CDU/CSU/FDP-Regierung wünschte, dass die DDR ihnen die Flüchtlinge vom Halse hielt, um das im Grundgesetz gesicherte Recht auf Asyl nicht gewähren zu müssen. Deutlicher gesagt: Die Berliner Mauer sollte auf Drängen Bonns für den Rest der Welt gelten, um diesen an der Einreise in die Bundesrepublik zu hindern.

Kanzler Kohl schaltete sich schließlich selbst ein und unterstrich mit einem Schreiben an Erich Honecker am 14. Juli 1986 die fortgesetzte Dringlichkeit dieses Ansinnens, weil sich in der Sache wenig bewegte. »Ich bin fest davon überzeugt, dass Fortschritte in diesen Fragen mehr Verständnis und Vertrauen in die bilateralen Beziehungen bringen und helfen können, Spannungen und Misstrauen abzubauen. Dazu gehört auch, dass das Problem der illegal bei uns einreisenden Ausländer gelöst wird. Die Lösung dieser Frage ist dringend. Der fortgesetzte Zustrom der Monat für Monat über den Flughafen Schönefeld illegal einreisenden Ausländer belastet das Verhältnis zwischen unseren beiden Staaten zunehmend und berührt den Stand der Beziehungen, die durch Verlässlichkeit und Berechenbarkeit sowie das Bemühen um gute Nachbarschaft gekennzeichnet sein sollten.«[3]

Am 8. August gab Erich Honecker in Berlin den Kohl-Brief dem Politbüro zur Kenntnis – und in Bonn Außenminister Hans-Dietrich Genscher seinem DDR-Gesprächspartner Otto Reinhold, dem Chef der Akademie für Gesellschaftswissenschaften beim ZK der SED, mit auf den Weg, dass eine Nichtlösung des Problems »die Beziehungen zwischen der Bundesrepublik und der DDR sehr belasten könne«. Er, Genscher, kenne die Position der DDR genau, halte sie aber für falsch. Nach seiner Auffassung trete die DDR »mit aller Kraft in die Weichteile der Bundesregierung«.

Offenkundig genügte Bonn es noch nicht, dass die DDR seit dem 15. Juli 1985 den aus Sri Lanka einreisenden Tamilen das Transitvisum verweigerte, wenn sie keinen Einreisevermerk des Ziellandes vorweisen konnten. (Und dass im Januar 1986 diese Praxis auf weitere zwölf Staaten bzw. deren Bürger ausgedehnt werden sollte.)

Man erwog in Bonn die Streichung von Zinsvorteilen für die DDR, die Absage eines in Aussicht genommenen Kulturabkommens, eine langsamere Gangart bei den Verhandlungen für ein Wirtschaftsabkommen, die Ausladung von DDR-Politikern, die Verweigerung von Landerechten für die Interflug. (Auch damit war die DDR nicht zu erpressen – an der Beförderung der Tamilen verdiente die Interflug insgesamt vielleicht 3,5 Millionen Mark, eine vergleichsweise geringe Summe.)

Andere wiederum meinten, die DDR mit Zugeständnissen bewegen zu können – etwa mit der Zusage, sich finanziell an der Grunderneuerung der Transitstrecken zu beteiligen, die Regelung des Grenzverlaufs an der Elbe (das stellte Schäuble gegenüber Schalck in Aussicht), Salzgitter könnte zur Disposition gestellt werden.

Das Problem drückte politisch wie öffentlich.

Bei einem neuerlichen Geheimtreffen Schäubles mit Schalck in dessen Berliner Privatwohnung am 4. Februar 1986 gab der Kanzleramtsminister unumwunden zu, dass er beabsichtige, für die Bundestagswahl 1987 das Asylrecht zum Wahlkampfthema gegen die SPD zu machen. »Wenn es dadurch und vielleicht mit Unterstützung der DDR gelingen würde, die SPD für eine entsprechende Änderung des Grundgesetzes zu gewinnen, so würde durch diese Veränderung des Asylrechts in der BRD das Problem gelöst werden können«, vermerkte Schalck in seiner Aktennotiz. Die DDR konnte sich also von Schäuble als eingeladen betrachten, in der Bundesrepublik innenpolitisch aktiv zu werden.[4]

Verstieß Schäuble damit nicht gegen den allgemein gültigen Grundsatz bundesdeutscher Politik, dass außerhalb der eigenen Landesgrenzen strittige innenpolitische Themen nicht unter parteipolitischen Aspekten vorgetragen werden?

Nun ließe sich vielleicht einwenden, dass aus seiner Sicht die DDR nicht Ausland war, es also durchaus zulässig gewesen sei, was Schäuble damals tat und sagte. Gemäß dieser Logik müsste dann jedoch die damalige Bundesregierung für das Regime an der DDR-Grenze, das man für eigene Zwecke zu instrumentalisieren gedachte, ebenfalls in Haftung genommen werden. Nicht nur jene DDR-Politiker, die dafür in den 90er Jahren verurteilt und inhaftiert wurden.

Am 29. August 1986 trug Schäuble das Bonner Anliegen Honecker selber vor.[5]

Der Staats- und Parteichef belehrte den Bonner Kanzleramtsminister in Sachen politischer Moral, menschlichem Anstand und internationalem Recht – und hatte nicht einmal unrecht. Das Asylantenproblem müsse allein von der Bundesrepublik gelöst werden, es könne nicht Gegenstand einer Einigung zwischen der DDR und der BRD sein. Honecker verwies auf die Jahre der Hitlerdiktatur, in denen »vielen Menschen das Überleben ermöglicht wurde«, indem sie in anderen Ländern Aufnahme fanden. In diesem Kontext erwähnte der Generalsekretär die entsprechenden Passagen im Grundgesetz und würdigte sie explizit. Er wies auch den Vorwurf zurück, die Interflug würde an den Asylanten verdienen – die Mehrzahl der Einreisenden kämen mit anderen Fluggesellschaften nach Schönefeld.

Unter diesen Umständen musste man in Bonn über einen neuen Ansatz nachdenken.

Zur Leipziger Herbstmesse 1986 kam »die Tamilen-Frage« neuerlich zur Sprache. Dr. Thomas Gundelach, einst Sekretär bei Kanzleramtsminister Philipp Jenninger und noch immer als Mitarbeiter des Bundestagspräsidenten einer der wichtigsten Ost-West-Unterhändler in Bonn, pirschte sich auf etwas ungewöhnliche Weise an die im Leipziger Rathaus zum Messeempfang weilende DDR-Spitze heran, obgleich er keine Einladung besaß.

Er richtete Günter Mittag, Gerhard Beil und Alexander Schalck beste Grüße aus Bonn aus, man müsse die »bekannten Probleme« erörtern, und stieß auf Reserviertheit. Gundelach konnte das nicht verstehen, da er der DDR-Führung durchaus Greifbares – nämlich wirtschaftliche Gegenleistungen – anbieten wollte.

Die Einsilbigkeit der DDR-Spitze ihm gegenüber war dem Angebot geschuldet, das die SPD unterbreitet hatte. Egon Bahr nämlich war zunächst bei ZK-Sekretär Hermann Axen, dann bei Erich Honecker vorstellig geworden und hatte den Wunsch seiner Partei vorgetragen, die DDR möge ihrem Spitzenkandidaten Johannes Rau Wahlkampfhilfe gewähren. Und zwar könnte ein Nachgeben der DDR in dieser leidigen Asylanten-Angelegenheit nach einem Besuch von Rau bei Honecker als Erfolg der SPD verkauft werden, als Ausdruck beharrlichen Drängens und Beleg für die unveränderte Wirkung sozialdemokratischer Politik. »Wenn Kanzlerkandidat Rau in der Lage wäre zu erklären, wir haben mit der DDR gesprochen, sie gibt sich Mühe, dann wäre das eine große Hilfe. Das ist unsere Grundüberlegung.«[6]

Und weiter bot Bahr an (im Auftrag von Willy Brandt, wie er sagte): »Wir wollen in aller Form erklären, dass bei der Regierungsübernahme durch die SPD die Regierung der BRD voll die Staatsbürgerschaft der DDR respektieren wird und damit dieses Thema beerdigt wird. Dies soll Teil einer offiziellen Regierungserklärung sein.«[7]

Ob nun die CDU oder die SPD sich das Verdienst zuschreiben darf, Honeckers Widerstand gebrochen zu haben, steht dahin. Der Ansturm bundesdeutscher Politiker aller Parteien in den folgenden Wochen wirkte jedenfalls so, dass am 18. September 1986 die DDR-Führung durch ihr Außenministerium erklären ließ, dass ab 1. Oktober ausschließlich solche Personen die DDR im Transit nach Berlin (West) bereisen dürften, die über ein Anschlussvisum anderer Staaten verfügten.

Am 29. Oktober 1986 dankte Kanzler Helmut Kohl Erich Honecker in dem bereits zitierten Brief für die Schließung der Berliner Mauer für Asylbewerber.

In einem Urteil des Bundesverfassungsgerichts – Beschluss des 2. Senats vom 24. Oktober 1998 (2 BvR 1851/94) – nahmen die höchsten Verfassungsrichter Stellung zum Macht- und Normengefüge der DDR. Sie begründeten darin die Aufhebung eines Rückwirkungsverbots bundesdeutscher Gesetze für Straftaten hoher Politiker und Militärs der DDR. Personen wie die beiden Autoren dieses Buches und sehr viele andere sollten weiterhin juristisch verfolgt werden dürfen. Die Begründung für diese Entscheidung: »Das Grenzregime der DDR habe sich [...] in einem unerträglichen Widerspruch zum Grundgedanken der Gerechtigkeit und Menschlichkeit befunden.«

Wenn dies zutrifft – hätten dann nicht nur, wie von den Richtern in Karlsruhe unterstellt, die DDR-Politiker, sondern auch ihre damaligen Bonner Kollegen davon wissen müssen? Da diese aber beispielsweise in der Asylanten-Frage es nicht nur unterließen, das DDR-Grenzregime zu kritisieren, sondern es zur Durchsetzung eigener politischer Ziele sogar nutzten, liegt es folglich nahe zu fragen: Warum wurden nur DDR-Politiker von der Justiz zur Rechenschaft gezogen?

Soweit der keineswegs abschweifende Exkurs über die Haltung Bonns zur Mauer in den 80er Jahren.

Zurück zum Sommer 1961.

Chruschtschows Ankündigung in Wien, bis zum Ende des Jahres 1961 mit der DDR einen Friedensvertrag abschließen zu wollen und damit dem im Westen nicht anerkannten Staat die »volle Kontrolle« über die Wege nach Westberlin zu übertragen, wies nicht nur der DDR (und der übrigen Welt) die Rolle eines Objektes zu: die DDR erschien als eine von der Sowjetunion geführte Figur auf dem Schachbrett der Politik. Vor allem aber setzte sich Chruschtschow (und damit die Sowjetunion) auf diese Weise selbst unter Druck. Wenn die UdSSR und ihr erster Mann nicht ihre Autorität und ihre Glaubwürdigkeit einbüßen wollten, musste binnen sechs Monaten ein solcher Vertrag geschlossen oder eine andere Lösung gefunden werden, die den Krisenherd Westberlin befrieden könnte.

Die wiederholte Ankündigung eines Friedensvertrages mit der DDR besaß bei näherer Betrachtung allenfalls rhetorische Bedeutung; uns ist jedenfalls nicht bekannt, dass in Moskau an irgendeiner Stelle eine Institution jemals an einem solchen Papier auch nur ansatzweise gearbeitet hätte. Chruschtschows Erklärungen in dieser Richtung gehörten zu seinem Repertoire vermeintlicher politischer Alternativen. Die DDR verstand sich weder als Rechtsnachfolger des Dritten Reiches noch war sie das auch als Völkerrechtssubjekt. Dies reklamierte die Bundesrepublik erfolgreich für sich, wie wir an anderer Stelle bereits ausgeführt hatten. Selbst wenn nach unserem Selbstverständnis die DDR eine Übergangs- und Zwischenlösung darstellte, sie sich als Kern eines künftigen gesamtdeutschen (sozialistischen) Staates verstand, hätte trotzdem ein solcher Vertrag nicht die politische Lage in Zentraleuropa verändert. Da konnten die Sowjetunion und die DDR, zwei Mitgliedstaaten eines politischen und militärischen Bündnisses, noch so viele bilaterale Verträge und Vereinbarungen miteinander schließen.

Irgendwann wird man das auch in Moskau begriffen und die Sackgasse gesehen haben, in die Chruschtschow bereits gelaufen war.

Auch dieser Aspekt konterkariert die Hypothese von Ulbrichts Drängen oder gar geistiger Urheberschaft an der Mauer. Die DDR wollte die Bombe Westberlin entschärfen, aber nicht unbedingt auf jene Weise, wie es am 13. August 1961 geschah. Dass sie, nachdem die Entscheidung gefallen war, die angeordneten Maßnahmen jedoch widerspruchslos umsetzte und bis 1989 auch verteidigte, steht auf einem anderen Blatt. Im Übrigen ist das in jeder ordentlichen Organisation und Partei so: Diskutiert wird vorher, doch wenn mehrheitlich eine Entscheidung getroffen ist, dann gilt diese für alle, und die Debatte ist beendet.

Nun kommt gewiss der Einwand: Im Bündnis des Warschauer Vertrages und auf dem Gipfeltreffen in Moskau im August 1961 sei gar nicht diskutiert, sondern von der Führungsmacht angeordnet und befohlen worden. Ja, so war das. Diese Praxis gehörte zu unseren Fehlern. Als ich, Heinz Keßler, Anfang Mai 1996 in Berlin-Pankow meine Erinnerungen »Zur Sache und zur Person« vorstellte, räumte ich zu diesem Punkt selbstkritisch öffentlich ein: »So dürfen Kommunisten nicht miteinander umgehen.«[8]

In diesem Zusammenhang soll nicht unerwähnt bleiben, dass ich genau zu jenem Zeitpunkt zum Jahrestag des Sieges über den Hitlerfaschismus durch Russland geehrt werden sollte. »Die Russische Botschaft ließ Keßler schriftlich wissen, dass ihm am 8. Mai 1996 anlässlich des 50. Jahrestages des Sieges ein Orden verliehen werden würde (ein Jahr verspätet, aber immerhin)«, hieß es damals in einer Berliner Wochenzeitung.[9] Aus der in Aussicht genommenen Ehrung des Antifaschisten und ehemaligen DDR-Ministers wurde nichts. Nach der Ankündigung »fragte die Groß- und Siegermacht beim Auswärtigen Amt des Rechtsnachfolgers des besiegten Landes an, ob Bonn damit einverstanden sei, dass Russland einige Deutsche dekorierte, die als Antifaschisten mit der Roten Armee Deutschland befreit hätten. Das Auswärtige Amt strich Keßler von der Liste.«[10] Wie man sieht: Mitunter trennt den Gutsherrn vom katzbuckelnden Knecht nur ein kleiner Schritt …

Stephen Kinzer, Korrespondent der *New York Times*, suchte mich nach diesem peinlichen Eklat und dem

Erscheinen der Erinnerungen in meiner Wohnung in Berlin-Karlshorst auf und befragte mich auch zur »Berlin wall«. Sie habe einem nützlichen Zweck gedient (»served a useful purpose«), wurde ich mit meiner Meinung über die Berliner Mauer zitiert. »Es gab sie, um die beiden Blöcke deutlich zu trennen, und sie gab den Beziehungen zwischen beiden Seiten eine gewisse Stabilität. In der Zeit, als die Mauer stand, gab es Frieden. Heute haben wir kaum einen Platz in der Welt, der nicht in Flammen steht.«[11]

Chruschtschow schilderte im dritten Band seiner 1999 in Moskau erschienenen Memoiren »Epoche, Menschen, Macht« jene Zeit und wie er auf die Idee gekommen sei, eine Trennung zwischen Ost- und Westberlin vorzunehmen. Er habe von Botschafter Perwuchin eine Karte von Berlin angefordert, die ihm jedoch als zu grob und unzureichend im Detail erschien, weshalb er in Wünsdorf eine operative Karte verlangte, also ein topografisches Messtischblatt, auf der vier Zentimeter einem Kilometer in der Natur entsprechen. Damit sei er zum Urlaub in den Kaukasus gefahren, in jene Datscha, die Stalin am Ufer des Riza-Sees, 40 Kilometer oberhalb der Seebäder Gagra und Pizunda gelegen, 1947 hatte errichten lassen. Dort, in abgeschiedener Idylle in 950 Meter Höhe, habe er auf dieser Karte den Verlauf der Trennungslinie und die Punkte für die kontrollierten Übergänge markiert. Chruschtschow will dabei Außenminister Gromyko und dessen für Deutschland zuständigen Stellvertreter Semjonow konsultiert haben.

Nachdem diese drei die Details ausgearbeitet hätten, wäre der Plan der Berliner Mauer (!) dem Präsidium des Zentralkomitees der KPdSU in einer geschlossenen Sitzung unterbreitet worden. Danach habe er, Chruschtschow, die KP-Führer und die Regierungschefs der Mitgliedsstaaten des Warschauer Vertrages vom 3. bis 5. August 1961 nach Moskau eingeladen und sie »gebeten«, seinen Plan zu akzeptieren.

Der Moskauer Entwurf einer Erklärung der Regierungen der Warschauer Vertragsstaaten mit der Sperrfrist 12. August 1961 enthält, wie das vierseitige Papier im Bundesarchiv ausweist,[12] 31 handschriftliche Korrekturen und Ergänzungen von DDR-Seite. Diese sind auf den ersten Blick zumeist stilistischer Natur. Doch bekanntlich macht der Ton die Musik, insbesondere auf dem glatten Parkett der Diplomatie. Die DDR zeigte sich in ihren Korrekturen erkennbar moderater, offener und weniger polemisch und anklagend als die Moskauer Autoren der kollektiven Erklärung.

So hieß es dort ursprünglich: »Weit davon entfernt, sich um die Normalisierung der Lage in Westberlin zu bemühen, fahren die Westmächte fort, es in verstärktem Maße als Wühlzentrale gegen die DDR und die anderen Länder der sozialistischen Gemeinschaft zu missbrauchen.« Die DDR machte daraus: »Die Westmächte haben sich nicht nur nicht um die Normalisierung der Lage in Westberlin bemüht, sondern fahren fort, es verstärkt als Zentrum der Wühlarbeit gegen die DDR und andere Länder der sozialistischen Gemeinschaft zu missbrauchen.«[13]

Oder: »Die Regierungen der Warschauer-Vertrags-Staaten richten an die Volkskammer und an die Regierung der DDR, an alle Werktätigen der Deutschen Demokratischen Republik den Vorschlag, an der Westberliner Grenze eine Ordnung einzuführen, bei der Wühltätigkeit gegen die Länder des sozialistischen Lagers zuverlässig der Weg verlegt wäre und rings um das ganze Gebiet Westberlins, einschließlich seiner Grenze mit dem Demokratischen Berlin, eine verlässliche Bewachung und eine wirksame Kontrolle gewährleistet seien. Selbstverständlich dürfen diese Maßnahmen die bestehenden Bestimmungen für den Verkehr und die Kontrolle an den Kommunikationen zwischen Westberlin und Westdeutschland nicht berühren.«

Die Diktion des »Vorschlags« klang wie ein Befehl und offenbarte die Denkart und Haltung seiner Urheber. Die DDR-Führung sah dies und machte daraus: »Die Regierungen der Warschauer-Vertrags-Staaten *wenden sich* an die Volkskammer und an die Regierung der DDR, an alle Werktätigen der Deutschen Demokratischen Republik *mit dem* Vorschlag, an der Westberliner Grenze eine *solche* Ordnung einzuführen, *durch die* Wühltätigkeit gegen die Länder des sozialistischen Lagers zuverlässig der Weg verlegt und rings um das ganze Gebiet Westberlins, einschließlich seiner Grenze mit dem Demokratischen Berlin, eine verlässliche Bewachung und eine wirksame Kontrolle gewährleistet *werden*. Selbstverständlich *werden* diese Maßnahmen die *geltenden* Bestimmungen für den Verkehr und die Kontrolle an den *Verbindungswegen* zwischen Westberlin und Westdeutschland nicht berühren.«

Oder: »Verstärkte Bewachung und Kontrolle an der Westberliner Grenze müssen der jetzigen anomalen Lage ein Ende machen.«

Daraus wurde: »Der jetzigen anomalen Lage muss durch eine verstärkte Bewachung und Kontrolle an der Westberliner Grenze ein Ende gesetzt werden.«

Der sprachlich ebenfalls bearbeitete Schlusssatz lautete schließlich: »Zugleich halten es die Regierungen der Teilnehmer-Länder des Warschauer Vertrages für notwendig zu betonen, dass die Notwendigkeit dieser Maßnahmen fortfällt, sobald die Friedensregelung mit Deutschland verwirklicht ist und auf dieser Grundlage die spruchreifen Fragen gelöst sind.« Das war zwar stilistisch nicht sonderlich brillant, aber politisch richtig und sinnvoll: Damit wurde der westlichen Seite signalisiert: Auch wenn erst einmal die Grenze dicht ist, bleibt die Tür für Gespräche und Verhandlungen offen. Wir sind bereit uns zu bewegen, wenn ihr euch bewegt!

Die Grenzsicherungsmaßnahmen

Die militärischen und organisatorisch-technischen Abläufe am 13. August 1961 sind detailliert beschrieben worden, weshalb wir sie als bekannt voraussetzen. Die Maßnahmen waren aus militärischen, politischen und ökonomischen Gründen erforderlich. Wobei wir den militärischen Gründen nicht wegen unserer Profession Vorrang einräumen, sondern weil es eine Binsenweisheit ist, dass ohne Frieden keine Politik gemacht werden kann: Da sprechen nur noch die Waffen.

Insofern bestand als erste und vordringlichste Aufgabe die Sicherung des Friedens, also Verhinderung eines Krieges, der vermutlich nicht zu beherrschen und einzudämmen gewesen wäre angesichts der vorhandenen Kernwaffen auf beiden Seiten.

In der Periode des kalten Krieges konzentrierte sich das Militärpotential in Mitteleuropa. Dort war die Zahl der Soldaten größer als irgendwo auf der Welt. Der Superlativ galt auch für Waffen und Ausrüstungen. In keiner Region der Welt standen sich die Supermächte einander näher gegenüber als in den beiden deutschen Staaten.

In keiner Region der Welt hatten die Supermächte in ihren strategischen Grundsätzen das konventionelle Kräfteverhältnis mit den nuklearen Abschreckungswaffen enger verknüpft als in der Mitte Europas.

Dies bestimmte auch die militärisch exponierte Lage der DDR und der BRD im Kräfteverhältnis zwischen NATO und Warschauer Vetrag.

Nach den uns damals vorliegenden Aufklärungsangaben befanden sich auf dem Territorium der BRD 900.000 Soldaten, 190 Raketenstartrampen, 4.100 Artilleriesysteme, 7.800 Panzer und Selbstfahrlafetten sowie 1.600 Kampfflugzeuge. Diese Kräfte und Mittel wären in einer Spannungsperiode bzw. bei Kriegsbeginn bedeutend verstärkt worden.

Auf dem Territorium der DDR befanden sich in Friedenszeiten: 570.000 Soldaten, 230 Raketenstartrampen, 6.300 Artilleriesysteme, 11.300 Panzer und Selbstfahrlafetten sowie 1.050 Kampfflugzeuge.

Das Territorium der DDR mit seiner über 1.300 Kilometer langen Staatsgrenze zur BRD, d. h. zur NATO, war der wichtigste Konzentrierungsraum für die Vereinten Streitkräfte des Warschauer Vertrages in der Westlichen Strategischen Richtung.

Diese gewaltige Truppenkonzentration auf dem Territorium beider deutscher Staaten zwang auf unserer Seite zu dem Schluss, dass alles getan werden musste, um zu verhindern, dass dieses Waffenpotenzial jemals zum Einsatz käme. Die Folgen einer militärischen Auseinandersetzung wären für beide deutschen Staaten verheerend gewesen. Von der ersten Stunde an wären sie in ihrer Gesamtheit Front gewesen. Eine Unterteilung in Frontgebiet und Hinterland hätte es weder in der BRD noch in der DDR gegeben. Die modernen Präzisionswaffen und die Luftstreitkräfte hätten mit ihren Reichweiten sowohl die Oder als auch den Rhein erreicht. Die Verluste unter der Zivilbevölkerung wären immens gewesen.

Unser Schluss: 1. Ein Waffeneinsatz ist nicht auf militärische Ziele zu begrenzen, 2. Ein wirksamer Schutz der Zivilbevölkerung ist bei intensiven Kampfhandlungen so gut wie ausgeschlossen. 3. Die Zerstörung beider deutscher Staaten wäre total.

Die Verhinderung eines Krieges ist der einzige Schutz vor seinen Folgen. Deshalb wurden auch von uns die Anstrengungen zur Friedenssicherung in Europa ständig verstärkt. Unter diesem Gesichtspunkt müssen auch die Maßnahmen des 13. August wie überhaupt alle Grenzsicherungsmaßnahmen des Warschauer Vertrages gesehen werden.

Stalin hatte noch während des Korea-Krieges (25. Juni 1950 bis 27. Juli 1953) angewiesen, vom Nordmeer bis zum Schwarzen Meer ein nach sowjetischen Grundsätzen und Prinzipien ausgebautes Grenzsicherungssystem zu errichten. Diese westliche Bündnisgrenze betrachtete man als Kette, deren schwächstes Glied der Grenzabschnitt zu Westberlin war.

Sowohl aus NATO- wie aus Sicht des Warschauer Paktes galt Westberlin als »Fronstadt«. Das betraf das dort vorhandene militärische Potential (mit den deutschen Polizisten zählte man etwa 35.000 bis 40.000 bewaffnete Kräfte, die de facto inmitten des DDR-Territoriums stationiert waren) wie auch die dort tätigen Geheimdienste. In Westberlin befanden sich Mitarbeiter von rund 80 Geheimdiensten und -organisationen, die gegen den Osten arbeiteten – eben jene »Wühlarbeit« verrichteten, von dem in der Moskauer Erklärung die Rede war. Mitte der 50er Jahre hatte unsere Aufklärung an die 12.000 hauptberufliche Agenten und Spione in Westberlin identifiziert, die unbemerkt und unkontrolliert zu jeder Tages- und Nachtzeit den angeblich »Eisernen Vorhang« passieren konnten.

Die ökonomischen Gründe hingegen machten sich nicht nur an den registrierten 63.000 Grenzgängern und den rund 40.000 Gelegenheitsarbeitern fest, die jährlich einen Schaden von 2,5 Milliarden verursachten, und nicht nur an den fast drei Millionen Republikflüchtlingen. Die Folgen waren auf fast allen gesellschaftlichen Feldern in der DDR spürbar.

Und politisch war die Elle ebenfalls gelegt. Der Bundeskanzler Adenauer hatte am 13. Juni 1961 nicht zum ersten Mal apodiktisch erklärt: »Verhandlungen mit der Zone kommen für uns nicht in Frage.«

Seit dem Frühsommer führten sowohl NATO als auch Warschauer Pakt militärische Demonstrativhandlungen durch, erhöhten die Gefechtsbereitschaft der Streitkräfte und bekäftigten ihre Entschlossenheit, auch vor einer atomaren Auseinandersetzung nicht zurückzuschrecken.

Vom 23. bis zum 30. Mai lief auf östlicher Seite eine zweistufige Kommandostabsübung der Vereinten Streitkräfte. Die angenommene Ausgangslage für das von Marschall Andrej A. Gretschko befehligte Manöver hatte zum Ziel, die Abwehr einer NATO-Aggression zu trainieren.

Auf der Gegenseite versetzte am 1. August 1961 der Befehlshaber der US-Landstreitkräfte in Europa die amerikanischen Heeresverbände auf dem Kontinent in eine erhöhte Bereitschaftsstufe. Bundesverteidigungsminister Franz Josef Strauß entwickelte ein Sofortprogramm für die Herstellung der Kriegsbereitschaft der Bundeswehr. Es sah unter anderem die volle Auffüllung der grenznahen Verbände und die Erhöhung der Einsatzbereitschaft der Alarmeinheiten mit Kernwaffenträgern vor.

Zwei Wochen zuvor hatte Strauß in Washington ein langes Gespräch mit seinem US-Kollegen McNamara. Der wollte von Strauß erfahren, wie dieser die sowjetischen Intentionen und Absichten interpretierte. Dabei, so verraten die Quellen, zeigte Strauß sowohl Realitätssinn als auch Anflüge von Größenwahn. Man müsse die Kriegsfurcht hinter dem »Eisernen Vorhang« schüren und bereit sein, bis an den Rand des Krieges zu gehen. »Wir müssen bereit sein zu pokern. Wenn wir das Risiko nicht auf uns nehmen und nicht pokern wollen, dann haben wir das Spiel schon im Voraus verloren.«[14]

Mit Verlaub, hier ging es um Millionen Menschenleben, um Krieg und Frieden und nicht um ein »Spiel«!

Falls die militärische Drohkulisse nicht ausreiche und keine politische Lösung für Berlin erreicht werde, so Strauß leichtfertig gegenüber McNamara weiter, müsse man eben den Atomkrieg bis hin zum totalen Krieg führen. »Man muss lebenswichtige Ziele in der Sowjetunion bombardieren; und man muss dies jetzt auch öffentlich sagen«.[15]

McNamara, der offenkundig ein wenig besonnener war als der Bayer, warf daraufhin ein, dass die Luftwaffe auch mit konventionellen Bomben Wirkung erzielen könnte, worauf Strauß auf Nachfrage von McNamaras Stellvertreter Paul Nitze (einem eingefleischten Antikommunisten und Hardliner, der unter Präsident Reagan in den 80er Jahren dessen Sonderberater für Rüstungskontrolle, also maßgeblich am Totrüstungsprogramm der Sowjetunion beteiligt war) antwortete, dass Bodentruppen wie Luftwaffe »von Anfang an« Atomwaffen einsetzen müssten. Anderenfalls geriete man in eine »hoffnungslose Situation«.

Ulbricht hatte völlig recht, als er als Leiter der DDR-Delegation in Moskau, wo er beim Gipfeltreffen vom 3. bis 5. August das Hauptreferat hielt, die Kriegsfrage in den Vordergrund stellte. Es gehe um außerordentlich große Dinge, »um die Sicherung des Friedens, um die Bändigung des deutschen Imperialismus, bevor er in seinem Drang nach Revanche die Welt in einen Atomkrieg stürzt«.

Chruschtschow reagierte darauf mit dem Satz: »Also lassen Sie uns vom Schlimmsten ausgehen.«[16] Gegenwärtig führten sowjetische Militärs »in Abstimmung mit der DDR« einige Maßnahmen durch, sagte Chruschtschow weiter. »Wir denken daran, Panzer entlang der ganzen Grenze zur Verteidigung aufzustellen. Man muss überall ganz dicht machen, weil der Gegner möglicherweise schwache Stellen sucht. Es ist notwendig, auch andere Mittel zur Verstärkung vorzubereiten.« Das müssten auch die anderen Länder des Warschauer Vertrages tun.

Zwei Tage nach dieser Tagung hielt Chruschtschow eine Rede, die vom Rundfunk und im Fernsehen übertragen wurde. »Durch den Willen der Westmächte ist im Zentrum Europas mehr Zündstoff angehäuft als in einem beliebigen anderen Raum der Welt. Von dort aus droht wieder die Flamme eines Weltkrieges hochzuschlagen«, erklärte er und machte deutlich, dass ein solcher Konflikt nicht auf Deutschland beschränkt bleiben würde. »Es ist verständlich, dass ein dritter Weltkrieg, wenn er ausbrechen sollte, nicht auf ein Duell ausschließlich zwischen den zwei Großmächten, der Sowjetunion und den USA, beschränkt bliebe.«

Damit reagierte Chruschtschow auch auf die Zusammenkunft der Außenminister der drei Westmächte und der Bundesrepublik, die sich in Paris vom 5. bis 7. August getroffen hatten. Dort war entschieden worden, die NATO-Divisionen nunmehr auf volle Kriegsstärke zu bringen, die britische Rheinarmee um 5.000 Mann zu verstärken und eine französische Division von Algerien in die BRD zu verlegen.

Am 8. August erklärte US-Außenminister Dean Rusk die Bereitschaft der Vereinigten Staaten, sechs weitere Divisionen nach Europa zu verlegen. Das nahm er zum Anlass, die westeuropäischen NATO-Partner darauf zu drängen, endlich die geforderten 30 Divisionen zu formieren, aktuell hatte man dort lediglich $22^{1}/_{3}$ unter Waffen.

Am Vortag hatte das Politbüro des ZK der SED getagt. Dort informierte Ulbricht über die Moskauer Beratung und die vorgesehenen Maßnahmen, die in der Nacht vom 12. auf den 13. August anlaufen sollten. Dazu würde ein entsprechender Beschluss des Ministerrats gefasst werden, kündigte er an.

Bereits am 25. Juli hatte es in Strausberg eine Besprechung zwischen dem Chef des Stabes der GSSD, Generalleutnant Grigori Ariko, und dem Chef des Hauptstabes der NVA, Generalmajor Sigfried Riedel, gegeben. Die beiden Generale legten dort fest, dass a) unter Federführung der GSSD mit dem MdI ein Plan zur Sicherung der Berliner Sektorengrenzen unter Ausschluss von Truppen der Sowjetarmee und der NVA erarbeitet werden würde. Kräfte der GSSD und der NVA sollten Sicherungsaufgaben außerhalb Berlins wahrnehmen, sofern die Kräfte des MdI dafür nicht ausreichen sollten. Die für diesen Einsatz vorgesehene 1. Mot.-Schützen-Division der NVA sollte dabei in die 20. Armee der GSSD eingebunden werden.

Ariko und Riedel vereinbarten b) die Ausarbeitung eines zweiten Planes zur Sicherung der Staatsgrenze West. Auch dabei sollte die Federführung bei der GSSD liegen. Die 8. MSD sollte im Bestand der 3. Armee der GSSD eingesetzt werden. Ferner war gemäß Planung vorgesehen, dass die 4. MSD, die 11. MSD und die 7. Panzerdivision der NVA in der 8. Armee der GSSD handeln würden. Die 9. Panzerdivision sollte als Reserve beim Ministerium für Nationale Verteidigung verbleiben. Die eingeteilten Verbände der sowjetischen Streitkräfte und der NVA sollten entlang der Staatsgrenze disloziert werden.

Der Historiker Matthias Uhl hat mit seiner 2003 gegebenen Einschätzung recht, »dass die UdSSR und insbesondere die sowjetischen Streitkräfte eine größere Rolle beim Bau der Mauer am 13. August 1961 spielten, als bisher angenommen wurde«.[17]

Die einzelnen Schritte und Maßnahmen lassen sich nachlesen im von Klaus-Dieter Baumgarten und Peter Freitag 2004 herausgegeben Sammelband »Die Grenzen der DDR. Geschichte, Fakten, Hintergründe«, sie müssen an dieser Stelle nicht wiederholt werden.

Die Reaktionen der Westseite auf die Maßnahmen am 13. August 1961 fielen unterschiedlich aus, wobei diese gewiss vom Grad der Überraschung wie auch vom staatsmännischen Format abhingen. US-Präsident John F. Kennedy, offensichtlich nicht unvorbereitet, erklärte lapidar, ohne seinen Urlaub zu unterbrechen: »Keine sehr schöne Lösung, aber tausendmal besser als Krieg.« Der englische Premier Harold MacMillan sagte: »Daran ist an sich nichts Gesetzwidriges.« Und Frankreichs Präsident Charles de Gaulle reagierte auf seinem Landsitz nicht minder gelassen. Offensichtlich fiel den Staatschefs der drei Westmächte ein Stein vom Herzen. Ihnen war eine Entscheidung, nämlich die über Krieg und Frieden, abgenommen worden. Und sie war in aller Sinne positiv: Die Interessen in Berlin waren nicht angetastet, die brennende Lunte am Pulverfass Berlin ausgetreten worden, und Moskau hatte sein Gesicht gewahrt. Die Frage eines Friedensvertrages mit der DDR mit all seinen Weiterungen war vorerst vom Tisch.

Auf der Tagung der Verteidigungsminister des Warschauer Vertrages, die am 8. und 9. September 1961 in Warschau stattfand, stellte der Oberkommandierende des Warschauer Vertrages, Marschall der Sowjetunion Gretschko, fest, dass die NATO-Staaten ihre Kriegsvorbereitungen verstärken, das Wettrüsten forcieren, die zahlenmäßige Stärke ihrer Streitkräfte erhöhen und mit der Entfesselung eines Krieges drohen.

Bei dieser Tagung nahm Verteidigungsminister Hoffmann auch Stellung zu den Maßnahmen am 13. August. Der Vorschlag der Regierungen der Warschauer Vertragsstaaten an die Volkskammer, die Regierung und alle Werktätigen der Deutschen Demokratischen Republik, an der Westberliner Grenze zuverlässige Schutzmaßnahmen gegen die Wühltätigkeit der NATO-Staaten einzuleiten, sei erfolgreich und konsequent verwirklicht worden, heißt es in der als Geheime Kommandosache deklarierten Rede, die sich in unserem Besitz befindet. »Mit der Bevölkerung der Deutschen Demokratischen Republik und unserer Hauptstadt eng verbunden, haben die Angehörigen verschiedener Truppenteile der Nationalen Volksarmee gemeinsam mit den anderen bewaffneten Organen unseres Staates am 13. August 1961 und in den Wochen danach diese große nationale und internationale Aufgabe in beispielhafter Einsatzbereitschaft erfüllt.

Die Angehörigen der Nationalen Volksarmee sowie die Werktätigen unserer Republik waren sich in der Vorbereitung und Durchführung der Maßnahmen vom 13.

August immer der brüderlichen Unterstützung durch die Gruppe der Sowjetischen Streitkräfte in Deutschland bewusst.

Seit dem 13. August 1961 wurde an den Grenzen der Deutschen Demokratischen Republik, einschließlich der Grenze zu Westberlin eine solche Ordnung und Kontrolle eingeführt, wie sie an den Grenzen jedes souveränen Staates üblich ist.

Mit unserer Maßnahme ist die Deutschlandfrage aus dem Nebel der westlichen Propaganda des Kalten Krieges herausgekommen.

Das Wesen und die Ziele des deutschen Imperialismus sind für alle Welt deutlich geworden. Es wurde offensichtlich, dass sich nicht die Deutsche Demokratische Republik, wie von den Bonner Machthabern behauptet, sondern die Revanchepolitik der westdeutschen Ultras in eine unheilbare Krise geraten ist.

Die Arbeiter und alle Werktätigen der Deutschen Demokratischen Republik atmeten nach dem 13. August 1961 erleichtert auf, weil dem Treiben der Bonner Menschenhändler und Revanchepolitiker ein schnelles Ende bereitet wurde. Jetzt ist die Atmosphäre gereinigt und die Perspektive klar.

Der 13. August 1961 führte zur höheren Aktivität der fortschrittlichen Menschen, brachte eine stabile Lage in den Kreisen Schwankender und eine zunehmende Isolierung reaktionärer Elemente. Unsere Gegner müssen selbst zu geben, dass sie am 13. August eine schwere Niederlage erlitten haben.

Die Vorbereitung und Durchführung der Maßnahmen wurde so geplant und organisiert, dass der Gegner vollkommen überrascht wurde.

Der Einsatz um Westberlin war durch Begeisterung und Kampfgeist, hohe politische Reife und vorbildliche Disziplin gekennzeichnet. Die enge Waffenbrüderschaft mit den Verbänden und Truppenteilen der Sowjetarmee hat sich bewährt und im Verlaufe der Aktion weiter gefestigt. Mit der zuverlässigen Verwirklichung der militärischen Sicherungsmaßnahmen hat die Nationale Volksarmee eine hohe Bewährungsprobe zur militärischen Sicherung des Abschlusses des Friedensvertrages bestanden.

Sie hat bewiesen, dass sie jederzeit bereit ist, den Sozialismus mit der Waffe in der Hand gegen die westdeutschen Ultras und ihre Söldner zuverlässig und bis zum Äußersten zu verteidigen.

Bei allen Erfolgen, die erreicht wurden, müssen wir jedoch berücksichtigen, dass unser Schlag am 13. August 1961 nur ein erster und wohl auch der leichtere Schritt zur Bändigung der Militaristen in Westdeutschland und Westberlin war. Was jetzt kommt, wird schwieriger.

Die Machthaber Westdeutschlands und der USA drängen zum Krieg, sie tun alles, um die gegenwärtige Situation zuzuspitzen. Sie verschärfen das Wettrüsten und treiben die Spannungen bis zur Weißglut. In Westdeutschland hat man begonnen, 20.000 Reservisten einzuberufen. Innerhalb von drei Monaten soll die Kriegsstärke der Bundeswehr-Divisionen erreicht werden. Die NATO will ihre Truppen um nahezu 100.000 Mann in Europa verstärken. General Norstadt ließ verlauten, dass noch im September 1961 umfangreiche Manöver der Land-, See- und Luftstreitkräfte des NATO-Abschnittes Europa stattfinden.

Die gegenwärtige Entwicklung bestätigt erneut die Einschätzung des Genossen Nikita Sergejewitsch Chruschtschow, der er in einer Fernsehrede Ausdruck gegeben hat. ›Man muss, Genossen, offen sagen, dass die Westmächte die Welt jetzt an einen gefährlichen Punkt treiben und die Entstehung der Gefahr eines militärischen Überfalls der Imperialisten auf die sozialistischen Staaten nicht ausgeschlossen ist.‹

Vor uns stehen komplizierte Aufgaben, die höchste Kraftanstrengungen notwendig machen. In einer solchen

Situation wäre es für uns unverantwortlich, die notwendigen Verteidigungsaufgaben hintanzusetzen.

Die sozialistischen Staaten würden ihrer hohen Verpflichtung vor der Sache des Sozialismus und Kommunismus nicht gerecht werden, ließen sie die zum Atomkrieg drängenden Kräfte weiter gewähren.

Deshalb muss man jetzt, wie es in der jüngsten Erklärung der Sowjetregierung heißt, ›dem Aggressor die Lust nehmen, ein verbrecherisches Spiel mit dem Feuer zu treiben‹.«

Soweit die Lageeinschätzung des DDR-Verteidigungsministers Armeegeneral Hoffmann vor seinen Amtskollegen des Warschauer Vertrages Anfang September 1961.

Die Karten wurden nunmehr, nachdem die Fronten klar geschieden waren, neu gemischt.

Nur unmittelbar hinter der Grenze gab es Geschrei.

9.15 Uhr an jenem 13. August kam der Westberliner Senat zu einer Sondersitzung zusammen. Im Sitzungs-Kommuniqué, das nicht politisch, sondern agitatorisch, ideologiegetränkt und hasserfüllt war, hieß es: »Der Senat von Berlin erhebt vor aller Welt Anklage gegen die widerrechtlichen und unmenschlichen Maßnahmen der Spalter Deutschlands, der Bedrücker Ost-Berlins und der Bedroher West-Berlins. Die Abriegelung der Zone und des Sowjetsektors von West-Berlin bedeutet, dass mitten durch Berlin die Sperrwand eines Konzentrationslagers gezogen wird. Senat und Bevölkerung von Berlin erwarten, dass die Westmächte energische Schritte bei der sowjetischen Regierung unternehmen werden.«

Bundeskanzler Konrad Adenauer erklärte sich – nach einer Beratung mit Staatssekretär Hans Globke und dem CDU-Fraktionschef Heinrich Krone – erst am späten Nachmittag: »Im Verein mit unseren Alliierten werden die erforderlichen Gegenmaßnahmen getroffen. Die Bundesregierung bittet alle Deutschen, auf diese Maßnahmen zu vertrauen. Es ist das Gebot der Stunde, in Festigkeit, aber auch in Ruhe der Herausforderung des Ostens zu begegnen und nichts zu unternehmen, was die Lage nur erschweren, aber nicht verbessern kann.«

US-Außenminister Dean Rusk konstatierte in Abstimmung mit Präsident Kennedy am Abend: »Vorliegende Berichte deuten darauf hin, dass sich die bisher getroffenen Maßnahmen gegen die Bewohner Ostberlins und Ostdeutschlands und nicht gegen die Position der Alliierten in Westberlin oder den Zugang nach Westberlin richten.«

Am nächsten Tag schob das politische Washington angemessene und vernünftige Erklärungen nach. Kennedys Nationaler Sicherheitsberater McGeorge Bundy stellte fest, dass diese »Grenzschließungs-Episode« früher oder später kommen musste. Er riet dem Präsidenten, jetzt erst recht und möglichst schnell – innerhalb einer Woche oder von zehn Tagen – eine klare Initiative für Verhandlungen mit der Sowjetunion zu ergreifen.

Für Bundys Mitarbeiter Walt Rostow erforderte die Grenzsperrung zwar einen Protest, rechtfertigte aber weder militärische Vergeltung noch den Abbruch der Handelsbeziehungen, die einige Falken forderten.

Diese klare Haltung irritierte offensichtlich die Vertreter des NATO-Rates, die in Paris zu einer Sondersitzung zusammenkamen. Gebhard von Walter, ständiger Vertreter der BRD bei der NATO, erinnerte sich später enttäuscht: »Es kam zu keinem Entschluss. Die Mitglieder des NATO-Rates reagierten relativ zurückhaltend und eigentlich nicht sehr vertrauenserweckend.«[18] Zwei Tage später traf man sich wieder. Dort teilte der Alliierte Oberbefehlshaber, General Lauris Norstad, mit, er habe Kennedy vorgeschlagen, mit gepanzerten Fahrzeugen an die Mauer heranzufahren, aber auf westlichem Gebiet zu bleiben, von dort Morgensterne über die Mauer zu werfen und mit diesen die Mauer einzureißen. Daraufhin hätte ihm Präsident Kennedy Weisung erteilt, sich »jeder Aktivität« zu enthalten.

Die für den 16. August anberaumte NATO-Ratssitzung fiel aus. Ein Sprecher lieferte die Erklärung: »Berlin gehört nicht zum Bereich der NATO.« Es stünde interessierten Mitgliedsländern frei, Anträge zu stellen, aber solche lägen weder von den drei Westmächten noch der Bundesrepublik vor. Der NATO-Rat selbst wolle und werde in der Berlin-Frage keine Initiative ergreifen.

Anmerkungen

1 SAPMO-BArch DY 30/J IV 2/10.04/31, faksimiliert in: Jürgen Nitz, Unterhändler zwischen Berlin und Bonn. Zur Geschichte der deutsch-deutschen Geheimdiplomatie in den 80er Jahren, edition ost, Berlin 2001
2 Jürgen Nitz, Unterhändler zwischen Berlin und Bonn, Berlin 2001
3 SAPMO-BArch DY 30/IV 2/12035/87, faksimiliert in: Jürgen Nitz, Unterhändler …, a. a. O., S. 264ff.
4 Faksimile der neunseitigen Aktennotiz von Schalck und Anschreiben an Mittag mit Parafe Honeckers in: Jürgen Nitz, Unterhändler …, a. a. O., S. 254ff.
5 Protokoll des Gespräches Schäubles mit Honecker in: Jürgen Nitz, Unterhändler …, Faksimile, S. 267ff.)
6 Faksimile des Gesprächsprotokolls vom 5. September 1986 in: Jürgen Nitz, Unterhändler …, a. a. O., S. 274ff.
7 Ebenda
8 *Berliner Linke Wochenzeitung* 19/1996, S. 11
9 Carmen Schwitter, Vom Umgang mit der Vergangenheit, in: *Berliner Linke Wochenzeitung* 19/1996
10 Ebenda
11 Stephen Kinzer, A Relic Who's Red and Unrepentant (Ein Relikt, das rot ist und nichts bereut), in: *The New York Times International*, 20. Juli 1996
12 SAPMO-BArch DY 30/3386
13 Ebenda
14 Rolf Steininger, Der Mauerbau. Die Westmächte und Adenauer in der Berlinkrise 1958-1963. Olzog, München 2001, S. 220
15 Ebenda
16 Zitiert nach Joachim Schunke, 13. August 1961 – die Sicherung der Staatsgrenze, in: Die Grenzen der DDR. Geschichten, Fakten, Hintergründe, herausgegeben von Klaus-Dieter Baumgarten und Peter Freitag, edition ost, Berlin 2004, S. 167

17 Matthias Uhl, Westberlin stellt also ein großes Loch inmitten unserer Republik dar. Die militärischen und politischen Planungen Moskaus und Ost-Berlins zum Mauerbau, in: Vor dem Mauerbau, herausgegeben von Dierk Hoffmann, Michael Schwartz und Hermann Wentker, Oldenbourg Wissenschaftsverlag, München 2003
18 *www.chronik-der-mauer.de/index.php/de/Chronical/Detail/day/14/month/August/year/1961*

Heinz Keßler und Fritz Streletz auf dem traditionellen Grenzertreffen, 30. Oktober 2010

Während der Gedenkfeier anlässlich des 50. Jahrestages der Verleihung des Namens »Volksmarine« an die Seestreitkräfte der DDR, 7. November 2010
Von links nach rechts: Generaloberst a. D. Horst Stechbarth, Generaloberst a. D. Fritz Streletz, Armeegeneral a. D. Heinz Keßler und seine Frau Ruth Keßler
Unten: Ehrendes Gedenken am 100. Geburtstag von Armeegeneral Heinz Hoffmann in Berlin-Friedrichsfelde am 28. November 2010. Vorn Horst Stechbarth, dahinter Fritz Streletz

Die Maßnahmen und die Folgen

Bereits am 13. August 1961 begannen sich die Geister in beiden Lagern zu scheiden. Die Scharfmacher und antikommunistischen Ideologen formulierten die Propaganda-Muster, die seither benutzt werden.

Natürlich machte diese konzertierte Aktion des Warschauer Vertrages aus den Gegnern des Sozialismus keine Freunde. Der Antikommunismus beherrschte nach wie vor ihr Denken, die Absicht, die Sowjetunion und ihre Verbündeten zu liquidieren, war damit nicht erloschen. Aber die kühlen Köpfe unter den kalten Kriegern, denen bewusst war, das ein Atomkrieg ihnen möglicherweise die Basis der eigenen Existenz vernichtete, waren froh darüber, dass die akute Gefahr der Selbstvernichtung zunächst abgewendet worden war. Nicht durch eigenes Zutun, sondern durch eine vernünftige, logisch zwingende Maßnahme der Gegenseite. Man konnte also weiter Profite machen. Dafür war die neue Lage ganz nützlich – die Sowjets hatten zu verstehen gegeben, dass sie bereit waren, die Interessen des Westens zu respektieren, sofern der Westen dies auch mit den sowjetischen Interessen tat. Das war eine vernünftige Basis für eine friedliche Koexistenz.

Pflichtschuldig protestierten die drei Stadtkommandanten am 15. August bei ihrem sowjetischen Kollegen, Oberst A. J. Solowjow, in Berlin-Karlshorst, wurden aber nicht einmal selbst vorstellig. Ihre Verbindungsoffiziere übergaben drei gleichlautende Schreiben, in denen die »illegalen« Absperrmaßnahmen moniert wurden – die Aufforderung jedoch, diese aufzuheben und die Sperren zu entfernen, sucht man in den Schreiben vergeblich. Natürlich nicht. Ihre Chefs hatten diese ja akzeptiert.

Am 17. August geschah das gleiche in Moskau: Übergabe der Protestnoten der drei Westmächte, aber auch diese enthielten keine Aufforderung zur Rücknahme der Maßnahmen.

Selbst in Bonn hielt man die Füße still, nachdem Adenauer die Zeichen aus Washington, London und Paris verstanden hatte. Die Sondersitzung des Kabinetts am 15. August gab die Parole aus: »Ruhe bewahren«. Aber nicht etwa aus Einsicht, sondern weil man sich überrascht gab. Kanzleramtsberater Horst Osterheld im Anschluss vor der Presse: »Der Kanzler hatte von Gegenmaßnahmen gesprochen. Und alle Welt rechnete damit. Aber zwischen den drei Westmächten, der Bundesregierung und Berlin war für den Fall der gewaltsamen Absperrung Ost-Berlins von West-Berlin keine Gegenmaßnahme vorbereitet, und zwar einfach deshalb nicht, weil man mit einem solchen Fall nicht gerechnet hatte.«[1]

Anderentags empfing Adenauer den sowjetischen Botschafter Smirnow. In dem offiziellen Kommuniqué versicherte der Bundeskanzler der BRD zur Überraschung aller, »dass die Bundesregierung keine Schritte unternimmt, welche die Beziehungen zwischen der Bundesrepublik und der UdSSR erschweren und die internationale Lage verschlechtern«.

Abweichend davon wandte sich Adenauer mit der Forderung an Kennedy, endlich Maßnahmen zu ergreifen, Verhandlungen mit der Sowjetunion könne er wenig abgewinnen. Am 5. September ließ ihn Kennedy schriftlich wissen: »Da wir unserer selbst sicher und in unserer Entschlossenheit fest sind, teile ich nicht die Auffassung, dass wir Verhandlungen ablehnen sollten, weil dies als Zeichen unserer Schwäche ausgelegt werden könnte.«

Auf einer Informationskonferenz in Washington erläuterten hohe Beamte vor US-Journalisten – ausländische

Korrespondenten waren von der Zusammenkunft ausgeschlossen – die Haltung der Kennedy-Administration zu den Maßnahmen in Berlin. Sie gaben zugleich drei Grundregeln für die künftige Verhandlungsposition der USA bekannt:

»1. Die Schließung des Fluchtweges durch die sowjetzonalen Behörden ist kein Anlass zum Krieg. Es gibt verschiedene Länder, so die Sowjetunion, die seit langem Auswanderung blockierten, ohne dass dies bisher ein Kriegsgrund gewesen sei.

2. Der mögliche Abschluss eines Separatfriedens zwischen der Sowjetunion und der Zone ist gleichfalls keine Kriegsgrund, solange dadurch der freie Zugang nach Westberlin nicht bedroht und die Freiheit der Westberliner nicht gefährdet werden.

3. Die Vereinigten Staaten werden sich auf keinen Fall an der Legalisierung der Teilung Deutschlands beteiligen.«[2]

Wirtschaftliche Gegenmaßnahmen, hieß es weiter, würden als wirksamste Form der Vergeltung betrachtet, aber zum jetzigen Zeitpunkt als verfrüht angesehen. Deshalb werde man der Bonner Regierung nicht erlauben, einseitige Maßnahmen zu ergreifen (»But the Bonn government will not be permitted to take unilateral action«).

Der britische Premierminister Harold Macmillan, der unbekümmert seinen Urlaub in Schottland fortsetzte, hielt nichts von Gegenmaßnahmen im Allgemeinen und ironisierte im Besonderen die eigene militärische Maßnahme in einem Eintrag in sein Tagebuch am 19. August: »Kennedy hat mir eine Botschaft über die Frage der Entsendung zusätzlicher Truppen nach Berlin geschickt. Militärisch gesehen ist das Unsinn. Aber ich habe mich bereit erklärt, ein paar gepanzerte Fahrzeuge usw. als Geste zu entsenden.«

Die weniger pragmatischen, weniger realistischeren Politiker, Militärs und Ideologen auf der westlichen Seite hingegen bliesen verstärkt ins antikommunistische Jagdhorn. Und manche offenbarten auch, dass sie von Politik und deren Mechanismus überhaupt nichts verstanden. Sie nahmen den Schein als Sein, sahen die Fassade und meinten das Bauwerk zu kennen.

In einem Offenen Brief forderte am 14. August der BRD-Schriftsteller Günter Grass die Vorsitzende des DDR-Schriftstellerverbandes, Anna Seghers, poetisch wie lautstark auf, ihre Stimme zu erheben und »gegen die Panzer, gegen den gleichen, immer wieder in Deutschland hergestellten Stacheldraht anzureden, der einst den Konzentrationslagern Stacheldrahtsicherheit gab«.

Der Regierende Bürgermeister Berlins, Willy Brandt, sprach vor etwa 300.000 Westberliner vorm Schöneberger Rathaus, aber wandte sich »an alle Funktionäre des Zonenregimes, an alle Offiziere und Mannschaften: Lasst euch nicht zu Lumpen machen! Zeigt menschliches Verhalten, wo immer es möglich ist, und vor allem, schießt nicht auf eure eigenen Landsleute!«

Und die *Bild* erschien mit der Schlagzeile: »Der Osten handelt – was tut der Westen? Der Westen tut nichts! US-Präsident Kennedy schweigt, Macmillan geht auf die Jagd – und Adenauer schimpft auf Brandt.«

Der DGB rief die Westberliner auf, die unter DDR-Hoheit fahrende S-Bahn zu boykottieren. Innerhalb einer Woche sanken die Fahrgastzahlen um 80 Prozent. An S-Bahnhöfen zogen Provokateure mit Protestplakaten auf: »Keinen Pfennig mehr für Ulbricht! Schluss mit der Ostkontrolle unserer S-Bahn! Der S-Bahn-Fahrer zahlt den Stacheldraht!«

Und Grass legte noch einmal nach. Mit Schriftstellerkollegen Wolfgang Schnurre richtete er einen weiteren Offenen Brief an die Mitglieder des Schriftstellerverbandes der DDR. »Stacheldraht, Maschinenpistole und Panzer« seien nicht die Mittel, den Bürgern die Zustände in der DDR erträglich zu machen, hieß es darin. Sie forderten ihre ostdeutschen Schriftstellerkolleginnen und -kollegen auf, ihren Offenen Brief offen zu beantworten, »indem Sie entweder die Maßnahmen Ihrer Regierung gutheißen oder den Rechtsbruch verurteilen«. Wer schweigt, werde schuldig, hieß es abschließend.[3]

Die Mehrheit der DDR-Schriftsteller ließ sich auf diese Weise weder nötigen noch zu einer Erklärung zwingen, die die Realität ausblendete, nämlich zu ignorieren, was von Washington über London und Paris bis Bonn befriedigt quittiert wurde: dass die unmittelbare Kriegsgefahr erst einmal gebannt war. Und sie taten das, wozu sie Grass aufgerufen hatte: die Maßnahmen gutzuheißen.

Stephan Hermlin: »Das Unrecht vom 13. August? Von welchem Unrecht sprechen Sie?« Zwar habe er kein Danktelegramm an die SED-Führung geschickt, so Hermlin, gebe aber »den Maßnahmen der Regierung der Deutschen Demokratischen Republik meine uneingeschränkte ernste Zustimmung«.[4]

Der Bildhauer Fritz Cremer reagierte auf einer außerordentlichen Plenartagung der Akademie der Künste. »Schon wieder höre ich demokratisch getarntes faschistisches Geschrei jenseits des Brandenburger Tores. Ich habe es gehört durch die Mauern meines Ateliers am 17. Juni 1953, und ich hörte es zur Zeit der ungarischen Konterrevolution«, ließ er am 27. August Grass und Schnurre und die ganze Welt wissen. »Wer nicht hören will, muss fühlen. Stacheldraht kann beseitigt werden. Nur böswillige Dummköpfe und demoralisierte Egoisten können eine Verewigung dieses Zustandes wünschen. Aber tausendmal lieber Stacheldraht um ein friedliches Land, als dieses kriegsverwüstet, atomverpestet und menschenleer.

Und wenn man allein durch ihn die alten und neuen Verderber Deutschlands, die Lumpen aller Schattierungen und jeden Kalibers in Schach halten kann, so bin ich dafür, die Maßnahmen zu ergreifen, die uns in Verantwortung vor unserem Volke aufgezwungen wurden.«

John Heartfield äußerte sich im gleichen Sinne in der FDGB-Zeitung *Tribüne* am 29. August. Die Schließung der Grenze sei ein notwendiger Schritt zur Sicherung des Friedens gewesen. Der international bekannte und geachtete Künstler sprach Ulbricht Dank aus »für die Sicherungsmaßnahmen, die zum Schutze des ersten deutschen Arbeiter-und-Bauern-Staates veranlasst wurden«.

In einem Brief an den Staatsratsvorsitzenden, der im *Neuen Deutschland* veröffentlich wurde, bezeichneten die Historiker Ernst Engelberg, Jürgen Kuczynski und Heinrich Scheel dern Mauerbau als »unumgänglich«.

Andere Schriftsteller und Künstler waren vor Ort, wie die VP-Inspektion Berlin-Mitte in einem Auswertungsbericht am 12. September informierte. »Außerordentliche Bereitschaft bewies Mathilde Dannegger (*eine österreichische Schauspielerin, die seit 1947 in Berlin lebte – d. Verf.*), die mehrmals in den Objekten rezitierte, ebenso Ludwig Turek, Karl Mundstock, Hans-Peter Minetti, Bruno Apitz, Stephan Hermlin, Bodo Uhse, Wolfgang Neuhaus u. a. besuchten Kampfgruppen-Einheiten am Brandenburger Tor, Potsdamer Platz, in der Köpenicker Straße und Brunnenstraße.«

In einer Rundfunk- und Fernsehansprache stellte Walter Ulbricht die rhetorische Frage, ob es denn unbedingt notwendig gewesen sei, »mit Panzern und Geschützen aufzufahren. Ich möchte es ganz unmissverständlich sagen: Jawohl, das war notwendig!« Und nicht ganz frei von Ironie fügte er an: »Es ist bei der Durchführung all unserer Maßnahmen weit, weit weniger passiert als bei einer durchschnittlichen Rock'n'Roll-Veranstaltung im Westberliner Sportpalast.

Für manche Leute war es sicherlich auch recht nützlich, zur Kenntnis zu nehmen, dass die deutsche Arbeiterklasse heute nicht mehr wehrlos ist, sondern über Panzer und Geschütze und alles, was zur Verteidigung notwendig ist, verfügt.«[5]

Ein wichtiges Element der propagandistischen Angriffe auf die Grenzsicherungsmaßnahmen war die dadurch erfolgte Trennung der Familien. Das besaß einen hohen emotionalen Wert, und in dieses Horn wurde kräftig gestoßen. Wo Tränen fließen, ist naturgemäß der Blick getrübt.

Aber auch ohne diese Begleitmusik, ohne die rührseligen Familiedramen und das menschliche Leid, welches täglich in Zeitungen, im Rundfunk und im Fernsehen Westberlins kolportiert wurde, war sich die DDR-Führung dieses Problems bewusst. Auf der Politbürositzung am 22. August, die morgens 10 Uhr begann und erst 20.35 Uhr endete, wurde auch dieses Thema unter Tagesordnungspunkt 4 erörtert. »Es wird vorgeschlagen, dass sich der Oberbürgermeister der Hauptstadt der DDR an den Senat von Westberlin mit dem Ersuchen wendet, die Genehmigung zur Einrichtung zweier Zweigstellen des Deutschen Reisebüros in Westberlin zu erteilen, um Besuche Westberliner Bürger in der Hauptstadt der DDR zu ermöglichen.

Im Falle der Ablehnung durch den Westberliner Senat kann entweder ein schriftlicher Antrag direkt an das Polizeipräsidium der Hauptstadt der DDR gerichtet werden oder an zwei Zweigstellen des Deutschen Reisebüros im Bahnhof Zoo und in einem zweiten Bahnhofsgebäude.«[6]

Oberbürgermeister Friedrich Ebert schrieb noch am nächsten Tag einen solchen Brief. Das Schreiben blieb unbeantwortet. Stattdessen erklärte der Regierende Bürgermeister Willy Brandt, dass der Senat keine Einrichtung dulden werde, die Anordnungen von DDR-Behörden ausführe.

Am 25. August erließ auf die Alliierte Kommandatur auf Druck des Senats einen Befehl, der in Westberlin Einrichtung und Betrieb von Büros zur Ausgabe von Aufenthaltsgenehmigungen für Westberliner in Ostberlin verbot. »Dieser Entschluss solche Dienststellen nicht zuzulassen, gleichgültig, ob sie auf dem Gebiet der S-Bahn oder in gesondert dafür geschaffenen, als Reisebüros getarnten Lokalen eingerichtet werden, dieser Entschluss ist uns nicht leichtgefallen«, erklärte Brandt dazu in Rundfunk und Fernsehen. Man wisse, dass diese Entscheidung »vielen West-Berlinern den Besuch ihrer Bekannten und Verwandten im Ostsektor unmöglich« mache.

In der Tat: Erst Ende 1963 sollte es das erste Passierscheinabkommen geben und den Westberlinern von ihrer politischen Führung erlaubt werden, den Ostteil der Stadt zu betreten und Verwandte und Freunde nach über zwei Jahren Trennung wiederzusehn. Demagogisch wurde jedoch bis dahin (und eigentlich bis heute) behauptet, dass daran ausschließlich die DDR Schuld trüge.

Am gleichen Tage, also am 25. August 1961, begannen Westberliner Polizeibeamte in Zivil an den Sektorenübergängen mit der Kontrolle aller Personen, die aus dem Ostsektor kamen. Ziel sei es, »unerwünschten Personen, insbesondere SED-Propagandisten und Agenten«, den Zutritt nach Westberlin zu verwehren, hieß es dazu.

Bereits am Vortag hatte man auf Westberliner Seite an sieben Grenzübergängen Kontrollzelte errichtet, in denen die aus der DDR-Hauptstadt einreisenden Personen von Polizisten und Zivilbeamten der Senatsverwaltungen überprüft wurden. Zu den abgewiesenen und damit an der Ausübung ihres Berufs gehinderten Personen gehörten beispielsweise der Rechtsanwalt Friedrich-Karl Kaul, der eine Zulassung zu allen Berliner Gerichten besaß, und der Journalist Karl-Eduard von Schnitzler.

Alle vierzehn Geschäftsstellen der SED in Westberlin wurden polizeilich geschlossen und versiegelt, auch die fünf Geschäftsstellen des FDGB und alle acht Büros der FDJ ereilte dieses Schicksal.

Die an jenem Tag im Bahnhof Zoo und Westkreuz auf Reichsbahngelände eröffneten Passierscheinstellen wurden anderentags von Westberliner Polizei geschlossen, eine neuerliche Öffnung untersagt. Die aufmarschierten Dreigroschenjungs (»Eintritt zum KZ – eine Mark West. Willst Du dorthin?«) jubelten draußen. Die Massenmedien hatten die Massen in Stimmung gebracht.

Der Ausbau der Grenze

Auf Beschluss des Nationalen Verteidigungsrates der DDR wurde am 15. September 1961 die Deutsche Grenzpolizei (DGP) dem Minister für Nationale Verteidigung unterstellt und das Kommando der Grenztruppen gebildet. Der Oberkommandierende der GSSD, Marschall der Sowjetunion Konew, hatte aber bereits am Vortag,[7] als es noch die Grenzpolizei gab, die dem Minister des Innern unterstand, von Verteidigungsminister Hoffmann per Brief den pionier- und signaltechnischen Ausbau der Grenzabschnitte einschließlich der Anlage von Minenfeldern an der Grenze zur BRD gefordert.

Betrachtet man das Datum von Konews Schreibens und berücksichtigt man ferner die Tatsache, dass die von ihm geforderten Maßnahmen mit Moskau abgestimmt worden waren, dann weiß man auch, von wo und von wem die Weisung kam, die Deutsche Grenzpolizei vom Minister des Innern an den Minister für Nationale Verteidigung zu überstellen.

Die DDR war damit der einzige Staat im Warschauer Vertrag, dessen Grenztruppen dem Minister für Nationale Verteidigung unterstanden.

Bereits am 10. August 1961 hatte Ulbricht Marschall Konew zu einem ausführlichen Meinungsaustausch empfangen. Da er von Chruschtschow mit Sondervollmachten ausgestattet worden war, enthielt auch sein Schreiben vom 14. September, der als Befehl zu betrachten war, nicht nur militärische Aufgaben. Darin waren auch politisch-administrative und rechtliche Maßnahmen festge-

legt, die weit über das Militärische hinausgingen. Nach unserer Einschätzung war der Partei- und Staatsführung der DDR bewusst, dass Konews Festlegungen zur Grenze eine Vorgabe der sowjetischen Partei- und Staatsführung darstellten. Deshalb wurden die Forderungen der sowjetischen Seite auch in vollem Umfang erfüllt. Präzise war im Schreiben aufgelistet, was die sowjetische Führung verlangte. »Zur Schaffung von Pioniersperren, die der DGP zur Verfügung stehen sollen, ist es angebracht, einen Geländestreifen von 30 m Breite auszuweisen, der bis zu einem Kilometer von der Grenze entfernt ist. In diesem Streifen sind Drahtsperren, Minenfelder, Signalvorrichtungen, Beobachtungstürme und ein Kontroll- und Patrouillenstreifen anzulegen, der in der Regel entlang der Drahtsperre an ihrer rückwärtigen Seite verläuft. Bei der Errichtung von pioniertechnischen Anlagen sind vorzusehen:
– Minenfelder, die nur so anzulegen sind, dass sie von beiden Seiten durch Drahtsperren gesichert sind;
– beim kombinierten Legen von scharfen Minen und Scheinminen sind in wichtigen Richtungen die scharfen Minen in zwei Reihen und Scheinminen in einer Reihe zu legen;
– in Nebenrichtungen sind die scharfen Minen in einer Reihe und die Scheinminen in zwei Reihen zu legen;
– in Ortschaften und in der Nähe von Ortschaften ist es unzweckmäßig, Minen POMS-2[8] zu legen. An ihrer Stelle können in solchen Abschnitten Minen PMD 6[9] zusammen mit POMS-2 gelegt werden.«

Warum wurden auf Moskaus Empfehlung (Weisung) am 15. September 1961 aus der Grenzpolizei Grenztruppen und der Verteidigungsminister anstelle des Innenministers deren Chef? Aus unserer Sicht gab es für die Entscheidung drei Gründe.

1. Kein Land des Warschauer Vertrages hatte mit der NATO mit 1.378 Kilometern eine derart lange Staatsgrenze wie die DDR zur BRD.

2. Nirgendwo auf der Welt standen sich die modernsten und schlagkräftigsten Gruppierungen der NATO und des Warschauer Vertrages so unmittelbar gegenüber wie auf dem Territorium der BRD und der DDR.

3. In keinem Land des Warschauer Vertrages standen eine halbe Millionen Sowjetsoldaten, was es nötig machte, die militärische Grenzsicherung eng mit der sowjetischen Seite abzustimmen.

In Moskau ging man davon aus, dass nur über den Minister für Nationale Verteidigung der DDR aktiv Einfluss auf die Gestaltung des Grenzsicherungssystems, auf Struktur, Bewaffnung, Ausrüstung und Ausbildung der Grenztruppen genommen werden konnte. Nur mit ihm konnte das Zusammenwirken zwischen der GSSD und den Grenztruppen organisiert werden, das galt insbesondere für die Aufgabenerfüllung im Verteidigungszustand.

Auf der Grundlage der Vereinbarungen im Warschauer Vertrag wurden von uns wie schon am 13. August 1961 alle Vorschläge und Empfehlungen, alle Direktiven und Befehle aus Moskau im Zusammenhang mit der Grenzsicherung entsprechend unserer Möglichkeiten erfüllt.

Mit Konews Schreiben vom 14. September 1961 unterstrich die Führungsmacht einmal mehr, welche Bedeutung sie dieser Grenze zumaß. Aber eben auch, wer an dieser Grenze unverändert das Sagen hatte. Die Aufforderung als »Bitte« zu formulieren änderte daran nichts.

Sichtbar wurde allerdings auch, dass bei den sowjetischen Vorgaben Erfahrungen des Überfalls von Hitlerdeutschland ihren Niederschlag gefunden hatten. 1941 waren die Grenztruppen der UdSSR ungenügend auf einen Angriff vorbereitet gewesen und darum überrannt worden, was etwa die heldenhafte, Wochen andauernde Verteidigung der Festung Brest nicht wettmachen konnte. So etwas sollte sich niemals wiederholen, an dieser Grenze schon gar nicht.

Fast 1.000 Kilometer Staatsgrenze der DDR sollten nunmehr also pioniermäßig ausgebaut, Drahtsperren errichtet, der 6-m-Kontrollstreifen auf weitere Abschnitte ausgedehnt und Minenfelder angelegt werden.

Das war ein logistisches, ein politisches, ein militärisches und auch ein ökonomisches Problem.

Neben den Pionierkräften und Reserveeinheiten der Grenztruppen wurden Angehörige der Pionier-Offiziersschule der NVA Dessau, des Pionierregiments 2 der NVA Storkow, je drei Pionierbataillone des Militärbezirks III und des Militärbezirks V der NVA, mot.-Schützen und Pioniereinheiten grenznaher Truppenteile der Landstreikräfte eingesetzt. Forstwirtschafts- und Industriebetriebe, landwirtschaftliche Produktionsgenossenschaften und Meliorationsbetriebe halfen mit, den Auftrag binnen zwei Jahren zu realisieren. Truppenteile und Einheiten erfüllten ihre Aufgaben mit großer Einsatzbereitschaft.

Aufschlussreich ist in diesem Kontext ein Gespräch mit dem Staatsratsvorsitzenden Walter Ulbricht im Jahr 1962, das dieser mit dem *BBC*-Korrespondenten Paul Oestreicher führte. Die *Berliner Zeitung* veröffentlichte Oestreichers Beitrag am 24. Oktober 2009 unter der Überschrift »Im Schützengraben raucht man nicht«.

Der Journalist war im September 1961 zum ersten Mal von seinem Sender nach Berlin geschickt worden. Er sprach mit dem Stellvertreter des britischen Stadtkommandanten und war erstaunt, dass dieser (wie auch andere in der Stadt) mit gespaltener Zunge redete.

Offiziell verurteilte der Brite »aufs Schärfste« die Maßnahmen am 13. August, inofiziell, also vertraulich, hörte Oestreicher von ihm jedoch das Gegenteil: »Wir Westmächte sind über den Mauerbau eigentlich erleichtert. Für absehbare Zukunft ist Westberlin gesichert. Der destabilisierende Flüchtlingsstrom war einfach nicht mehr tragbar. Ein ökonomischer Zusammenbruch Ostdeutschlands hätte eine unkalkulierbare sowjetische Reaktion ausgelöst.

Die Gefahr eines neuen Krieges ist nun erst einmal gebannt. Zwar hat uns der Zeitpunkt des Mauerbaus überrascht, nicht aber die Mauer an sich. Die Sowjets wussten sehr wohl, dass sie keine westlichen Gegenmaßnahmen zu befürchten hatten. Und schlussendlich hat man uns mit der Mauer auch noch eine nützliche Propagandawaffe geliefert.«

Am 3. Dezember 1962, und deshalb vor allem dieser Einschub, war Oestreicher in Schloss Niederschönhausen, dem Amtssitz des Staatsratsvorsitzenden. An dem Gespräch nahmen auch Albert Norden und Otto Winzer, der Außenminister, teil. Walter Ulbricht begründete dem britischen Gast den Grund des Mauerbaus (der Begriff »Schutzwall«, so erinnerte sich Oestreicher, sei von ihm angeblich nicht benutzt worden). Dieser sei zur Rettung des Weltfriedens »eine tragische Notwendigkeit« gewesen. Und auf seinen Einwand, ob es denn nicht Alternativen gegeben hätte, ob man nicht liberaler, menschenfreundlicher hätte handeln können, sagte Ulbricht laut Oestreicher: »Ich sitze an vorderster Front. Ein Soldat im Schützengraben zündet keine Zigarette an. Nur auf diese Weise konnte ich den Sozialismus retten. Die Früchte werden kommende Generationen ernten. Ich werde das nicht mehr erleben, ich muss den Hass meiner Bürger auf mich nehmen.«

Und auf den Waffeneinsatz an der Grenze angesprochen, sagte Ulbricht, dass man ohne diesen die Mauer nicht hätte bauen müssen. Völlig klar: Wenn man eine Grenze markiert und befestigt, muss man auch durchsetzen, dass sie von allen respektiert wird. Walter Ulbricht war sich der damit verbundenen Konsequenzen bewusst: »Jeder Schuss an der Mauer ist zugleich ein Schuss auf mich. Damit liefere ich dem Klassenfeind die beste Propagandawaffe. Den Sozialismus und damit den Frieden aufs Spiel zu setzen, würde aber unendlich mehr Leben kosten.«

Unabhängig davon, ob Ulbricht das nun wörtlich oder nur sinngemäß gesagt hat, ob der Zeuge ihn korrekt zitierte oder nur tendenziell. Fakt ist, dass sich Walter Ulbricht und damit die DDR-Führung nicht nur ihrer Verantwortung, sondern auch der Wirkung ihres notwendigen Handelns bewusst waren. Es war eine pragmatische, von den Umständen erzwungene Güterabwägung. Eben in jenem Sinne, den schon Karl Marx beschrieb: »Die Menschen machen ihre eigene Geschichte, aber sie machen sie nicht aus freien Stücken, nicht unter selbstgewählten, sondern unter unmittelbar vorgefundenen, gegebenen und überlieferten Umständen.« Sie entzogen sich nicht ihrer Verantwortung, sondern handelten – wohl wissend, dass Notwendigkeit und Popularität nicht unbedingt zusammen gehören.

»Jeder Schuss an der Mauer ist zugleich ein Schuss auf mich.« Das galt auch für seine Nachfolger. Und darum war unser Interesse objektiv darauf gerichtet, dass so wenig wie möglich an der Staatsgrenze die Schusswaffen zum Einsatz kamen. Jeder einzelne Zwischenfall war einer zuviel. Jeder Tote machte uns betroffen.

Die Forderung von Marschall Konew im September 1961 war für die Partei- und Staatsführung der DDR eine Weisung des Obersten Befehlshabers des Warschauer Vertrages. Es gab keine völkerrechtliche Bestimmung, die es einem Staat untersagte, seine Grenzen nötigenfalls mit Minenfeldern zu sichern. Das taten selbst NATO-Staaten wie Griechenland und die Türkei. Die in der Bundesrepublik dazu geführte Debatte war und ist zudem heuchlerisch und verlogen: Bevor die BRD 1998 die im Jahr zuvor in Ottawa beschlossene Anti-Landminen-Konvention ratifizierte, gab sie zwischen 1992 und 1994 für Forschung, Entwicklung und Produktion im Minenbereich knapp 800 Millionen DM aus. Noch im April 1994 erklärte Bundesverteidigungsminister Lothar Rühe: »Der Einsatz von Landminen ist grundsätzlich auch Bestandteil von Verteidigungsplanung.« Nichts anderes galt für unsere Minen und unser damaliges Sicherheitsverständnis. Rühe damals: »Ein generelles Einsatzverbot wäre mit dem Recht auf Selbstverteidigung im Sinne des Artikels 51 der UN-Charta nicht vereinbar.«[10]

Die Verminung der Staatsgrenze beschäftigte uns sehr. Im Frühjahr 1983 forderte Erich Honecker von Verteidigungsminister Heinz Hoffmann Maßnahmen, wie die Sicherung der Staatsgrenze der DDR zur BRD auch ohne Minenfelder verwirklicht werden könne.

Aus unserer Sicht gab es für diese Überlegungen vor allen Dingen drei Gründe:

1. Es sollte ein deutlich sichtbarer Beitrag zur Entspannung geleistet werden.

2. Damit sollte ein Zeichen für sich entwickelnde gutnachbarlichen Beziehungen gesetzt und

3. der Hetze gegen die DDR Boden entzogen werden.

Da die Verminung der Staatsgrenze der DDR auf Befehl Moskaus erfolgt war, konnte der Abbau der Minenfelder auch nur mit Zustimmung Moskaus erfolgen. Anfang Juni 1983 erhielt ich, Streletz, als Chef des Hauptstabes den Befehl, in Moskau mit dem Oberkommandierenden der Vereinten Streitkräfte des Warschauer Vertrages, Marschall Kulikow, dieses Problem abzustimmen.

Das Ministerium für Nationale Verteidigung der DDR hatte in Moskau faktisch zwei vorgesetzte Dienststellen: erstens den Oberkommandierenden der Vereinten Streitkräfte mit seinem Stab, zweitens den Verteidigungsminister der Sowjetunion und dessen Generalstab.

Der Stab der Vereinten Streitkräfte analysierte kontinuierlich die militärpolitische und strategische Lage in Europa und machte Vorschläge für die höheren Führungsorgane der Koalition und ihrer Streitkräfte. Das betraf folgende Komplexe: a) Gefechts- und Mobilmachungsbereitschaft, b) operative und Gefechtsausbildung, c) Struktur und Bewaffnung der Vereinten Streitkräfte, d) Infrastruktur und operative Vorbereitung der Länder, e) Anlegen von materiellen Reserven aller Art.

Daraus ist ersichtlich, dass das Oberkommando der Vereinten Streitkräfte für alle Fragen in Friedenszeiten zuständig war.

Mit dem Verteidigungsminister der Sowjetunion und dessen Generalstab hingegen wurden alle Fragen abgestimmt, die a) die Operative Planung (Aufgaben im Verteidigungszustand) betrafen, b) die Koordinierung der militärischen Aufklärung, c) die Unterstützung der Nationalen Befreiungsbewegungen, d) Abrüstungsfragen, e) Probleme der militärische Grenzsicherung und f) die Zusammenarbeit und das Zusammenwirken mit der GSSD.

Diese Arbeitsteilung in Moskau brachte auch für uns erhebliche Schwierigkeiten mit sich. Man musste nämlich bedenken, dass der Oberkommandierende der Vereinten Streitkräfte zugleich 1. Stellvertreter des Verteidigungsministers der Sowjetunion und der Chef des Stabes der Vereinten Streitkräfte auch 1. Stellvertreter des Chefs des Generalstabes der Sowjetarmee war.

Als ich dem Oberkommandierenden der Vereinten Streitkräfte, Marschall Kulikow, unseren Vorschlag zum Abbau der Minenfelder vortrug, gab er mir zu verstehen, dass er nicht befugt sei, darüber eine Entscheidung zu treffen. Er wäre aber bereit, mit mir zum Verteidigungsminister Ustinow zu gehen, dem ich die Problematik vortragen könnte.

Über eine Stunde trug ich Marschall Ustinow im Beisein des Chefs des Generalstabes, Marschall Ogarkow, vor. Ich hatte den großen Vorteil, dass ich mich ohne Dolmetscher verständigen konnte. Am Ende der ausführlichen Diskussion äußerte sich Minister Ustinow etwa so: Wenn die DDR dafür garantiere, dass es an der militärischen Grenzsicherung keine Abstriche gebe, und die Minen erst dann geräumt würden, wenn die anderen

Sicherungsmaßnahmen verwirklicht seien (Einführung von zusätzlichen 17 Kompanien in die Grenzabschnitte, in denen Minen abgebaut werden) und alle Minen in unmittelbarer Nähe zur Grenze eingelagert werden würden, erst dann erteile die sowjetische Seite ihre Zustimmung zu unserem Vorschlag. Außerdem: Alle Maßnahmen hätten im engen Zusammenwirken mit dem Oberkommandierenden der GSSD zu erfolgen.

Dieser aber unterstand direkt dem Verteidigungsminister der Sowjetunion und nicht dem Oberkommandierenden der Vereinten Streitkräfte.

Nach der Räumung der Minenfelder befanden sich Ende 1989 auf Weisung Moskaus in den Depots der Grenztruppen 49.483 Panzerminen, 28.173 Infanterieminen, 137,9 Tonnen Sprengstoff und 119.143 Panzerhandgranaten. Die Minen sollten in einer Spannungsperiode oder bei Aggressionsbeginn auf Weisung Moskaus kurzfristig, sprich: über Nacht, an der Grenze in vorbereiteten und festgelegten Abschnitten neuerlich verlegt werden.

Nach ausführlicher Beratung mit dem Oberkommandierenden der GSSD, Armeegeneral Michail M. Saizew, teilte der Vorsitzende des Nationalen Verteidigungsrates der DDR, Erich Honecker, am 5. Oktober 1983 österreichischen Journalisten mit, dass die DDR mit dem Abbau der SM-70-Anlagen[LI] beginne.

Am 12. Dezember 1984 informierte Minister Hoffmann Erich Honecker, dass bis zum 30. November 1984 auf einer Länge von insgesamt 450 Kilometern die Sperranlagen mit Splitterminen abgebaut worden seien. Auf einer Länge von 98 Kilometern würden noch die Erdminensperren geräumt werden.

Generaloberst Klaus-Dieter Baumgarten (1931-2008), Chef der Grenztruppen und Stellvertretender Verteidigungsmininister, berichtete in seinen Erinnerungen darüber und erwähnte dabei, dass der Chef der Grenztruppen der UdSSR, Armeegeneral Matrossow, der seit

Jahrzehnten die Verantwortung für die Sicherung der 67.000 Kilometer langen sowjetischen Staatsgrenze trug, ihn nach der Entscheidung in Moskau um eine unverzügliche Konsultation bat. Er kam in die DDR, um festzustellen, »ob unsere Uhren noch gleich ticken«.[12]

Der weitere Gang der Geschichte ist bekannt.

In der Nacht vom 9. auf den 10. November 1989 wurden, als Folge einer falschen Information des Politbüromitglieds Schabowski auf einer Pressekonferenz, die Grenzübergangsstellen geöffnet. Das war weder mit der Führungsmacht noch mit den anderen für Berlin zuständigen Staaten abgestimmt. Es war ein Akt, der objektiv gegen internationales Recht und gegen die für Berlin geltenden Regelungen verstieß.

Es fiel kein Schuss, niemand kam zu Schaden.

Wenn es überhaupt noch eines Beweises bedurft hätte, wie verlogen und demagogisch die Parole von den »schießwütigen Grenzern« war: in jener Nacht und in den folgenden Tagen wurde er erbracht.

Auch dafür rächte sich anschließend die politische Klasse und die Justiz der Bundesrepublik. Wir hatten ihr antikommunistisches Feindbild von den angeblichen Mördern und Mauerschützen vor der Welt überzeugend widerlegt.

Die Sicherungsmaßnahmen der Staatsgrenze der DDR zu Westberlin wurden nicht nur vom sozialistischen Lager begrüßt, sondern weltweit als Beitrag zur Friedenssicherung in Europa gesehen und gewürdigt.

Als Beleg gilt die Tatsache, das zwischen 1961 und 1989 rund 30.000 Delegationen aus 120 Staaten die Grenzsicherungsanlagen und die Ausstellung am Brandenburger Tor besichtigten. Dabei wurde mit Anerkennung nicht gespart, der Einsatz der Grenzsoldaten gelobt.

Am 16. April 1986 war auch der erste Mann der Sowjetunion zu Besuch. Gorbatschow trug sich in das Gästebuch des Stadtkommandanten ein. »Am Brandenburger

Tor kann man sich anschaulich davon überzeugen, wie viel Kraft und wahrer Heldenmut der Schutz des ersten sozialistischen Staates auf deutschem Boden vor den Anschlägen des Klassenfeindes erfordert. Die Rechnung der Feinde des Sozialismus wird nicht aufgehen. Das Unterpfand dessen sind das unerschütterliche Bündnis zwischen der DDR und der UdSSR sowie das enge Zusammenwirken der Bruderländer im Rahmen des Warschauer Vertrages. Ewiges Andenken an die Grenzsoldaten, die ihr Leben für die sozialistischen DDR gegeben haben.«

Gorbatschow erklärte dies als höchster Repräsentant des sozialistischen Lagers, als Oberster Befehlshaber der Vereinten Streitkräfte des Warschauer Vertrages und damit als international anerkannter höchster Vorgesetzter aller Armeen des Warschauer Vertrages. Mit seiner Eintragung in das Ehrenbuch am Brandenburger Tor bestätigte er den gesetzlichen Auftrag der Grenztruppen der DDR und damit auch, dass es notwendig und richtig war, zuverlässig die Staatsgrenze militärisch zu sichern.

Jedoch war eben dieser Gorbatschow nicht bereit, das wenige Jahre später zu bestätigen. Beim sogenannten Honecker-Prozess, bei dem wir zu siebeneinhalb bzw. zu fünfeinhalb Jahren verurteilt wurden, unterließ er es, als Zeuge aufzutreten und sich zu dieser Eintragung zu äußern. Stattdessen erklärte er am 20. Dezember 2004 vor Schülern der Hildegard-Wegschneider-Oberschule in Berlin-Wilmersdorf: »Wenn ich mich an die Mauer in Berlin erinnere, spüre ich heute noch Entsetzen über dieses Bauwerk.« Vermutlich wurden ihm wegen dieses öffentlich bekundeten »Entsetzens« so viele Ehrungen im »Rechtsstaat« BRD zuteil.

Wir unterscheiden unverändert zwischen Gorbatschow, Schewardnadse und seinesgleichen einerseits und den Angehörigen der Sowjetarmee und der Grenztruppen der Sowjetunion. Mit ihnen pflegten wir eine feste Waffenbrüderschaft.

Auch wenn Gorbatschow & Co. es heute nicht wahrhaben wollen: Die militärische Sicherung der Staatsgrenze der DDR zur BRD und zu Westberlin erfolgte im Auftrage des Warschauer Vertrages, im Interesse des Warschauer Vertrages und zum Schutz der Staaten des Warschauer Vertrages. Wir halten es für nötig zu betonen:

1. Die DDR hat als Mitglied des Warschauer Vertrages in ihrer 40-jährigen Geschichte einen aktiven Beitrag zur Friedenssicherung in Europa geleistet. Sie war auf allen Gebieten ein zuverlässiger Bündnispartner im Warschauer Vertrag.

2. Kein Land im Warschauer Vertrag hatte so umfassende Verpflichtungen bei der Landesverteidigung gegenüber den Vereinten Streitkräften des Warschauer Vertrages wie die DDR. Kein Land im Bündnis hat so gewissenhaft und termingerecht alle militärischen Verpflichtungen erfüllt wie die DDR. Und kein Land des Warschauer Vertrages wurde 1989/90 von Gorbatschow und Schewardnadse so hinterhältig verraten und verkauft wie die DDR.

Diesen beiden Politikern und auch anderen sollte durchaus bewusst sein, welche Rolle die DDR auch für die Sicherheit der Sowjetunion im Kalten Krieg gespielt hat, eingeschlossen jene Leistungen, die die DDR für die 450.000 Soldaten der GSSD über Jahrzehnte erbracht hat.

Ausblick

Im Sommer 2011 wird es vermutlich kaum ein wichtigeres Thema in den Medien geben als die Erinnerung an »die Mauer«. Die einschlägig Bekannten werden neue »Opferzahlen« präsentieren, die die bereits publizierten gewiss in den Schatten stellen. Je weiter ein Ereignis, desto monströser muss es erscheinen.

Auf allen Fernsehkanälen werden Tränen vergossen werden von der Größe jener, die angeblich Krokodile hervorbringen. Als wäre es erst gestern gewesen, werden Zeugen erklären und mit schmerzverzerrten Gesichtern lebhaft schildern, was ihnen damals alles »von den Kommunisten« angetan wurde. Wo O-Töne nicht reichen, werden Rührstücke inszeniert werden. Und die bekannten Köpfe, die man stets in Talkshows präsentiert bekommt, werden ihre Stirn krausen und Bedeutungsschweres in Diskussionsrunden von sich geben, als hätten sie seinerzeit selbst am Brandenburger Tor gestanden oder wären in der Bernauer Straße aus dem Fenster in die Freiheit gesprungen.

Hinter dieser emotionalen Fassade werden alle sachlichen und vernünftigen Einlassungen verschwinden, denn schließlich geht es doch gar nicht um den 13. August 1961 und die Sicherung des Friedens, sondern um Denunziation, Schmähung und Verurteilung der DDR und ihrer Protagonisten, die sich ihrer Verantwortung in einer bestimmten Phase der Geschichte gestellt haben – und dies in dem Bewusstsein, auch scheitern zu können.

Denn was wäre die Alternative gewesen, wenn man die Sache 1961 hätte laufen lassen?

Unter Hinweis auf die seit 1949 angedrohte »Befreiung« und um die instabilen Verhältnisse hätte die Bundesrepublik mit Staatsdienern einrücken können. Das wäre, da ja der Westen die Deutsche Demokratische Republik nicht anerkannte, nicht einmal Anlass gewesen, die UNO anzurufen, schließlich handelte es sich um keine Aggression sondern um eine innerdeutsche Angelegenheit, etwa so, als wäre die Polizei Bayerns mal eben kurz in Hessen eingerückt.

Aber: Im Verständnis des Ostens war die DDR a) Völkerrechtssubjekt, b) Mitgliedsstaat des Warschauer Vertrages, in welchem der Angriff auf einen Bundesgenossen wie ein Angriff auf alle verstanden wurde (was im übrigen auch für die NATO galt und gilt), und c) nicht zu vergessen: Das war mal sowjetische Besatzungszone. Und da es seit Ende des Weltkrieges und der Besetzung des niedergerungenen Feindes noch immer keinen Friedensvertrag gab, galten in diesem Territorium die Regeln von Potsdam fort. Kurzum: Die Sowjetunion und ihre Verbündeten hätten zurückschlagen müssen!

All diese Momente wurden erst im September 1990 ausgeräumt, als in Moskau der 2+4-Vertrag, der »Vertrag über die abschließende Regelung in bezug auf Deutschland«, zwischen den einstigen Siegermächten und den beiden deutschen Staaten geschlossen wurde. Ohne diesen de-facto-Friedensvertrag hätte es keine deutsche Einheit gegeben. »Die Französische Republik, die Union der Sozialistischen Sowjetrepubliken, das Vereinigte Königreich Großbritannien und Nordirland und die Vereinigten Staaten von Amerika beenden hiermit ihre Rechte und Verantwortlichkeiten in bezug auf Berlin und Deutschland als Ganzes. Als Ergebnis werden die entsprechenden, damit zusammenhängenden vierseitigen Vereinbarungen, Beschlüsse und Praktiken beendet und alle entsprechenden Einrichtungen der Vier Mächte aufgelöst«, heißt es dort in Artikel 7, Absatz 1.

Damit war zugleich der Versuch einer antikapitalistischen Alternative in Deutschland aus der Welt, die DDR war Geschichte.

Aber mit ihr keineswegs die Vorstellung von einer anderen als der kapitalistischen Welt. Denn mit diesem Staat DDR ist ja nicht die Idee untergegangen, sondern ein bestimmtes Modell, dass den dauerhaften Angriffen des Imperialismus erlag. Und dieser Gegner zog doch nicht gegen den Sozialismus zu Felde, weil er dort den Menschen- und Freiheitsrechten, der Demokratie und was es an hohlen Phrasen sonst noch gab, zum Durchbruch verhelfen wollte, sondern weil es, wie schon immer in der Geschichte, ausschließlich um Territorien, Rohstoffe, Absatzmärkte, kurz um Profit ging. Dafür wurden Kriege geführt, darum ging es auch 1961. Der Krieg wurde seinerzeit verhindert. Weil »die deutsche Arbeiterklasse heute nicht mehr wehrlos ist, sondern über Panzer und Geschütze und alles, was zur Verteidigung notwendig ist, verfügt«, wie Ulbricht am 18. August 1961 selbstbewusst und mit allem Recht erklärte.

Heute ist die »deutsche Arbeiterklasse« wehrlos. Sie hat weder einen Staat noch ein Bündnis. Aber sie hat eine Perspektive. Sofern sie sich ihrer Erfahrungen bewusst wird und sich diese nicht ausreden lässt.

Anmerkungen

1 *www.chronik-der-mauer.de/index.php/de/Chronical/Detail/day/15/month/August/year/1961*
2 Ebenda
3 *www.chronik-der-mauer.de/index.php/de/Chronical/Detail/day/16/month/August/year/1961*
4 *www.chronik-der-mauer.de/index.php/de/Chronical/Detail/day/17/month/August/year/1961*
5 *www.chronik-der-mauer.de/index.php/de/Chronical/Detail/day/18/month/August/year/1961.* Ulbrichts Anspielung, dass es im Westberliner Sportpalast weniger friedlich zugehen würde als an der Berliner Grenze, hat einen realen Hintergrund. Die 1910 errichtete Sporthalle in der Potsdamer Straße 172 fasste etwa 10.000 Besucher und wurde u. a. durch den Auftritt Goebbels, als dieser am 18. Februar 1943 den »Totalen Krieg« ausrief, bekannt. Nach dem Krieg wurde der Palast überwiegend als Konzerthalle genutzt. Bei einem Auftritt des Rock'n'Rollers Bill Haley 1958 gab es heftige Randale mit erheblichem Sachschaden, was die Westberliner Polizei veranlasste, eine Rowdy- und Schlägerkartei anzulegen, um künftig der »Halbstarken« in schwarzen Lederjacken Herr zu werden. Der Sportpalast wurde 1973 abgerissen
6 *www.chronik-der-mauer.de/index.php/de/Chronical/Detail/day/22/month/August/year/1961*
7 Kopien des Dokuments im Besitz der Autoren
8 Infanteriemine POM-2, Splittermine sowjetischer Produktion mit 75 Gramm TNT. Die Montage erfolgte mittels Holzpflock 20 cm über der Erdoberfläche mit Spanndrähten von fünf bis sieben Metern Länge. Die Auslösung erfolgte durch Belastung des Spanndrahts
9 Antipersonenmine PMD-6 sowjetischer Produktion in einem Holzkasten in der Dimension 20 x 8,9 x 6,4 Zentimeter. Durch einen Druck von ca. einen Kilogramm auf das Oberteil wird der Splint aus dem vorgespannten Schlagbolzen gedrückt. Der Schlagbolzen wird dadurch frei

und initiiert den Zündsatz. Der entstehende Zündstrahl bringt die Initialladung und dadurch die Wirkladung zur Detonation. Sie kam weltweit in dreißig Staaten zum Einsatz

10 Zitiert nach Klaus-Dieter Baumgarten und Peter Freitag, Die Grenzen der DDR ..., a. a. O. S. 207

11 SM-70 war eine kegelförmige Splittermine mit Richtwirkung. Etwa 60.000 davon waren auf 440 km Staatsgrenze installiert

12 Klaus-Dieter Baumgarten und Peter Freitag, Die Grenzen der DDR ..., a. a. O., S. 249

Postskriptum: Wir bedanken uns bei Frank Schumann für die allseitige Unterstützung, insbesondere bei der Beschaffung der Materialien aus den einzelnen Archiven. Ohne seine Hilfe und Unterstützung wäre es für uns sehr schwer gewesen, diese Buch zu schreiben.

Heinz Keßler, Fritz Streletz

Fritz Streletz und Heinz Keßler, 5. März 2011

Anlagen

Geheime Kommandosache
(persönlich!) (1)

0025

Geheime Kommandosache!
GKdos-Tgb.-Nr.: TH/1070/61
1. Ausfertigungen
1. Ausfertigung = 2 Blatt

An den
Minister für Nationale Verteidigung
der Deutschen Demokratischen Republik
- persönlich -

Mit dem Ziel der Erhöhung der Gefechtsbereitschaft der Truppen bitte ich Sie, im Einvernehmen mit der Regierung der DDR, folgende Maßnahmen durchzuführen:

1. Zum 01. September zwei PD, vier MSD, die Truppen der Luftstreitkräfte/Luftverteidigung in erhöhte Bereitschaft zu versetzen.

2. Im Monat Juli/August durchzuführen, die Registrierung des Personalbestandes und der notwendigen Technik für die Aufstellung von zwei Brücken-, drei Straßen-Kommandantenbrigaden und vier Flugplatz-Pionierbataillone mit einem Zeitraum der Mob.-Bereitschaft von nicht mehr als zwei bis drei Tagen. Für diese Verbände und Truppenteile sind in Abstimmung mit dem Oberkommandierenden der Gruppe der sowjetischen Truppen in Deutschland die Aufgaben für die Wiederherstellung von Brücken, Flugplätzen und die Organisation des Kommandantendienstes auf dem Territorium der DDR frühzeitig festzulegen.

3. Bis zum 01. September durchzuführen die Registrierung der Kfz. und der Kraftfahrer für die Aufstellung von 40 Kfz.-Kolonnen des Typs eines Kfz.-Bataillons (10.000 Lkw) und 6 Kfz.-Kolonnen des Typs einer Kfz.-Sanitätskompanie (600 Kfz.), damit sie im Falle der Notwendigkeit im Verlaufe eines Tages einberufen und der Gruppe der sowjetischen Truppen in Deutschland übergeben werden können.

- 2 -

Schreiben Gretschkos an Minister Hoffmann zur Vorbereitung auf den Ernstfall, 15. Juli 1961

C0026

4. Vorzusehen die Bereitstellung aus den Beständen der DDR für die Belange der sowjetischen Truppen: 40.000 bis 50.000 t Autobenzin und 60.000 bis 70.000 t Dieseltreibstoff mit nachfolgender Kompensierung.

5. Vorzusehen die Bereitstellung von 500 Kfz. mit Kraftfahrern am ersten Einsatztag für die Lazarette der Gruppe der sowjetischen Truppen in Deutschland sowie die Bereitstellung von Unterkunft und Aufstellung von Lazaretten für 20.000 Betten für die Gruppe der sowjetischen Truppen.

Der Oberkommandierende der sowjetischen Truppen in Deutschland hat Anweisung über alle Maßnahmen der Erhöhung der Gefechtsbereitschaft in der NVA der DDR.

Hochachtungsvoll!

Oberkommandierender der Vereinten Streitkräfte
Marschall der Sowjetunion

A. Gretschko

1². Juli 1961

Главнокомандующий
Группой советских войск
в Германии

14. сентября 1961 г.
№ 13/00638

Войсковая часть пп _____

Sekretariat des Ministers
Eing.: 16. SEP. 1961
VS-Eing.-Nr. E-65/61
1. =Хз

Geheime Verschlußsache
СОВ. СЕКРЕТНО
Экз.№ 1

МИНИСТРУ НАЦИОНАЛЬНОЙ ОБОРОНЫ ГЕРМАНСКОЙ
ДЕМОКРАТИЧЕСКОЙ РЕСПУБЛИКИ

ГЕНЕРАЛУ АРМИИ товарищу ГОФМАНН

Уважаемый товарищ Министр!

В целях усиления охраны границы Германской Демократической Республики, установлении строгого пограничного режима в прилегающей к ней полосе, прошу Вас при решении данного вопроса учесть следующие наши предложения и пожелания:

1. Мероприятия по выселению из пограничной полосы целесообразно начать после улучшения инженерно-технического оборудования границы и усиления её охраны достаточными силами и средствами.

2. Границы 500 метровой защитной полосы и 5-ти километровой зоны по возможности должны совпадать с административной границей района, сельского совета, а также с границей земельных угодий сельхозкооперативов.

3. Инженерно-техническое оборудование границы в первую очередь начать на основных направлениях нарушений границы.

Для создания инженерных заграждений в распоряжение немецкой пограничной полиции, желательно отвести полосу местности шириной 30 мт на удалении от границы до одного километра.

В пределах этой полосы возвести проволочные заграждения, минные поля, сигнальные устройства, наблюдательные вышки и контрольно-следовую полосу, как правило – вдоль проволочного заграждения со стороны тыла.

Schreiben Konews an Minister Hoffmann zum Ausbau der Staatsgrenze, 14. September 1961

– 2 –

При строительстве инженерно-технических сооружений предусмотреть:

- минные поля, которые расположить только под прикрытием проволочных заграждений с обеих сторон;

- при комбинированной установке боевых и ложных мин на важных направлениях расположить: боевых мин – в два ряда, ложных – в один ряд, а на второстепенных: боевых – в один ряд, ложных – в два ряда;

- в населенных пунктах и вблизи них устанавливать мины ПОМЗ-2 нецелесообразно. Взамен их на таких участках могут устанавливаться мины ПМД-6 в сочетании с макетами мин типа ПОМЗ-2.

4. В тридцатиметровой полосе иметь проходы для местного населения, пропуск которого через неё осуществлять по разрешению командиров пограничных рот и только в светлое время.

При проезде местных жителей за полосу инженерно-технических сооружений нарядам немецкой пограничной полиции предоставить право досмотра транспортных средств.

5. Все плавсредства на водоёмах, имеющих выход в море или на пограничную реку, должны содержаться на причалах, без заправки горючим и весел, с надписью на борту крупными цифрами номера причала и номера лодки.

Причалы должны охраняться. Выход плавсредств в море и возвращение их на причал контролируется нарядами немецкой пограничной полиции.

6. Продажу билетов на железнодорожных станциях, морских портах, речных пристанях, автомобильных станциях, в пункты, находящиеся в пограничной зоне, производить только при наличии соответствующего пропуска.

Обязать местные органы власти довести установленный порядок въезда и пребывания в пограничной полосе до сведения всего населения республики и разъяснить необходимость его соблюдения.

7. Рассмотреть и внести предложения об усилении ответственности за преднамеренный уход в ФРГ служащих немецкой пограничной полиции, квалифицируя такие уходы не как дезертирство, а как измену Германской Демократической Республике. В случае положительного решения этого вопроса организовать проведение широкой разъяснительной работы среди личного состава.

8. Уточнить в служебных инструкциях порядок применения оружия служащими немецкой пограничной полиции на западной границе с расчётом внесения большей ясности и повышения ответственности пограничников как за бездействие в случае необходимости применения оружия, так и за превышение предоставленных им прав.

Необходимо, при этом разграничить порядок применения оружия на западной границе и границе с социалистическими странами, а также на морском участке и обводе Большого Берлина.

ПРИЛОЖЕНИЕ: Принципиальные схемы инженерно-технического оборудования на 2-х листах, только адресату.

С уважением

МАРШАЛ СОВЕТСКОГО СОЮЗА

И. КОНЕВ

Der Oberkommandierende der
Gruppe der sowjetischen
Streitkräfte in Deutschland

Geheime Verschlußsache

Geheime Verschlußsache!
2. Ausfertigung E-65/61

14. September 1961 00066

Nr. 13/00638

An den
Minister für Nationale Verteidigung
der Deutschen Demokratischen Republik

Genossen Armeegeneral H o f f m a n n

Werter Genosse Minister!

Zur Verstärkung der Bewachung der Grenze der Deutschen Demokratischen Republik und zur Errichtung eines strengen Grenzregimes im Grenzstreifen, bitte ich Sie, bei der Lösung dieser Frage unsere Vorschläge und Wünsche zu berücksichtigen:

1. Es ist zweckmäßig, die Maßnahmen zur Aussiedlung aus dem Grenzstreifen nach der Verbesserung des pioniermäßigen und technischen Ausbaus der Grenze und der Verstärkung ihrer Bewachung durch ausreichende Kräfte und Mittel zu beginnen.

2. Die Grenzen des 500 m -Schutzstreifens und der 5 km-Zone sollen nach Möglichkeit mit der Verwaltungsgrenze des Kreises, des Gemeinderates und mit der Grundstücksgrenze der landwirtschaftlichen Produktionsgenossenschaften zusammenfallen.

3. Der pioniermäßige und technische Ausbau der Grenze ist in erster Linie in den hauptsächlichen Grenzverletzungsrichtungen zu beginnen.
   Zur Schaffung von Pioniersperren, die der Deutschen Grenzpolizei zur Verfügung stehen sollen, ist es angebracht, einen Geländestreifen von 30 m Breite zuzuweisen, der bis zu einem Kilometer von der Grenze entfernt ist.
   In diesem Streifen sind Drahtsperren, Minenfelder, Signalvorrichtungen, Beobachtungstürme und ein Kontroll-und Patrouillenstreifen anzulegen, der in der Regel entlang der Drahtsperre an ihrer rückwärtigen Seite verläuft.

Deutsche Übersetzung des Konew-Briefes an Minister Hoffmann zum Ausbau der Staatsgrenze, 14. September 1961

Geheime Verschlußsache

Bei der Errichtung von pionier-technischen Anlagen sind vorzusehen:
- <u>Minenfelder</u>, die nur so anzulegen sind, daß sie von <u>beiden Seiten durch Drahtsperren gesichert sind</u>;
- beim kombinierten Legen von scharfen Minen und Scheinminen sind in wichtigen Richtungen die scharfen Minen in zwei Reihen und die Scheinminen in einer Reihe zu legen. In Nebenrichtungen sind die scharfen Minen in einer Reihe und die Scheinminen in zwei Reihen zu legen;
- in Ortschaften und in der Nähe von Ortschaften ist es unzweckmäßig, Minen POMS-2 zu legen. An ihrer Stelle können in solchen Abschnitten Minen PMD-6 zusammen mit Modellen der Minen POMS-2 gelegt werden.

4. Im 30 m-Streifen müssen Durchgänge für die ortsansässige Bevölkerung vorhanden sein. Das Passieren der Durchgänge erfolgt mit Genehmigung der Chefs der Grenzkompanien und nur zur Tageszeit.
<u>Beim Durchfahren des Streifens</u> der pionier-technischen Anlagen durch Ortsansässige, ist den Streifen der Deutschen Grenzpolizei das Recht auf Durchsuchung der Transportmittel zu gewähren.

5. <u>Alle Schwimmittel, die sich auf Gewässern befinden</u>, welche einen Ausgang zum Meer oder zu einem Grenzfluß haben, müssen im nichtaufgetankten Zustand und ohne Ruder an Anlegestellen befestigt sein. Die Nummer der Anlegestelle und des Bootes ist mit großen Zahlen auf den Bord aufzutragen.
<u>Die Anlegestellen sind zu bewachen</u>. Das Ausfahren der Schwimmittel in See und ihre Rückkehr zur Anlegestelle wird von den Streifen der Deutschen Grenzpolizei kontrolliert.

6. Der Verkauf von Fahrkarten in Eisenbahnstationen, See-und Flußhäfen und Kraftverkehrsstationen nach Orten, die sich im Grenzstreifen befinden, <u>hat nur</u> bei Vorhandensein eines <u>entsprechenden Passierscheines zu erfolgen</u>.
Die örtlichen Organe sind zu verpflichten, die festgelegte Ordnung für die Einfahrt und den Aufenthalt im Grenzstreifen der gesamten Bevölkerung der Republik zur Kenntnis zu bringen und die Notwendigkeit der Einhaltung dieser Ordnung darzulegen.

Geheime Verschlußsache

7. Es sind Vorschläge zu prüfen und zu unterbreiten, die darauf gerichtet sind, Angehörige der Deutschen Grenzpolizei bei vorsätzlichem Übertritt in die Bundesrepublik schärfer zur Verantwortung zu ziehen, wobei derartige Übertritte nicht als <u>Desertierung</u> sondern <u>als Verrat</u> der Deutschen Demokratischen Republik auszulegen sind. Bei einer positiven Lösung dieser Frage ist die Durchführung einer breiten Aufklärungsarbeit unter dem Personalbestand zu organisieren.

8. In den Dienstanweisungen ist die Ordnung <u>für die Anwendung von Waffengewalt</u> durch Angehörige der Deutschen Grenzpolizei an der Westgrenze <u>dahingehend zu präzisieren,</u> daß eine größere Klarheit und eine Erhöhung der Verantwortlichkeit der Grenzsoldaten sowohl <u>für Untätigkeit</u> bei vorliegender Notwendigkeit der Anwendung der Waffe, als auch für eine <u>Überschreitung</u> der ihnen gewährten Rechte erreicht werden.
Dabei ist es notwendig, die Ordnung für die Anwendung von Waffengewalt an der <u>Westgrenze</u> und der <u>Grenze zu den sozialistischen Ländern</u> sowie im <u>Seeabschnitt</u> und am <u>Ring um Großberlin</u> abzugrenzen.

<u>Anlage:</u> Grundschema des pioniermäßigen und technischen Ausbaus auf 2 Blatt, nur für den Empfänger bestimmt.

Hochachtungsvoll!

Marschall der Sowjetunion

gez.: I. Konjew

NIEDERSCHRIFT EINES GESPREÄCHS DES GENOSSEN N.S.CHRUSCHTSCHOW
MIT GENOSSEN W. ULBRICHT
am 1. August 1961

N. S. Chruschtschow: Ich habe Ihre Rede gelesen und habe keine Einwände. Die Rede gefällt mir, darin sind die richtigen Fragen gestellt.
Vielleicht doch eine kleine Anmerkung, weniger eine Anmerkung als eine Meinung zu einer einzelnen Formulierung. Man kann es so, oder auch anders sagen. In Ihrer Rede werden gute Argumente angeführt, bessere als unser Außenministerium sie liefert. Ich werde Ihr Material für meine Rede nutzen, diese und jene Anleihe nehmen. Ihre Rede enthält gute Fakten. Ich habe das Außenministerium gebeten, mir solche Fakten zu liefern, aber das ist bisher nicht geschehen. Danke, dass Sie es getan haben. Meine Anmerkung betrifft Seite 14. Dort wird die Frage gestellt, was zu tun sei, und es heißt: „Wir nehmen an, dass die Sowjetregierung den Westmächten den Vorschlag unterbreiten wird, Verhandlungen aufzunehmen." Aber wir haben einen solchen Vorschlag bereits vor zwei Jahren, nach 1958, unterbreitet. Deshalb sollte es nicht heißen „unterbreiten wird". Vielleicht unterbreiten wir ja noch etwas, doch faktisch haben wir es bereits getan, als wir unseren Entwurf eines Friedensvertrages veröffentlichten.
Ansonsten ist an der Rede alles in Ordnung.
W. Ulbricht: Ich möchte Ihre Aufmerksamkeit auf den Abschnitt zu den wirtschaftlichen Fragen lenken. Eigentlich wollte ich diesen Teil schärfer formulieren, das heißt, unsere Abhängigkeit von Westdeutschland und die Tatsache erläutern, dass es ohne die Unterstützung der sozialistischen Länder nicht

Deutsche Übersetzung des entscheidenden Gespräches vor dem Mauerbau zwischen Chruschtschow und Ulbricht, 1. August 1961 (28 Blatt)

gehen wird. Das betrifft natürlich nicht nur die
wirtschaftliche Lage. Es wäre gut, wenn die Länder der
Volksdemokratie politische Erklärungen zu dieser Frage abgeben,
es ist aber auch notwendig, dass sie sich wirtschaftlich an der
Sache beteiligen.

N. S. Chruschtschow: Ich unterstütze Sie. Natürlich muss man
alle diese Fragen konkreter erörtern und eine entsprechende
Kommission bilden. Aber einiges habe ich in dieser Hinsicht
schon unternommen. Als Sie diese Frage ansprachen, habe ich
Genossen Novotný angerufen. Als Sie ihm bei Ihrem Aufenthalt in
der Tschechoslowakei Ihren Standpunkt darlegten, hat Genosse
Novotný nicht ganz richtig reagiert. Natürlich hat jede
Republik Ihre eigenen Bedürfnisse, und ich mache ihm keinen
Vorwurf, doch er war damals nicht darauf eingestellt, Opfer zu
bringen.

Ich habe ihm gesagt: Ob Genosse Ulbricht nun recht hat oder
nicht, wir werden ihn anhören, ohne Hilfe kann er jedenfalls
nicht auskommen. Deshalb dürfen wir uns nicht darauf
einstellen, Genossen Ulbricht abblitzen zu lassen, sondern wir
müssen ihm helfen. Genosse Novotný hat mir mitgeteilt, dass sie
auf diese Frage vorbereitet und mit dem Vorschlag anreisen
werden, Ihnen zu helfen.

Das trifft auch auf Polen zu. Unser Genosse Wiesław (Władysław
Gomułka - d.Ü.) ist ein guter Genosse, wenn es ums Nehmen geht.
Er hat zu mir gesagt: Die Deutschen leben besser als wir. Ich
stimme ihm zu und sage dennoch: Es muss geholfen werden. Wir
werden natürlich über ihn (Ulbricht) schimpfen - nicht ins
Gesicht, sondern hintenrum, wie es sich unter „guten Freunden"
gehört, aber wir werden ihm Hilfe geben.

Ich möchte Sie fragen - vielleicht bin ich nur nicht
informiert. Es heißt, Sie hätten Schwierigkeiten bei Gemüse,
Sie hätten nicht genügend Heu, und Polen müsste Ihnen helfen.
W. Ulbricht: Ja.
N. S. Chruschtschow: Das ist nicht gut. Da stellt sich die
Frage, ob das nicht auf die übereilte Kollektivierung
zurückzuführen ist. Genau damit erklären die Polen das intern.
Die haben natürlich gut reden, weil sie selber nichts auf
diesem Gebiet tun, aber von Ihnen sagen sie, dass Sie nicht
recht haben. Ich verstehe, dass es bei der Kollektivierung in
den ersten Jahren zu einem gewissen Produktionsrückgang kommen
kann. Aber jetzt ist es zu spät, darüber zu reden, denn Sie
haben es bereits durchgeführt.
Dass die Deutschen kein Gemüse haben! Das ist sehr schlecht.
Denn was Milch betrifft - wenn man eure Musterbetriebe nimmt,
die von Genossen Strube oder Pezzoni - ihr könntet doch alles
mit Milch zuschütten. Das heißt, man muss die Sache in die Hand
nehmen. Mir persönlich ist nicht klar, woran es liegt. Die
Erklärungen, die man mir dafür gibt, kann ich oft nicht
glauben. Da ist viel Subjektives dran.
Zu einer anderen Frage. Bei euch sind viele Ingenieure
abgehauen. Denken Sie doch mal nach, sollten wir euch
vielleicht Ingenieure von uns schicken? Die laufen nicht weg.
Doch das müssen Sie selber wissen, vielleicht macht es ja
politische Schwierigkeiten aus nationaler Sicht. Entscheiden
Sie das bei sich. Aber es muss etwas getan werden.
Ich habe unseren Botschafter gebeten, Ihnen meinen Gedanken
darzulegen, dass man die derzeitigen Spannungen mit dem Westen
nutzen und einen eisernen Ring um Berlin legen sollte. Das ist
leicht zu erklären: Man droht uns mit Krieg, und wir wollen

nicht, dass man uns Spione schickt. Diese Begründung werden die Deutschen verstehen. Dann würden Sie im Interesse des Warschauer Vertrages handeln und nicht nur in Ihrem eigenen Interesse. Ich bin der Meinung, den Ring sollten unsere Truppen legen, aber kontrollieren sollten Ihre Truppen. Erstens muss das vor Abschluss des Friedensvertrages geschehen. Es wäre ein Druckmittel und würde zeigen, dass wir das Problem ernst nehmen. Wenn man uns Krieg aufzwingt, dann wird es Krieg geben. Zweitens hilft das Ihnen, denn es reduziert die Fluchtbewegung. Wir müssen auch zu einem gemeinsamen Entschluss über demonstrative Maßnahmen zur militärischen Verstärkung kommen. Ich habe einen Bericht unseres Generalstabes entgegengenommen, und wir werden alles tun, was nötig ist. An der Grenze zur BRD werden sich unsere Panzer hinter den Stellungen eurer Soldaten eingraben. Das tun wir so „geheim", dass es der Westen mitbekommt. Das ist nicht schlecht. Vielleicht verlegen wir einige Divisionen in die DDR. Dem Berater Kennedys habe ich gesagt: Gegen jede Ihrer Divisionen bieten wir zwei auf; und wenn Sie die Mobilmachung erklären, dann tun wir das ebenfalls. Unsere Genossen vom Militär meinten, vielleicht müsste bei den Deutschen auch etwas geschehen. Möglicherweise wäre es gut, eine Aufstockung eurer Divisionen vorzunehmen. Aber ich habe gesagt, dass man Genossen Ulbricht fragen muss, wie die Deutschen darauf reagieren. Das könnte unter Umständen negative Reaktionen auslösen, und als Demonstration hat diese Maßnahme keine entscheidende Bedeutung.
Das sind die Gedanken, die ich Ihnen darlegen wollte.
<u>W. Ulbricht:</u> Ich beginne mit der Erläuterung unserer wirtschaftlichen Lage. Zwei Monate lang gab es bei uns keine Kartoffeln zu kaufen. Das ist sehr schlecht. Es liegt daran,

dass wir im vergangenen Jahr eine schlechte Ernte hatten und in diesem Jahr das Wetter feucht war, so dass die Kartoffeln in den Mieten verfault sind. Mit der Vergenossenschaftlichung hat das überhaupt nichts zu tun.
Außerdem wächst bei uns der Butterverbrauch, und es gibt nicht genügend Butter. In der Hälfte der Bezirke der DDR wurde der Plan der Milchablieferung nicht erfüllt. Wir mussten anweisen, dass Butter auf Kartoffelkarten abgegeben wird, denn Kartoffelkarten haben wir noch.
All das hat in der Bevölkerung gegnerische Stimmung erzeugt. Das zeigte sich zum Beispiel bei den Vorfällen in Hennigsdorf. Dabei ist festzustellen, dass der Butterverbrauch nicht zurückgegangen, sondern auf dem bisherigen Niveau geblieben ist. Wir haben nur die Rationierung eingeführt.
Außerdem haben wir verboten, aus Milch Sahne herzustellen, was manchem ebenfalls nicht gefällt.
Zu der besagten Jahreszeit sind bei uns an Gemüse in der Regel nur Sauerkraut und saure Gurken auf dem Markt. Aber in diesem Jahr hatten wir nicht einmal Kartoffeln.
Sie suchen nach einer Rechtfertigung für uns, wenn Sie sagen, dass bei der Kollektivierung ein Rückgang möglich ist. Unter unseren Bedingungen trifft die These vom Rückgang jedoch nicht zu. Wir hatten während und nach der Vergenossenschaftlichung einen Anstieg der landwirtschaftlichen Produktion zu verzeichnen.
<u>N. S. Chruschtschow:</u> Ich rede so, weil ich zu viele westdeutsche Berichte gelesen habe. Das ist Adenauers Stimme.
<u>W. Ulbricht:</u> Einiges von dem, was Sie sagen, stimmt, insgesamt ist die Frage jedoch komplizierter.

Wie sieht es bei uns aus? Ein Teil der neuen landwirtschaftlichen Genossenschaften geht nur langsam zur gemeinsamen Arbeit über, doch sie erfüllen den Plan im Rahmen der Einzelbauernwirtschaften. Einige Großbauern sagen uns: Wir tragen uns in der Genossenschaft ein, aber darin arbeiten wollen wir nicht. Diese Bauern halten privat um die acht Kühe. So wird im Rahmen des Dorfes der Plan erfüllt.

N. S. Chruschtschow: Das sind die deutschen Kolchosen!

W. Ulbricht: Worum geht es? Die Parteiorganisationen haben den Genossenschaften vom Typ I nicht ausreichend Unterstützung gegeben. Das liegt daran, dass die Parteiarbeiter nicht genug von der Landwirtschaft verstehen, um die Mittelbauen zu überzeugen. Was können sie den Bauern schon raten? Jetzt machen wir das anders. Wir delegieren Mitarbeiter aus starken Genossenschaften in schwache. Das hilft.

Aber in der Frage stecken auch politische Momente. Jedesmal wenn internationale Verhandlungen bevorstehen, stellt der Bauer die Frage: Was kommt dabei heraus? Vielleicht eine mittlere Linie zwischen Ulbricht und Adenauer? In diesem Zusammenhang sind einige Bauern aus den Genossenschaften ausgetreten. Als wir sie gefragt haben, was los ist, haben sie geantwortet: Wir arbeiten weiter, aber nicht in der Genossenschaft. Wir warten bis zum Herbst. Das ist eine Absicherung seitens der Bauern.

N. S. Chruschtschow: Gerissene Bauern habt ihr. Ich dachte, so sind die nur bei uns.

W. Ulbricht: Außerdem regen sich unter den Bauern nazistische Elemente, die früheren „Bauernführer". So hat zum Beispiel auf einer Versammlung im Kreis Plauen, wo unsere Vertreter anwesend waren, ein Großbauer erklärt, er sei dafür, das Sudetenland zurückzuholen. Unsere Genossen haben ihm gesagt, dass das Krieg

bedeutet. Darauf hat er geantwortet: Dann kämpfe ich eben
zusammen mit Seebohm dafür – das ist ein revanchistisch
eingestellter Minister aus Westdeutschland. So wird dort
geredet.
Aber ausgerechnet dieser Bauer ist in die Genossenschaft
eingetreten. Er muss natürlich als Kriegshetzer vor Gericht
gestellt und umgesiedelt werden. Jede Diskussion hat
schließlich Ihre Grenzen. Ich habe den Justizminister
beauftragt, sich um die Sache zu kümmern. Allerdings haben wir
kein Sibirien. Da müssen solche Leute eben ins Arbeitslager
geschickt werden.
Zur Versorgungsfrage. Im Winter war bei uns das Futter knapp,
da wir im vergangenen Jahr eine Missernte hatten. Ein Teil des
Viehs ist verendet. Aber das war nicht die Schuld der Bauern.
In diesem Jahr wird eine ähnliche Situation erwartet. Da wir
nasses und kaltes Wetter haben, steht der Mais nur 50
Zentimeter hoch, und die Kartoffeln sind verfault. Wir haben
also zur Fütterung weder Mais noch Kartoffeln. Wenn uns die
sozialistischen Länder nicht mit Futter aushelfen, werden wir
das Produktionsniveau bei Milch nicht halten können.
Das heißt, bei uns kommt zur Verschärfung des politischen
Kampfes, der sich in Ausfällen gegen die Genossenschaften
äußert, (womit wir fertig werden), der Futtermangel hinzu.
<u>N. S. Chruschtschow:</u> Ich denke, hier sind eindeutig die Gegner
am Werk.
<u>W. Ulbricht:</u> Das ist die Kirche.
<u>N. s. Chruschtschow:</u> Nehmen wir das Verfaulen der Kartoffeln in
den Mieten. Die Deutschen sind doch Meister in der Lagerung von
Kartoffeln. Also ist das keine Frage des Wetters, sondern
schlechter Arbeit oder Sabotage.

W. Ulbricht: Saboteure gibt es natürlich. Man muss aber bedenken, dass den Kartoffeln bei uns Kunstdünger beigegeben wird, was sie weniger resistent gegen Fäulnis macht.

N. S. Chruschtschow: Aus meiner Moskauer Erfahrung möchte ich mich für den Mais einsetzen. Als ich 1950 aus der Ukraine nach Moskau kam, war das Wetter hier sehr kalt und regnerisch. Ich habe damals meinen Personenschutz aus der Ukraine mitgebracht, und die Genossen erzählten mir, dass der Sohn eines Mitarbeiters seine Mutter sogar gefragt hat, ob es in Moskau überhaupt einen Sommer gibt. Selbst in jenem Jahr ist der Mais bei mir fünf Meter hoch gewachsen. Das liegt alles an der Pflege.

W. Ulbricht: Aber bei uns wächst er nicht.

N. S. Chruschtschow: Da kann ich Ihnen nicht zustimmen. Beim Mais bin ich Fachmann, Sie dagegen akzeptiere ich nicht als solchen.

Ich habe noch eine weitere Frage. Ich lese Originalberichte westlicher Geheimdienste, wo eingeschätzt wird, dass in der DDR die Bedingungen für einen Aufstand herangereift sind. Sie orientieren über ihre Kanäle, die Dinge nicht bis zu einem Aufstand zu treiben, weil das nichts Gutes bringt. Sie sagen: Wir können nicht helfen, und die Russen walzen alles mit Panzern nieder. Daher rufen sie auf abzuwarten, bis die Voraussetzungen vorhanden sind.

Ist das wirklich so? Ich weiß das nicht genau, sondern stütze mich nur auf westliche Berichte.

W. Ulbricht: Uns liegen Informationen vor, dass die Bonner Regierung durch Abwerbung und Organisierung von Widerstand Schritt für Schritt die Bedingungen für einen Aufstand vorbereitet, der im Herbst 1961 stattfinden soll. Wir sehen,

9

mit welchen Methoden der Gegner arbeitet: Die Kirche organisiert den Austritt der Bauern aus den Genossenschaften, allerdings ohne großen Erfolg. Es kommt auch zu Sabotageakten. Ist das alles real? Ein Aufstand ist nicht real. Aber möglich sind Aktionen, die uns international großen Schaden zufügen können.
So haben zum Beispiel in einem Betrieb in Hennigsdorf bei Potsdam, der früher zur AEG gehörte, feindlich gesinnte Ingenieure eine Unterschriftensammlung organisiert. Sie haben die Forderung gestellt, keinen Friedensvertrag zu unterzeichnen, weil das die Spaltung Deutschlands verfestigen würde. Sie haben nicht direkt gesagt, dass sie für Adenauer sind, sondern vorgeschlagen, freie Wahlen durchzuführen und so eine Regierung zu bilden, die Deutschland führen soll. In dieser Richtung wird der Kampf in einer Reihe von Betrieben geführt. Als wir bei diesen Leuten Haussuchungen vorgenommen haben, wurde festgestellt, dass einer ein amerikanischer Agent ist und vier ehemalige Faschisten sind. Die Sache geht also gar nicht auf das Ostbüro der SPD zurück, sondern auf das Wirken amerikanischer Agenten.
In diesem Bezirk hat sich die Zahl der Sabotageakte in landwirtschaftlichen Produktionsgenossenschaften erhöht, hat es böswillige Schlachtungen gegeben. Die Kreisleitung der Partei hat in diesem Betrieb nicht gearbeitet, so dass gegnerische Elemente, hauptsächlich Übersiedler aus Westdeutschland, sich dort entfalten konnten. Unter den Übersiedlern sind viele Agenten. Wenn es ihnen gelungen wäre, in Hennigsdorf eine Demonstration zu organisieren, dann hätten die Bauern sie unterstützt. Es gibt noch viele weitere Kreise, wo der Gegner

solche Aktionen durchführt. Mit dieser Frage befassen wir uns jetzt; es wird nichts Schlimmes passieren.

N. S. Chruschtschow: Sind diese Personen schon lange in die DDR übergesiedelt?

W. Ulbricht: Vor zwei, drei Jahren.

N. S. Chruschtschow: Weshalb?

W. Ulbricht: Sie sagen, es gefällt ihnen in Westdeutschland nicht. Zum Teil sind das primitive Menschen, die der Gegner ausnutzt.

N. S. Chruschtschow: Vielleicht sollte man sie lieber nach Westdeutschland abschieben, statt sie im Gefängnis sitzen zu lassen?

W. Ulbricht: Diese Frage habe ich auch angesprochen. Den besagten Bauern aus Plauen wollten die Dorfbewohner nach Westdeutschland jagen. Aber das kann man nicht machen, denn unsere Aufgabe ist es zu überzeugen.

Ich möchte noch einige allgemeine Fragen behandeln. Aus politischen und wirtschaftlichen Gründen haben wir Schwierigkeiten mit der Intelligenz. Die politischen Gründe liegen darin, dass diese Leute glauben, es gäbe einen dritten Weg. Sie meinen, der Friedensvertrag bedeute, dass die Spaltung bestehen bleibt, und sie fragen, ob es keinen anderen Weg gibt. Die wirtschaftlichen Gründe liegen darin, dass unsere inneren Schwierigkeiten zugenommen haben, weil die Zahlen des Siebenjahrplans für ungültig erklärt wurden. Unsere Staatliche Plankommission arbeitet jetzt daran, diese Zahlen abzusenken. Das hat eine zersetzende Wirkung auf weite Kreise der Bevölkerung. Vertreter der Intelligenz sagen, dass wir bei derartigen Plansenkungen unsere Aufgaben nicht erfüllen können. Seitdem wir von der verkündeten ökonomischen Hauptaufgabe abgegangen sind, Westdeutschland beim Pro-Kopf-Verbrauch und der Arbeitsproduktivität zu überholen, arbeiten die Menschen ohne wirtschaftliche Perspektive. Solange das so bleibt, werden wir Schwierigkeiten haben, nicht nur wegen der Mängel im Handel.

Außerdem übersteigt die Kaufkraft der Bevölkerung bei uns gegenwärtig das Warenangebot um zwei Milliarden Mark. Die Bevölkerung stellt Forderungen, die nicht befriedigt werden können. Das Problem des Kaufkraftüberhangs gegenüber dem Angebot können wir bei offener Grenze nicht lösen, denn dann müssten wir den Lohn einfrieren und die Preise teilweise erhöhen. Mit dem Einfrieren des Lohnes haben wir bereits begonnen, können es aber der Bevölkerung nicht erklären. Wir sagen nicht, warum wir die Planzahlen gesenkt haben, doch jeder Ingenieur kann es sehen. Wir haben die Investitionen jetzt um zwei Milliarden gesenkt. Die Intelligenz spürt das und äußert Unmut.

Neben der Wühltätigkeit Westdeutschlands gibt es also eine Reihe Fragen, die bei offener Grenze nicht zu lösen sind. Wir erleiden große Verluste durch die Grenzgänger (Personen, die in der DDR wohnen und in Westberlin arbeiten) und die Republikflucht. Deswegen können wir einen Teil der Aufgaben nicht erfüllen.

Es ist zu bedenken, dass wir in den letzten drei Jahren im Interesse des Siebenjahrplanes aus unserer Wirtschaft herausgeholt haben, was möglich war. Dabei wurde ein Teil der örtlichen Industrie, die früher für den Binnenmarkt gearbeitet hat, auf den Export umorientiert. Als ich im vergangenen Jahr die Arbeit unseres Außenhandels überprüfte, habe ich festgestellt, dass von dort Vertreter ausgeschickt werden, die mit Handwerkern Verträge abschließen, und alles geht in den Export. Dadurch sind die Dienstleistungen für die Bevölkerung zurückgegangen. Vor Dienstleistungseinrichtungen bilden sich Schlangen, was zu Unzufriedenheit geführt hat. Ich habe das verboten, denn sonst bringen wir noch die ganze Bevölkerung gegen uns auf.

N. S. Chruschtschow: Als ich vor zwei Jahren an eurem Parteitag teilgenommen habe, war alles in Ordnung. Was ist denn da passiert? Ihr wolltet doch die BRD bis 1961/62 überholen.

W. Ulbricht: Wir haben unsere Pläne nicht mit Rohstoffen untersetzt, das heißt, sie waren nicht ausbilanziert. Wir mussten Stahl und andere Waren importieren und dafür Konsumgüter ausführen. Dafür habe ich die Staatliche Plankommission bereits gescholten.

N. S. Chruschtschow: Was ist denn geschehen? Die DDR kann Rohstoffe nicht bezahlen? Aber die gibt einem niemand umsonst.

W. Ulbricht: Ja, das kann niemand. Ich will ein Beispiel sagen: Wir kauften für hundert Millionen in Westdeutschland Schuhe ein und haben jetzt Verrechnungsschulden. Sie haben uns gewarnt, wenn wir bis zum 15. August nicht zahlen, dann werden die Lieferungen gestoppt.

Bei der Aufstellung des Planes haben wir mit der Hilfe der Länder der Volksdemokratie gerechnet. Wir haben den Tschechen moderne metallurgische Ausrüstungen verkauft, und sie sollten uns 1960 vertragsgemäß 8000 Tonnen Stahl liefern. Doch sie haben das nicht getan. Genau so verhalten sich Polen und Bulgarien.

Die Bulgaren schulden uns jetzt 60 Millionen, das heißt, wir kreditieren sie. Den Polen haben wir einen Kredit für 450 Millionen gewährt, damit sie uns Steinkohle liefern, für die

wir sogar mehr als den Weltmarktpreis zahlen. Im Gegenzug
verlangen sie von uns Ausrüstungen, aber Stahl bekommen wir von
ihnen nicht. Um unsere Verpflichtungen gegenüber diesen Ländern
zu erfüllen, sind wir also gezwungen, das fehlende Material für
Devisen in Westdeutschland zu kaufen, und sie sind nun unsere
Schuldner.
Mit der Sowjetunion gestalten sich die Dinge teilweise ähnlich,
doch Ihr gebt uns Kredite.
N. S. Chruschtschow: Mit uns schließt Ihr auch solche
unvorteilhaften Verträge ab?
W. Ulbricht: Ich bitte Sie, diese Fakten nicht zu verwenden,
denn zuweilen erklären sie sich daraus, dass die notwendigen
Ausrüstungen im sozialistischen Lager nicht zu bekommen sind.
Aber ich kann folgendes Beispiel anführen: Wir haben für euch
ein Schiff gebaut und mussten für 20 000 Technik in
Westdeutschland einkaufen. Eure Außenhandelsorgane stellten als
Bedingung, dass der Schiffsmotor aus Westdeutschland stammt,
obwohl sie hätten feststellen können, dass man ihn nicht
unbedingt im Westen kaufen muss, sondern ihn ebenso gut im
sozialistischen Lager beschaffen kann.
Dieses Beispiel ist nicht als Kritik gemeint, denn Ihr helft
uns ja wenigstens.
Unter den sozialistischen Ländern gibt es keine Kooperation,
wird die Frage nicht gelöst, wer neue Maschinen nach westlichen
Mustern baut. Die Rumänen haben zum Beispiel bei den
Amerikanern eine Maschine zur Kunststofftrocknung gekauft. Wenn
wir vier solcher Maschinen hätten, dann könnten wir die
Produktion der entsprechenden Plaste verdoppeln. Aber der RGW
befasst sich nicht mit dieser Frage und vervielfältigt die
Zeichnungen solcher neuen Maschinen nicht. Daher ringen wir

jetzt mit den Rumänen, dass sie uns die Zeichnungen kopieren lassen.

Zur Zeit arbeitet jeder für sich allein mit dem Ergebnis dass wir in immer größere Abhängigkeit vom Westen geraten. Der RGW muss das in Angriff nehmen und so arbeiten wie das bei euch geschaffene Koordinierungskomitee für wissenschaftliche Forschung.

<u>N. S. Chruschtschow:</u> Wenn wir also den Friedensvertrag abschließen, wird der erste Schritt des Westens ein Embargo sein. Was machen wir dann?

<u>W. Ulbricht:</u> Deswegen stelle ich diese Frage ja.

<u>N. S. Chruschtschow:</u> Das kommt ein bisschen spät. Ihr habt euch auf die Beziehungen mit den Westdeutschen eingelassen, und jetzt seid in einer so schlechten Lage. Wir treiben auch Handel mit den Westdeutschen, aber wenn sie ein Embargo erklären, dann - zum Teufel mit ihnen - nehmen wir einige Fabriken eben zwei Jahre später in Betrieb. Ich habe einen Geheimbericht darüber, wie sie sich vorbereiten. Sollen sie doch. Krupp wird davon mehr Nachteile haben als wir, denn dann stellen wir die Zahlungen ein.

<u>W. Ulbricht:</u> Krupp prüft schon heute die Möglichkeiten des Handels über neutrale Staaten.

<u>N. S. Chruschtschow:</u> Krupp will mit uns Handel treiben. Sie haben uns insgeheim sogar gebeten, sie heftiger zu beschimpfen, weil sonst die Amerikaner auf sie Druck ausüben.

<u>W. Ulbricht:</u> Um die Stimmung in der DDR zu verändern, muss man der Bevölkerung die wirtschaftliche Lage erklären und Ihr eine ökonomische Perspektive aufzeigen, die sie gegenwärtig nicht hat.

N. S. Chruschtschow: Zu diesen Fragen habe ich meinen eigenen Standpunkt, und Sie haben mir noch nicht geantwortet. Eure Produktion stellt nur einen kleinen Prozentsatz des Umfangs unserer Produktion dar. Wahrscheinlich entspricht allein unser Zuwachs eurer gesamten Produktion. Wenn das bisher noch nicht genutzt wurde, dann liegt das an der Schlamperei in unserer Wirtschaft. Daran sind wir schuld und die Deutschen ebenso. Wir bauen neue Betriebe, und eure sind nicht ausgelastet.
Mit den Gesetzen der Produktion kenne ich mich aus und weiß, wenn Ingenieure sich einmal an bestimmte Beziehungen gewöhnt haben, dann wollen sie die nicht wechseln und auch nicht das Sortiment.
W. Ulbricht: Das haben wir bereits erreicht. Diese Frage steht nicht mehr.
N. S. Chruschtschow: Das ist aber die Hauptsache. Zum Beispiel bestellen wir bei euch Schiffe. Im Vertrag wird vereinbart, was Ihr zu machen habt, und was wir. Ihr verpflichtet euch, den Schiffsmotor in England oder der BRD zu kaufen. Aber Ihr tut es nicht.
W. Ulbricht: Dann heißt es, ich sei antisowjetisch.
N. S. Chruschtschow: Hören Sie damit auf. Wir bauen schließlich Kreuzer und Atom-U-Boote, die schneller und besser sind als die amerikanischen. Wir können das also. Offenbar haben eure Leute gesagt, sie könnten das beschaffen. Schließlich bezahlen wir dafür und wollen nichts umsonst. Dass es jetzt so ist, laste ich mehr der DDR an, wem soll ich es denn sonst anlasten?
W. Ulbricht: Nach dem Siebenjahrplan war bei uns ein jährliches Produktionswachstum von neun Prozent vorgesehen. Nach dem neuen Plan für 1962 beträgt das Wachstum nur fünf Prozent. Aber die vier Prozent fehlen uns.

N. S. Chruschtschow: Das verstehe ich nicht. Wir reden doch seit drei Jahren über diese Frage. Vielleicht übersetzt der Dolmetscher schlecht?

W. Ulbricht: Wir sind dafür, die Wirtschaft vollständig auf Rohstofflieferungen aus dem sozialistischen Lager umzustellen. Aber für das nächste Jahr fehlen uns 153 000 Tonnen Stahl. Selbst in die Verhandlungen mit der Sowjetunion ist diese Menge nicht aufgenommen worden. Wir müssen sie also in Westdeutschland kaufen. Bei Spezialstahlblechen sind wir zu hundert Prozent von denen abhängig.

N. S. Chruschtschow: Auch wir müssen einige Stahlsorten kaufen.

W. Ulbricht: Aber eure Genossen haben gesagt, Ihr hättet solchen Stahl nicht.

N. S. Chruschtschow: Das ist richtig. Wir stellen dann eben andere Maschinen her. Ihr produziert die Maschinen aus diesem Stahl doch nicht für euch. Macht sie nicht mehr.

W. Ulbricht: Ihr liefert uns zum Beispiel rostfreien Stahl nur für die Aufträge aus der Sowjetunion.

N. S. Chruschtschow: Das stimmt, denn wir haben nicht genug von diesem Stahl.

W. Ulbricht: Aber Polen und die Tschechoslowakei haben bei uns Chemieausrüstungen aus demselben Stahl bestellt, und wir müssen ihn in der BRD kaufen.

N. S. Chruschtschow: Das ist mir unverständlich. Ich würde einen solchen Vertrag nicht abschließen, wenn er kommerziell für mich nicht von Vorteil ist.
Ich will ein Beispiel bringen. Als wir den Siebenjahrplan beschlossen und erklärt haben, dass wir bereit sind, Kredite zu nehmen, haben uns sehr viele aus dem Westen Kredite angeboten. Ich habe damals gesagt, dass wir unsere Möglichkeiten zur

17

Rückzahlung dieser Kredite prüfen müssen und uns dabei nicht
übernehmen dürfen. Sie bieten uns Lieferkredite für fünf Jahre
an. Wir antworten, einverstanden, aber nicht für fünf, sondern
für sieben Jahre. Wenn Sie nicht wollen, dann: Auf Wiedersehen.
Was ist hier passiert? Wir bestellen bei euch Schiffe, und ihr
kauft die Motoren in England und der BRD. Wenn das für euch
ungünstig ist, dann nehmt solche Aufträge nicht an. Sucht euch
andere, die euch nicht zwingen, den Westen in Anspruch zu
nehmen.

Anfangs ist es bei euch gut gelaufen, der Handel mit
Westdeutschland hat sich entwickelt, und das war nützlich für
euch. Aber wie heißt es doch: Solange es nicht donnert,
bekreuzigt sich der Bauer nicht. Adenauer hat euch im vorigen
Jahr eine Lehre erteilt, und erst da habt Ihr angefangen, euch
an einer bestimmten Stelle zu kratzen.

Können wir denn wirklich keinen Ausweg aus dieser Lage finden?
Amerika verkauft uns nichts, und wir kommen damit klar. So war
es auch mit England und der BRD, als die keinen Handel mit uns
trieben. Wieso sollen wir jetzt ohne Adenauer und de Gaulle
nicht den Sozialismus aufbauen können? Die sollten wir zum
Teufel jagen.

Bei Adenauer haben wir Fischfangschiffe gekauft und bei Krupp
zwei Chemiewerke. Als die Italiener sich entschieden, mit uns
Handel zu treiben, haben sie vorgeschlagen, wir sollten ihnen
mehr abkaufen als sie uns. Aber darauf sind wir nicht
eingegangen. Mit den Engländern war es ebenso. Sie haben uns
gefragt, was sie bei uns kaufen sollen. Wir haben geantwortet:
Sucht es euch doch selbst. Wenn Ihr bei uns nichts zu kaufen
findet, dann wir bei euch auch nicht. Da kommen sie ins
Nachdenken und meinen: Wir kaufen in Amerika Erdöl, aber die

18

kaufen nichts bei uns. Also kaufen wir das Erdöl doch lieber
bei den Russen, die dafür unsere Waren kaufen.
Ich sage den Kapitalisten: Ihr habt jeder euren privaten Staat.
Wenn Ihr Erdöl braucht, dann kauft es, und wir beziehen eure
Waren. Sie berufen sich auf ihre Gesetze. Darauf antworten wir,
dass auch wir Gesetze haben und anders mit uns nicht zu reden
ist.
Mit Italien haben wir einen guten Handelsvertrag abgeschlossen.
Heute habe ich ein Gespräch unseres Botschafters mit dem
Erdölmagnaten Matteo gelesen. Er ist ein Befürworter des
Handels mit uns und sagt, dass man jetzt mehr sowjetisches Öl
kaufen kann.
Ihr liefert euch doch Adenauer und Macmillan mit Haut und
Haaren aus. Können tatsächlich nicht wir euch die Rohstoffe
liefern? Das ist ein Defekt in unseren Beziehungen.
Was die Tschechen und Polen betrifft, das ist eure Schuld.
Freundschaft hin oder her, aber Geschäft ist Geschäft. Nur die
Albaner bringen es fertig zu sagen: Gebt uns, sonst sind wir
nicht eure Freunde. Die sollen sich sonst wohin scheren.
Ich habe über all das in unserem ZK gesprochen, nur hat man es
da wohl nicht ernst genommen.
Lassen Sie uns das auf der Ebene der Sekretäre (gemeint sind
die Ersten Sekretäre der Parteien - d.Ü.) besprechen. Die Polen
werden natürlich zusammenzucken. Wenn sie euch nichts geben,
dann müsst ihr ihnen auch nicht helfen, kreditieren könnt ihr
sie nicht.
Mit Stahl versorgen wir euch. Was Spezialstahl betrifft, den
müssen wir selber kaufen. Aber lasst ihn uns gemeinsam kaufen,
damit wir später nicht für euch mit Gold bezahlen müssen. Sonst
geht es euch wie den Bulgaren, die zuerst alles ohne uns

197

19

gekauft und den Kopf in die Schlinge gesteckt haben und dann vor dem Bankrott standen. Wir haben für sie zahlen müssen, aber so kann das nicht gehen.

W. Ulbricht: Ich bin einverstanden.

N. S. Chruschtschow: Lassen Sie uns mit Gosplan darüber reden, euren Zuwachs auf neun Prozent zu erhöhen. Vielleicht geben die Polen ja etwas. Den Tschechen wird das schwerer fallen, denn viele ihrer Waren gehen in den Export.

W. Ulbricht: Bei Stahl stehen die Tschechen in einigen Positionen besser da als die UdSSR.

N. S. Chruschtschow: Bei den Kolonialwaren muss man sehen, was Ihr mit Gold bezahlt. Jetzt kann man dafür mit Waren bezahlen. Mit Nkrumah haben wir vereinbart, dass wir die Hälfte der Waren mit Gold und die andere Hälfte mit Waren vergüten.

W. Ulbricht: Wir besprechen das bei Gosplan.

N. S. Chruschtschow: Was Industriegüter betrifft, nehmt keine Aufträge an, wenn ihr nicht selber liefern könnt. Wenn ihr unbedingt im Westen einkaufen müsst, dann verlangt dafür einen Ausgleich von uns, und steckt nicht selber den Kopf in die Schlinge.

W. Ulbricht: Im Außenhandel hat es bei uns ernste Fehler gegeben. Wir haben versucht, das zu verändern, aber das war schwer, denn Rau hatte seinen Individualismus. Jetzt ändern wir das. Ich habe gesagt, wir haben keine Geschenke zu verteilen. Aber es wird einige Zeit vonnöten sein, bis Ordnung geschaffen ist.

N. S. Chruschtschow: Etwa zwei Jahre werdet Ihr brauchen. Ihr seid spät ins Grübeln gekommen. Nachdenken müsst Ihr über die Fragen, die auf eurem letzten Parteitag gestanden haben. Es sind die Fragen, die auch vor uns stehen. Westdeutschland muss überholt werden. Wenn Ihr die Grenze schließt, dann werden die Schwierigkeiten davon nicht verschwinden.

W. Ulbricht: Im Gegenteil, es wird eine Blockade verhängt werden.

N. S. Chruschtschow: Ich meine nicht den Abschluss des Friedensvertrages, sondern die Maßnahmen, die jetzt rund um Berlin ergriffen werden.

Unser Botschafter hat mir berichtet, dass es euch an Arbeitskräften fehlt. Die können wir euch geben.

W. Ulbricht: Wir haben im Politbüro beschlossen, um Arbeiter aus Bulgarien und Polen zu bitten.

N. S. Chruschtschow: Auch wir können sie euch geben – junge Leute, Komsomolzen. Wir haben überflüssige Arbeitskräfte. Hören Sie nicht auf die Stimme Amerikas, die behauptet, uns fehle es an Arbeitern.

W. Ulbricht: Ich habe mich einfach nicht entschließen können, Ihnen diese Frage zu stellen.

N. S. Chruschtschow: Lassen Sie uns darüber nachdenken, wie wir das dem Volk am besten erklären.

W. Ulbricht: Als sozialistische Hilfe für die DDR!

N. S. Chruschtschow: Vielleicht sollten wir es besser Jugendaustausch nennen, wie Fidel vorgeschlagen hat. Bei dem Austausch gebt ihr uns einen, und wir euch hundert. So wurde es mit Fidel gemacht. Er war allerdings gekränkt, dass wir zu wenige nach Kuba geschickt haben, doch wir haben ihm gesagt, mehr brauchen wir vorläufig nicht zu schicken. Wenn die Kubaner zu uns kommen wollen, dann sollen sie kommen.

So kann man auch das Problem der Ingenieure lösen. Früher haben die Deutschen uns Ingenieure geschickt, und wir haben von ihnen

gelernt. Jetzt schicken wir euch unsere Ingenieure, aber nicht, um euch zu lehren, sondern um zu helfen.
Warum schweigen Sie? Sie wollen wohl nicht über dieses Thema reden?
W. Ulbricht: Nein, ich will zuerst alles durchrechnen.
Jetzt zur Schließung der Grenze. Welcher Termin ist der beste? Was machen wir in dieser Frage?
Als vom 19. bis zum 23. Juli in Westberlin der Kirchentag stattfand...
N. S. Chruschtschow: Wissen Sie, dass die Amerikaner Adenauer dafür kritisiert haben, weil sie eine Zuspitzung befürchten? Diese Veranstaltung war Adenauers Werk.
W. Ulbricht: Adenauer hat eine Niederlage erlitten, denn wir erhielten die Möglichkeit, unsere Kirche von der westdeutschen zu trennen. Wir haben Gegenmaßnahmen ergriffen und eine Kontrolle der Reisen nach Berlin eingeführt, die 50 Kilometer vor der Stadt immer noch besteht. Außerdem wird auf dem Ring kontrolliert.
Das Politbüro hat entschieden, dass der Berliner Senat in dieser Woche einen Beschluss über die Registrierung aller Grenzgänger fasst. Wir registrieren alle und werden sie dann bearbeiten. Das wird praktisch nicht viel bringen, aber es stellt die Menschen auf die Schließung der Grenze ein und bereitet die weitergehenden Maßnahmen vor.
N. S. Chruschtschow: Um wieviele Personen handelt es sich?
W. Ulbricht: Offiziell sind es in Berlin 75 000, tatsächlich sind es mehr.
In dieser Woche wird Ebert sich an die Bevölkerung der DDR mit der Bitte wenden, bis zur Normalisierung der Lage von Reisen

nach Berlin abzusehen. Zugleich wird der Autobusverkehr nach
Berlin eingestellt.
Aber die Leute werden fragen, weshalb sie nicht in Ihre eigene
Hauptstadt fahren dürfen. Das muss man erklären.
N. S. Chruschtschow: Das darf man nicht zulassen, sie müssen
die Möglichkeit haben, in Ihre Hauptstadt zu fahren.
W. Ulbricht: Technisch können wir das in zwei Wochen
vorbereiten.
N. S. Chruschtschow: Führt das durch, wann Ihr wollt, wir
können uns jederzeit darauf einrichten.
W. Ulbricht: Fürchten Sie keine Auswirkungen auf die
westdeutschen Wahlen, dass das Adenauer und Brandt hilft?
N. S. Chruschtschow: Ich denke, Adenauer wird gewinnen. Wir
machen hier keine politischen Spiele. Sie sind beide Halunken.
Brandt ist schlimmer als Adenauer. Hier verlassen wir uns nur
auf Sie.
W. Ulbricht: Von Brandt ist alles zu erwarten, denn er hat
nichts zu verlieren.
N. S. Chruschtschow: Ich denke, Adenauer wird sich nach den
Wahlen anders verhalten. Ich weiß aus Geheimdokumenten, dass
die Westmächte erst nach den Wahlen in der BRD mit ihren
Vorschlägen kommen werden. Wenn sie uns harte Bedingungen
stellen wollten, dann wäre es für sie günstiger gewesen, das
vor den Wahlen zu tun, um dem Kanzler zu helfen. Aber dann
hätten sie sich den Weg für Verhandlungen mit uns verbaut.
Sie wollen ihre Vorschläge erst nach den Wahlen einbringen, um
sie milder formulieren zu können. Das hat Kroll mir gegenüber
angedeutet. Er hat gesagt, die Wahlen seien nur Gerede. Er ist
ein kluger Mann. Zwar windet er sich jetzt etwas, weil man ihn

23

für den Verfechter eines weichen Kurses hält. Da muss er manchmal Härte demonstrieren.
W. Ulbricht: Wir werden diese Maßnahmen im Politbüro erörtern.
N. S. Chruschtschow: Wann ist für euch der günstigste Zeitpunkt?
W. Ulbricht: Wenn ich aus Moskau zurück bin, führen wir eine Wirtschaftsberatung durch, denn Westdeutschland wird als Antwort auf die Maßnahmen an der Grenze wichtige Lieferungen einstellen.
N. S. Chruschtschow: Das ist möglich.
W. Ulbricht: Deshalb müssen wir dem Staatsapparat erläutern, wie wir uns die weitere Wirtschaftspolitik vorstellen. Wir werden erklären, da wir den Wettbewerb mit Westdeutschland noch nicht gewonnen haben, kommen neue ökonomische Aufgaben auf uns zu. Dazu gehört, unsere Wirtschaft gegenüber dem Westen störfrei zu machen.
N. S. Chruschtschow: Die Maßnahmen sollte man eurem Volk nicht damit erklären. Eine solche Begründung wäre günstig für Adenauer, denn sie bedeutete, dass ihr mit Westdeutschland nicht konkurrieren könnt. Die Schließung der Grenze muss politisch begründet werden, und davon sind dann die wirtschaftlichen Folgen abzuleiten.
W. Ulbricht: Sie haben mich nicht richtig verstanden, natürlich sind sie politisch zu begründen.
N. S. Chruschtschow: Wir müssen ein gemeinsames Kommuniqué veröffentlichen, wo die DDR im Interesse der sozialistischen Länder gebeten wird, die Grenze zu schließen. Dann machen Sie das auf unsere Bitte. Das ist keine innere, keine wirtschaftliche, sondern eine große allgemein politische Angelegenheit.

W. Ulbricht: Wir sind einverstanden mit der Begründung dieser Sache vom Standpunkt der großen Politik. Aber wir müssen uns auf wirtschaftliche Schritte vorbereiten. Vor Durchführung dieser Maßnahme muss ich erläutern, wie unsere Wirtschaftspolitik aussehen wird, damit das alle wissen. Zur politischen Seite haben wir den Friedensplan beschlossen, der großen Erfolg hat.

N. S. Chruschtschow: Dazu habe ich eine andere Meinung. Vor Einführung des neuen Grenzregimes sollten Sie überhaupt nichts erläutern, denn das würde die Fluchtbewegung nur verstärken und könnte zu Staus führen. Das muss so gemacht werden, wie wir den Geldumtausch realisiert haben. Wir lassen euch jetzt ein, zwei Wochen Zeit, damit Ihr euch wirtschaftlich vorbereiten könnt. Dann beruft ihr das Parlament ein und verkündet folgendes Kommuniqué: „Ab morgen werden Posten errichtet und die Durchfahrt verboten. Wer passieren will, kann das nur mit Erlaubnis bestimmter Behörden der DDR tun." Es wird eine Ordnung eingeführt, um niemanden nach Berlin hinein und dann auch zur Grenze Berlins zum Westen (gemeint ist offenbar die Grenze zwischen Ost- und Westberlin - d.Ü.) zu lassen. Wenn diese Frage schon jetzt so gestellt wird, dann versuchen die Spießbürger - da sind sich russische und deutsche gleich - wegzukommen. An den Zufahrtsstraßen nach Berlin könnten sich Staus bilden, was eine bestimmte Demonstration wäre.

W. Ulbricht: Das ist ein richtiges Argument.

N. S. Chruschtschow: Genosse Perwuchin hat mir gesagt, man müsste die Außenlinie Berlins unter Kontrolle nehmen.

W. Ulbricht: Das ist der übliche Standpunkt der Außenministerien, die vom Viermächtestatus der Stadt ausgehen.

N. S. Chruschtschow: Genosse Perwuchin hat gesagt: Sollen die Leute sich doch nach Westberlin absetzen, von dort kommen sie ohnehin nicht weg. Aber das ist undenkbar, denn dann entstehen in Westberlin riesige Lager, die sie den Touristen zeigen werden.

W. Ulbricht: Ja, denn die Grenze verläuft innerhalb Berlins.

N. S. Chruschtschow: Ich würde die Kontrolle nur in Berlin errichten, nicht außen herum.

W. Ulbricht: Für den Anfang ist die Kontrolle der Außenlinie notwendig, damit die bewussten Personen sich nicht schon jetzt in Berlin ansammeln. Die Außenlinie besteht wegen des Viermächtestatus, wir sind jedoch der Meinung, dass die Grenze innerhalb Berlins verläuft. Vor allem muss es schnell gehen.

N. S. Chruschtschow: Wenn die Grenze geschlossen wird, werden Amerikaner und Westdeutsche zufrieden sein. Botschafter Thompson hat mir gesagt, dass diese Flucht den Westdeutschen Ungelegenheiten bereitet.

Wenn Sie also diese Kontrolle errichten, werden alle zufrieden sein. Außerdem bekommen die Ihre Macht zu spüren.

W. Ulbricht: Ja, dann wird eine Stabilisierung erreicht werden.

N. S. Chruschtschow: Ich habe eine technische Frage. Wie wird die Kontrolle auf den Straßen realisiert, wo eine Seite in der DDR und die andere in Westberlin liegt?

W. Ulbricht: Wir haben einen bestimmten Plan. In den Häusern, die Ausgänge nach Westberlin haben, werden die vermauert. An anderen Stellen werden Stacheldrahthindernisse errichtet. Der Stacheldraht ist bereits angeliefert. Das kann alles sehr schnell geschehen. Schwieriger wird es mit dem Verkehr. Wir werden die Bahnsteige von S- und U-Bahn für das Umsteigen nach Westberlin umbauen.

N. S. Chruschtschow: Wer wird denn da umsteigen?

W. Ulbricht: Der Teil der Bevölkerung, der eine Reiseerlaubnis erhält. Es gibt zum Beispiel 14 000 Personen, darunter viele Vertreter der Intelligenz, die in Westberlin wohnen und bei uns arbeiten.

N. S. Chruschtschow: Eine weitere Frage. Wenn Ihr euren Leuten gestattet, in Westberlin zu wohnen, dürfen dann Personen, die bei euch wohnen, auch drüben arbeiten?

W. Ulbricht: Nein, das wird nicht gestattet, das ist etwas anderes. Allerdings haben wir einige Tausend Kinder, vorwiegend aus kleinbürgerlichen Familien, die in Ostberlin wohnen und in Westberlin zur Schule gehen.

N. S. Chruschtschow: Das muss unterbunden werden.

W. Ulbricht: Ja, die lassen wir nicht mehr dorthin.
Bisher sind unsere Züge nach Potsdam durch Westberlin gefahren. Jetzt werden sie es auf DDR-Gebiet umfahren müssen. Es besteht aber die Gefahr, dass die Westberliner Behörden und die Besatzungsmächte die Bahnhöfe in Westberlin beschlagnahmen, die uns gehören. Das wird ihnen allerdings schwer fallen, denn die Züge, die von dort abfahren, müssen unser Gebiet passieren.

N. S. Chruschtschow: Dann werden sie das nicht tun, denn ihr könntet ihnen die Verkehrswege sperren.

W. Ulbricht: Da entsteht das Problem der Militärzüge, die wir abfertigen müssen. Konflikte dieser Art wird es geben.

N. S. Chruschtschow: Kleine Konflikte schaden nichts. Aber das muss klug gemacht werden, damit man uns nichts vorwerfen kann.

W. Ulbricht: Wir haben bereits den Kampf gegen den Menschenhandel aufgenommen. Der Gegner spürt, dass wir uns darauf vorbereiten, die Grenze zu schließen. Gestern hat mich zum Beispiel ein englischer Korrespondent gefragt: Würden Sie

27

heute die Grenze schließen? Ich habe gesagt, dass das von den Westmächten abhängt.

N. S. Chruschtschow: Ich sehe, dass wir uns in dieser Frage richtig verstehen.

W. Ulbricht: Wie werden unsere Beratungen in Moskau praktisch ablaufen? Ich denke, man sollte mit einem Gespräch im Kreis der Ersten Sekretäre beginnen.

N. S. Chruschtschow: Das wäre nicht schlecht, da aber die Ersten Sekretäre und die Vorsitzenden (der Regierungen - d.Ü.) hier angereist sind, wäre das unpassend.

W. Ulbricht: Dann müssen wir mit einer Plenartagung beginnen.

N. S. Chruschtschow: Ja, anders anzufangen wäre schwierig, denn den Delegationen gehören Politbüromitglieder an. Rapacki ist zum Beispiel Mitglied des Politbüros. Wir hatten Verdachtsmomente gegen ihn. Aber es liegt nichts vor, das ihn der Unlauterkeit überführen würde.

W. Ulbricht: Bei uns liegt ebenfalls nichts gegen ihn vor. Aber über seinen Apparat sickern Informationen durch.

N. S. Chruschtschow: Das hat mir auch Genosse Gomułka gesagt und darum gebeten, dass wir uns bei wichtigen Fragen direkt an ihn wenden sollen. Unser Verhältnis zu Rapacki ist so wie zu Cyrankiewicz: Das sind Freunde, die von den ehemaligen Sozialisten kommen.

Wir führen also die erste Sitzung durch, und dann sehen wir weiter.

W. Ulbricht: Danach wird es eine Sondersitzung geben müssen.

N. S. Chruschtschow: Lassen Sie es uns doch so machen: Die Außenminister beauftragen wir, das Kommuniqué abzufassen, für die Ökonomen wird sich auch eine Arbeit finden, und nachdem wir

sie auf diese Weise ausgeschlossen haben, finden wir uns zu der
Beratung auf unserer Ebene zusammen.

W. Ulbricht: Die Hauptfrage bei der Beratung im kleinen Kreis
wird also sein, was geschieht, wenn die BRD nach dem Abschluss
des Friedensvertrages eine Blockade verkündet.

N. S. Chruschtschow: Diese Frage kann auf der Plenartagung
besprochen werden, denn das ist nicht geheim.

W. Ulbricht: Aber die Einzelheiten müssen im engeren Kreis
erörtert werden.

Das Gespräch dauerte zwei Stunden und 15 Minuten.

Notiert: (Unterschrift)
        (V. Koptelzew)

Gespräch mit dem 89-jährigen Generaloberst Anatolij Grigorjewitsch Mereschko am 9. September 2010 in Wolgograd, der 1942 in Stalingrad kämpfte und 1961 als Oberst in der Gruppe der sowjetischen Streitkräfte in Deutschland an den Grenzsicherungsmaßnahmen aktiv beteiligt war.
Nachfolgender Text findet sich seit dem 4. Februar 2011 auf der Homepage der Bundeszentrale für politische Bildung. Das Interview führten Prof. Dr. Manfred Wilke, Projektleiter am Institut für Zeitgeschichte (IfZ) München-Berlin, und Dr. Alexander J. Vatlin, Professor für deutsche Geschichte der Historischen Fakultät der Staatlichen Lomonossow-Universität Moskau.
Die Übersetzung besorgte Tatjana Timofejewa (Moskau).

Zunächst möchten wir wissen, welche Funktion Sie 1961 in der DDR hatten.

Ich war der stellvertretende Chef der Operativen Abteilung des Stabes der Gruppe der sowjetischen Streitkräfte in Deutschland (GSSD). Ich wurde damit beauftragt, den Plan der Absicherung der Grenzkontrollsperre zwischen Ost- und West-Berlin auszuarbeiten.

Vielleicht erzählen Sie zunächst, was Sie wissen, und später werden wir Fragen stellen.

Ungefähr am 22./23./24. Juli hat der Oberbefehlshaber der GSSD, Armeegeneral Iwan I. Jakubowski, mir befohlen, die topografischen Karten der DDR mit der genauen Grenze zwischen der DDR und der BRD sowie den Plan von Berlin mit der Demarkationslinie zwischen Ost- und West-Berlin mitzunehmen. Wir sollten mit diesen Karten sofort zum Botschafter der Sowjetunion fahren, er hatte uns zu einem wichtigen Gespräch eingeladen. Botschafter war damals Michail G. Perwuchin. Als wir in Perwuchins Arbeitszimmer kamen, hat er uns erstaunt angeschaut und zu Jakubowski gesagt: »Iwan

Ignatjewitsch, ich bat Sie, mit dem Stabschef der Gruppe zu kommen, und Sie kommen mit einem Obersten.«

Darauf antwortete Jakubowski in einem ziemlich scharfen Ton, dass er mit dem stellvertretenden Stabschef der Gruppe gekommen ist.

Danach erklärte Perwuchin: »Iwan Ignatjewitsch, wir haben über ein Staatsgeheimnis zu sprechen. Nikita Sergejewitsch [Chruschtschow] hat mich beauftragt, Sie über den Plan zur Einführung der Grenzordnung zwischen den beiden Teilen Berlins zu informieren, den Sie auszuarbeiten haben.«

Er hat über die politische Lage in Berlin, die wir ohnehin gut kannten, besonders aber über die wirtschaftlichen Probleme dieser Lage gesprochen, und er erklärte auch deren politische und militärische Seite, die wir ebenfalls gut kannten. Und er hat kurz über die wirtschaftlichen Maßnahmen gesprochen, die der Senat von West-Berlin und die Bundesrepublik gegen die DDR durchführten. Ab 1960 hat die BRD aufgehört, Werksausrüstungen, Stahl und chemische Ausrüstung zu liefern. Die Abkommen waren sowohl mit West-Berlin als auch mit der BRD abgeschlossen worden. Weiter informierte er uns, dass täglich zwischen 1.200 und 1.500 Menschen – die hochqualifizierten Arbeiter, die Fachkräfte und die Jugend im Einberufungsalter – den östlichen Sektor Berlins verlassen.

Vor allem aber kommen die Bürger West-Berlins absolut ungehindert in den Osten, und da die West-Mark fünfmal mehr wert ist als die östliche, kaufen sie große Mengen Lebensmittel, beladen damit die Kofferräume ihrer Autos und nehmen alles heimlich mit nach West-Berlin und weiter, sogar in die BRD. Das verursachte im Handel Ost-Berlins Versorgungsprobleme und führte selbstverständlich zur Unzufriedenheit der Einwohner von Ost-Berlin. Deshalb muss man den Plan der Einführung der Grenzordnung zwischen Ost- und West-Berlin so ausarbeiten, wie sie schon früher für das ganze Grenzterritorium der DDR zur Bundesrepublik eingeführt wurde.

Er hat gefragt: »Wie viel Zeit brauchen Sie für die Ausarbeitung dieses Planes? Beachten Sie, dass nur drei Personen aus der Regierung der DDR daran teilnehmen werden: nach unseren Vorstellungen Verteidigungsminister [Heinz] Hoffmann, Innenminister [Karl] Maron und der Minister für Staatssicherheit [Erich] Mielke.

Es gab noch einen Vierten: Das war Erwin Kramer, Verkehrsminister, der für die Trennung der U-Bahn und S-Bahn in Berlin verantwortlich war.

Im Verlauf der Ausarbeitung des Plans hatte ich nur mit diesen drei Personen zu tun.

Also fragt Perwuchin: »Wie viel Zeit brauchen Sie für die Ausarbeitung dieses Planes?« Jakubowski hat mich angeschaut, und ich sage: »Genosse Botschafter, wenn die Lage so kompliziert ist (und wir wussten natürlich darüber Bescheid) und er in kürzester Frist vorliegen muss, so bereiten wir den Plan in einer Woche vor.«

Perwuchin schaute mich aufmerksam an und sagt: »Der Plan ist sehr kompliziert, beeilen wir uns nicht, lassen wir uns eine Frist von zwei Wochen.«

Später habe ich verstanden, warum er diese Frist – eben diese zwei Wochen – vorgeschlagen hat, ich werde das noch erklären.

Jakubowski sagte wieder in ziemlich scharfem Ton: »Wenn mein Stab erklärt, dass wir nur eine Woche brauchen, so seien Sie beruhigt, der Plan wird in einer Woche fertig sein. Ihre Frist nehmen wir aber auch gern an.«

Wir gehen aus der Botschaft hinaus, und er erklärt mir, dass Perwuchin bald abberufen wird und ein neuer Botschafter kommt. Damit hat er mir angedeutet, wieso er in so scharfem Ton mit dem Botschafter gesprochen hat. (*Da irrte Jakubowski. Perwuchim blieb noch über ein*

Jahr im Amt und wurde erst am 30. November 1962 von Pjotr A. Abrassimow abgelöst – d. Verf.)

Ja, vor unserem Abschied sagte der Botschafter noch: »Ich fahre jetzt zum Genossen [Walter] Ulbricht, und wir werden verabreden, dass diese drei Minister an der Ausarbeitung des Planes teilnehmen, und unsererseits wird der Oberst diesen Plan technisch bearbeiten.«

Jakubowski antwortete: »Ich bitte, dass diese Minister um 15 Uhr nach Wünsdorf kommen, und wir werden mit ihnen die Kontakte und die gemeinsame Arbeit verabreden.« Und tatsächlich: Um 15 Uhr – wir waren früher zurückgekehrt – waren diese drei Minister bei uns. Wir haben verabredet, wie wir zusammenarbeiten, wie wir Verbindung halten werden; das Hauptproblem war die Sprachbarriere.

Die Lösung der Aufgabe wurde dadurch erleichtert, dass Ulbricht schon früher diese Frage nach der Einführung der Grenzkontrolle Chruschtschow mehrmals gestellt hatte. Chruschtschow aber wollte diesen Schritt lange nicht tun. Aber die Vorbereitungsarbeiten in den Organen der DDR waren deutlich voll im Gang.

Seit dem Januar 1961?

Die Minister konnten praktisch auf jede Frage schon umfassend Auskunft geben.

Die SED hatte im Januar 1961 die Krise der DDR und das West-Berlin-Problem auf einer Politbürositzung behandelt. Am 18. Januar schrieb Ulbricht an Chruschtschow und legte die ganze Problematik der DDR-Krise dar, über die Flüchtlinge, über die Frage der Grenzgänger, und das Politbüro berief Maron, Mielke und Kramer in eine Arbeitsgruppe zur Bekämpfung der »Republikflucht«. Und im Februar gab Ulbricht Hoffmann den Auftrag, mit Jakubowski die Grenzfragen zu diskutieren.

Sie kennen diese Frage wahrscheinlich besser; ich spreche nur über die Besprechungen, an denen ich teilgenommen habe.

Das ist ja genau, was wir wollen. Wir sagen nur, was wir wissen. Und diese Informationen ergänzen einander perfekt.

Ich verstehe. Sie bestätigen tatsächlich, was ich sage: Die Minister waren imstande, auf jede beliebige Frage eine Antwort zu geben.

Genau, sie waren vorbereitet. Und im März hatte Chruschtschow Ulbricht gesagt: »Warte ab, bis ich mit Kennedy in Wien zusammengekommen bin.« Und nachdem Chruschtschow [US-Präsident John F.] Kennedy getroffen hatte, war ihm klar: Die Amerikaner unterschreiben keinen Vertrag über Berlin, der ihre Präsenz in der Stadt beendet.

Ich bin Ihnen für alle Ergänzungen sehr dankbar, ich konnte darüber nur lesen.

Und wir sind Ihnen sehr dankbar, dass Sie sich erinnern.

Vor der Ausarbeitung des Planes hat Jakubowski mir befohlen: »Weder Deinem Vorgesetzten noch dem Stabschef, niemandem sollst du über deine Arbeit was sagen. Wer was wissen soll, das werde ich selbst bestimmen. Du selbst wirst schweigend arbeiten.«

Der Plan wurde in sieben bis zehn Tagen entwickelt, jedenfalls haben wir weniger als zwei Wochen dazu gebraucht. Wobei der Plan in doppelter Ausführung auf Stadtplänen eingezeichnet war. Den Plan hat Jakubowski unterschrieben, und, so weit ich mich erinnere, stehen aus irgendeinem Grunde auch die drei Unterschriften der Minister der DDR auf dem Plan. Ich erinnere mich nicht an Kramer. Rechts oben auf der Karte – »Bestätigt. Ulbricht«, links – »Bestätigt. Chruschtschow«. Es war so, dass die linke Seite wichtiger war. Ein Exemplar des Planes wurde mit Sonderkurier sofort an unseren Generalstab abgesandt, ein Exemplar blieb in der GSSD.

Im Protokoll des Gesprächs Chruschtschows mit Ulbricht am 1. August geht es ganz konkret um diese Fragen, ich zitiere jetzt sinngemäß Chruschtschow: »Wie werdet ihr das mit den Häusern an der Sektorengrenze machen, also wenn die Häuser im sowjetischen Sektor stehen, aber die Türen in die Westsektoren gehen?« So hat Chruschtschow Ulbricht gefragt. Und Ulbricht antwortete: »Wir haben einen Plan. Wir werden die Fenster und die Türen zumauern.« Eine solche Lösung entspricht genau Ihren Planungen.

Ungefähr am 2. August sind wir, Jakubowski und ich, zu Ulbricht mit dem fertigen Plan gefahren. Dort in seiner Residenz waren schon diese drei Minister versammelt, sie haben ebenfalls über ihre Vorbereitungen der Einführung der Grenzordnung kurz berichtet.

Da haben wir jetzt ein Problem in Bezug auf das Datum. Es gibt keine Zweifel daran, dass Ulbricht am 1. August in Moskau diese Frage mit Chruschtschow besprochen hat. Und am 3. begann die Tagung des Politisch Beratenden Ausschusses des Warschauer Paktes. Also, ist Ihr Treffen wahrscheinlich am 31. Juli gewesen?

Ich habe etwas andere Daten. Am 5./6. August hat die Tagung der Generalsekretäre der kommunistischen und Arbeiterparteien stattgefunden.

Nein, vom 3. bis zum 5. August. Aber das ist nichts weiter als eine unterschiedliche Bezeichnung. Sie konnten nicht am 2. August in Berlin zu Ulbricht fahren. Ulbricht war vom 1. bis zum 5. August in Moskau.

Ich wusste nur, dass die Tagung am 5./6. August stattfindet. Ich konnte nicht daran teilnehmen, aber ich wusste von ihr. Deshalb habe ich mich auch gewundert, dass Perwuchin uns eine solche Frist – zwei Wochen – stellt, aber er wusste wahrscheinlich, dass die Tagung der Ersten Sekretäre und danach eine Bestätigung des Planes durch Chruschtschow stattfinden sollten. So behaupte ich, dass es am 5./6. geschah, wenn Sie andere Daten haben – dann bitte.

In allen Dokumenten ist der Termin vom 3. bis zum 5. August angegeben.
Ich schreibe kein historisches Dokument, ich erzähle das, was ich aus meinen Erinnerungen weiß. Wenn es die offiziellen Quellen behaupten – stimmt es sicher.

Ihr Gedächtnis irrt sich überhaupt nicht. Sie sagen, dass der Plan fertig war, bevor Ulbricht nach Moskau flog.
Ganz richtig.

Es geht jetzt nur darum, dass das, was Sie für Anfang August halten, wahrscheinlich am 31. Juli geschah.
Kann auch so sein. Ich habe »ungefähr« gesagt, als ich den 2. August erwähnte.
Kann sein. Bei mir hat sich der Eindruck im Gedächtnis gebildet, dass es irgendwann Anfang August war. Das ist kein Protokolldatum.

Ja, Sie haben genau berichtet, wie diese Planungen abliefen. Und wir haben jetzt im Grunde nur die Daten des politischen Ablaufes hinzugefügt.
Offenbar konnten Ulbricht – nach den Vorträgen seiner Minister – und Jakubowski über den Plan der Einführung der Grenzkontrolle so eine Antwort an Chruschtschow geben.
Am 7. August ruft Jakubowski aus Moskau die GSSD an, befiehlt dem Stabschef [Grigorij I.] Arijko und mir, mit dem Hauptexemplar des Planes der Grenzabsicherung nach Moskau zu kommen, und wir stiegen ungeachtet des schlechten Wetters ins Flugzeug. Als wir nach

Moskau flogen, sind wir in solche Turbulenzen geraten, dass das Flugzeug aus der Flughöhe von ungefähr 5.000 Metern fast auf die Gipfel der Bäume gefallen ist. Ich erzähle solche Kleinigkeiten, um zu bestätigen, dass alles so war. Als der Kapitän mitteilte, dass wir am Rande des Todes gewesen seien, habe ich nur geantwortet, dass heute mein Glückstag sei, mein Geburtstag.

Die Gewitterfront über der DDR, Polen, den westlichen Gebieten der Sowjetunion war so gefährlich, dass man uns befohlen hat, in Minsk zu landen. Aus Minsk sind wir in der Nacht abgefahren und sollten in Moskau am 8. August etwa um 10/11 Uhr ankommen. Der Termin für Jakubowski wegen des Plans wurde von Chruschtschow auf 10 Uhr morgens festgelegt.

Wir waren nervös, als wir in den Zug in Minsk einstiegen, weil wir nicht rechtzeitig ankommen konnten. In Moskau angekommen, holte uns ein Offizier des Generalstabes am Bahnhof ab und berichtete, dass Jakubowski schon bei Chruschtschow war und der Plan bestätigt sei. Nach einer Weile haben wir uns mit Jakubowski getroffen, er war sehr zufrieden, dass alles gut gelaufen war, dass sowohl die Besprechung bei Ulbricht als auch die bei Chruschtschow ohne jede kritische Bemerkung abgelaufen waren. Er hat sich für unsere Arbeit bedankt, und am 8. August, noch am selben Tag, flogen wir wieder nach Wünsdorf zurück.

Am 10. August bekamen wir in der GSSD die Nachricht, dass zwei Marschälle im Anflug seien. Weder Jakubowski noch jemand im Stab kannte das Ziel dieses Besuchs. Uns war nur bekannt, dass es sich um den Marschall der Sowjetunion [Wassilij I.] Tschuikow und den Marschall der Sowjetunion [Iwan S.] Konew handelte. Eine Sitzung des Militärrates der Gruppe wurde einberufen, und wir haben sie getroffen. Es nahmen teil die Mitglieder des Militärrates: Jakubowski, [Semen P.] Wassjagin, Ariko und der erste Stellvertreter von Jakubowski,

General [Petr A.] Belik. Als Gäste nahmen die drei Minister der DDR Hoffmann, Mielke, Maron Platz. Und ich saß mit der Dokumentenmappe (dem Plan und den erläuternden Dokumenten) am Rande, am kleinen Tisch.

Tschuikow kommt und erblickt mich gleich: »Ich habe befohlen, nur den Militärrat zu versammeln, wieso ist dieser Oberst hier?« Jakubowski erklärt, dass der Oberst den Plan erarbeitet hat, und dass er alle Materialien für Auskünfte bereit hält. Tschuikow schaute mich an: »Also, der ist mein Stalingrader, bleib also.« (*Mereschko hatte als Leutnant unter Tschuikow 1942/43 in Stalingrad gekämpft – d. Verf.*)

Er setzt sich auf den Stuhl des Vorsitzenden, Konew und Jakubowski setzen sich neben ihn, und Tschuikow erklärt, dass das Präsidium des ZK unserer Partei, dass Genosse Chruschtschow ihn bevollmächtigt habe zu erklären, dass zum Obersten Chef der GSSD Iwan Stepanowitsch Konew, Held der Sowjetunion, Marschall der Sowjetunion, ernannt werde, und zählt alle seine Funktionen und Würden auf. Alle Mitglieder des Militärrates machen lange Gesichter, niemand hatte so etwas erwartet. Tschukow erklärt weiter: »Iwan Ignatjewitsch, Sie bleiben der erste Stellvertreter des Genossen Konew, Konew wird sich mit den militärpolitischen Fragen beschäftigen, und Sie werden für die Gefechtsbereitschaft der Gruppe, für die Kampfvorbereitung und die Versorgung mit allem Notwendigen nach wie vor verantwortlich sein, Iwan Stepanowitsch befreit Sie von diesen Angelegenheiten. Womit Sie sich früher beschäftigten, das werden Sie weiter machen.«

Dann wendet er sich an die Minister der DDR und bittet sie, über die Bereitschaft zur Erfüllung des Planes zu berichten. Jeder von ihnen hat erklärt, mit Ausnahme Hoffmanns, dass er bereit sei; Hoffmann hat gesagt, dass er nach dem Erhalt des Befehls in sechs Stunden bereit sein werde, den Plan zu erfüllen. Andere hatten eine Woche gefordert. Tschuikow sagt: »Zwei Tage. Und keine Verschiebungen. Die Zeit X, zu der der Plan durchgeführt wird, wird Ihnen von Iwan Stepanowitsch Konew mitgeteilt.«

Danach bittet er mich, ihn in ein anderes Zimmer zu führen, wo der WTsch-Apparat [für die Hochfrequenz-Verbindung] steht. Dann fordert er: »Verbinden Sie mich mit Chruschtschow.« Und danach berichtete er: »Nikita Sergejewitsch, Iwan Stepanowitsch ist im Amt des Obersten Chefs, die deutschen Minister haben den Auftrag bekommen, bereit zu sein.«

Die Ernennung von Iwan Stepanowitsch zum Obersten Chef war für alle eine Überraschung; offenbar hat die Geheimhaltung dieses Plans vollkommen funktioniert. Damit war die Sitzung zu Ende, Tschuikow ist zurückgeflogen.

Um 0 Uhr in der Nacht zum 13. August setzte Konew den Plan in Kraft und die Operation begann. Vom 10. bis zum 12. August wurden in Berlin die Kampfgruppen der Arbeiterklasse aus den großen Städten der DDR, aus Leipzig, Dresden, Halle usw., zusammengezogen. Bis zum Zeitpunkt X waren in Berlin zwei Divisionen der Nationalen Volksarmee der DDR herangeführt worden. Und die Divisionen der GSSD, insbesondere die 3. und die 20. Armee, haben den äußeren Ring um die Stadt gebildet.

Persönlich erinnere ich mich an den Enthusiasmus um 0 Uhr, als die Kampfgruppen der Arbeiterklasse begonnen haben, die Straßen, die nach West-Berlin führten, zu sperren, hauptsächlich mit Stacheldraht. Es galt, die Durchgänge für jeden Besatzungssektor festzulegen, den amerikanischen, den englischen und den französischen, für jeden Sektor drei Durchgänge.

Es waren zunächst zwölf Durchgänge insgesamt, davon muss man einen ausklammern, Checkpoint Charlie auf der Friedrichstraße, der für das westliche Militär reserviert war. Am 23. August hat die DDR einseitig die Grenzübergangstellen auf sieben reduziert, ohne Absprache mit der Sowjetunion.

Es gab ständig Streit zwischen Maron und Mielke über die notwendige Zahl, wie viele Kontrollpunkte zu organisieren seien. Die Zahlen schwankten zwischen 20 und neun bis zwölf.

Es kamen sieben heraus: sechs für die West-Berliner und einer für die Alliierten.

Kann sein, es sind doch 50 Jahre vergangen.

Was den Enthusiasmus angeht: Die Arbeiter aus anderen Städten beneideten jene Arbeiter, die in Ost-Berlin lebten, aber im Westen arbeiteten. Erstens hatten sie im Westen ein höheres Gehalt. Wenn das Gehalt sogar nominell gleich war, war die West-Mark fünfmal mehr wert, das heißt, ihre Kaufkraft fünfmal höher. Das bedeutete, diese Arbeiter aus dem Osten, die im Westen arbeiteten, hatten einen doppelten Vorteil: Sie nutzten die Vorteile der sozialistischen Ordnung in Ost-Berlin – niedrige Mieten und Preise für Lebensmittel, für elektrischen Strom, für Fahrkosten und anderes, sie bekamen tatsächlich aber fünfmal mehr als die Arbeiter in Ost-Berlin. Deshalb, denke ich, arbeiteten die Angehörigen der Kampfgruppen aus anderen Städten mit solchem Enthusiasmus. Und in diesen zwei Tagen wurden nach Berlin die entsprechenden Mengen an Pfählen, Schienen, Panzerabwehrriegeln und vor allem Stacheldraht geliefert.

Der 13. August war ein Sonntag. Am Montag würden die Arbeiter aus Ost-Berlin nach West-Berlin gehen, und deshalb musste man die Hauptstraßen sperren. Deshalb arbeiteten die Arbeiter aus den anderen Städten der DDR mit solchem Enthusiasmus, das war verständlich.

Das Wichtigste: In unserem Plan war überhaupt keine Mauer durch Berlin und solch ein Bauwerk vorgesehen. Es wurden die Abgrenzungen, die Einführung der Grenzkontrolle von den Grenztruppen und die Sperrung der Hauptstraßen mit Betonblöcken vorgesehen, die die Autos zur Zickzackfahrt zwangen.

Ich weiß, dass die Truppen der Nationalen Volksarmee der DDR nur in zwei Bezirken gezwungen waren, sich einzumischen. Sie sollten einige Panzer mit Bagger-Ausrüstung einsetzen, um dort, wo Unruhen anfingen, die Leute etwas weiter von der Grenze abzudrängen. Also, Sie wissen selbst, wie es weiterging. Es befand sich zum Beispiel der Haupteingang des Hauses im Westen und der Hintereingang im Osten – oder umgekehrt. Deshalb war man gezwungen, zum Beispiel die Hintertreppe sowie die Fenster im Erdgeschoss oder im ersten Stock, mit Ziegeln zu zumauern. Die ursprüngliche Länge dieser Sperren war 40/45 Kilometer, das heißt, es wurde die Ringautobahn, der Ring um Berlin, im Norden und Süden gesperrt.

Die 40/45 Kilometer waren die innerstädtische Grenze, zwischen Ost- und West-Berlin. Der Plan für ihre Absperrung, das war Ihre Arbeit.
Ja, ich spreche über die Ausdehnung der damaligen Sperrung.

Und dann gab es noch 111 Kilometer um West-Berlin herum. Damit beschäftigte sich die Nationale Volksarmee.
Der Ring, ja. Ich spreche über die Sektorengrenze in der Stadt.

Damit beschäftigte sich die Grenzpolizei, also Maron.
Kann sein. Auf alle Fälle war die Grenze kürzer als das, was jetzt markiert ist. Dann kam es zu den verschiedenen Provokationen, die Tunnel zwischen den Straßenseiten, aus einem Keller zum anderem, die Sprünge der »Stuntmen« vom vierten, fünften Stockwerk, und unten standen schon die Feuerwehrmänner [aus West-Berlin] mit den gespannten Sprungtüchern, das alles wurde von

Kameramännern aufgenommen. Und das erschien wie die Flucht der Bewohner, die sogar gezwungen waren, sich vom fünften Stockwerk herunter zu werfen.

Und noch ein kleines Detail, das bestätigt, dass an der Planung auch der Verkehrsminister teilnahm: Der S-Bahn und der U-Bahn gelang es, alle Waggons nach Ost-Berlin zu holen. In West-Berlin begann daher sofort ein Verkehrsmittelchaos. Und die Westmächte drohten mit der Anwendung militärischer Mittel, die Truppen wurden an die Demarkationslinie vorgezogen, die westlichen Truppen in den Sektoren rotierten. Mit den Vereinbarungen über die Besatzung Berlins war festgelegt worden, wie viele amerikanische, englische, französische Truppen in ihren Sektoren stationiert wurden.

Wenn ich etwas Interessantes für Sie erzählen konnte, habe ich das ganz offenherzig getan.

Für mich hat es eine symbolische Bedeutung, dass wir dieses Gespräch hier, im ehemaligen Stalingrad, führen. Und dass wir miteinander versuchen, das Bild der Vergangenheit gemeinsam zu rekonstruieren. Und dass Sie uns vieles erzählt haben, was bislang unbekannt war. In Deutschland diskutiert man noch immer über die Frage: Welche Rolle hat die Sowjetunion beim Mauerbau gespielt? Ich war immer überzeugt, dass diese ganze Operation nicht ohne die aktive Beteiligung der sowjetischen Streitkräfte durchgeführt wurde.

(http://www.bpb.de/themen/NAWPSE,1,0,Arbeiten_Sie_einen_Plan_zur_Grenzordnung_zwischen_beiden_Teilen_Berlins_aus%21.html)

Inhalt

50 Jahre danach 5
   Einstimmung: Die Lage in der DDR 1961 9
   Die Rezeption heute 34

Die Vorgeschichte 39
   Die deutsche Zweistaatlichkeit 51
   Weder die BRD noch die DDR
   waren bis 1990 souverän 53

Die militärischen Planungen im Westen 59
   Die Folgen der separaten Währungsreform
   im Westen 62
   Die Westintegration und die Wiederbewaffnung
   der BRD 70
   Die Reaktionen in der DDR 81

Die sogenannte zweite Berlin-Krise 92
   Der Countdown läuft 105

Der 13. August 1961 aus Sicht der DDR 119
   Die Grenzsicherungsmaßnahmen 132

Die Maßnahmen und die Folgen 148
   Der Ausbau der Grenze 156
   Ausblick 167

Anlagen
Schreiben Gretschkos an Minister Hoffmann,
15. Juli 1961 172
Schreiben Konews an Minister Hoffmann (ru.),
14. September 1961 174

Schreiben Konews an Minister Hoffmann (dt.),
14. September 1961 177
Gespräch Chruschtschow-Ulbricht,
1. August 1961 180
Interview mit Generaloberst Mereschko,
9. September 208

ISBN 978-3-360-01825-0

© 2011 edition ost im Verlag Das Neue Berlin, Berlin

Umschlaggestaltung: Buchgut, Berlin
Abbildungen: Archiv Streletz, © Robert Allertz S. 4, 90, 146, 147, 171
Druck und Bindung: CPI Moravia Books GmbH

Ein Verlagsverzeichnis schicken wir Ihnen gern:
Das Neue Berlin Verlagsgesellschaft mbH
Neue Grünstr. 18, 10179 Berlin
Tel. 01805/30 99 99
(0,14 Euro/Min., Mobil max. 0,42 Euro/Min.)

Die Bücher des Verlags Das Neue Berlin und der edition ost
erscheinen in der Eulenspiegel Verlagsgruppe

www.edition-ost.de